劉仲敬

# 民族發明學講稿

劉仲敬

民族發明學講稿

# 逆轉的東亞史

# 參

## 非中國視角的華北

## 【晉、燕、齊篇】

劉仲敬——著

# 編輯說明

本書是在明鏡新聞網「劉仲敬思想」系列節目的基礎上彙編整理而成，內容保留劉仲敬本人演說的白話特色，並為他引述的各種比喻或典故添加注解，以及附上相關插圖解說。

下列為本書各講次的原始節目名稱及播出時間：

**晉族國家篇**

第一章　內亞面對東亞的最前線和輸液管／第35期／2018年5月9日

第二章　從封建主義到民族主義／第36期／2018年5月16日

第三章　帝國沒落與民族復興／第37期／2018年5月23日

第四章　內亞衰微時代的反恐建國鬥爭／第38期／2018年5月30日

**燕族國家篇**

第五章　東北亞的邊疆／第39期／2018年6月6日

第六章　帝國詛咒和民族構建／第40期／2018年6月13日

第七章　新舊殖民主義與民族復興／第41期／2018年6月20日

**齊國篇**

第八章　東北亞和東亞的緩衝國／第52期／2018年9月12日

第九章　王國、藩鎮與行省／第53期／2018年10月10日

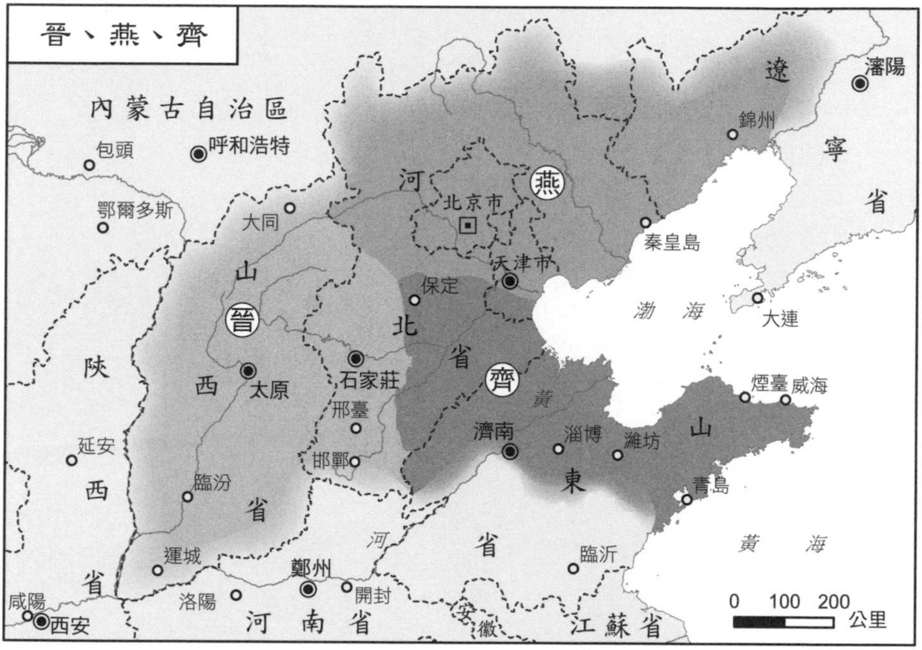


本圖以當代中國行政區域圖為基準，並參考譚其驤主編的《中國歷史地圖集》第一冊「春秋時期全圖」所繪製。晉國最初以唐（今臨汾市翼城縣西）為都，後兩次遷都於絳（今臨汾市翼城縣東南）、新絳（今運城侯馬市），領土涵蓋山西省；燕國以薊城（今北京）為都，領土包含河北省北部、遼寧省西半部；齊國以臨淄（今淄博）為都，主要範圍在山東省，並包含河北省東南部。

# 目次

## 晉族國家篇

## 燕族國家篇

## 齊國篇

# 晉族國家篇

「夏道衰，而公劉失其稷官，變於西戎，邑於豳。」

——西漢・司馬遷，《史記・匈奴列傳》

# 一、內亞面對東亞的最前線和輸液管

## 晉：商、周的共同起源

晉文化是內亞文化在歐亞大陸的最東端，也是中國或者東亞大多數時期的主要殖民者。它和東亞或者中國的關係，從歷史上來看就差不多與阿富汗和印度的關係是一樣的。從國土面積來說，儘管阿富汗比印度小一些，但卻是印度大多數王朝和征服者的出發點和輸入來源。在歷史最早的黎明時期，內亞文化和東亞文化的分界線就在晉南，但不是今天的山西和河南邊界，而是今天的中條山[1]。大致上來說，中條山以南屬於中國文化，屬於考古學家稱為仰韶文化[2]、後岡文化[3]的地區。在中條山以北，包括今天很大一部分的鄂爾多斯高原和陝西北部榆林的那一小部分，屬於考古學家稱為老虎山文化[4]、朱開溝文化[5]、李家崖文化[6]的所在地。這些名詞都是某一個遺址發掘的地點，名詞並不重要，我們只要知道它的實質內容就行了。簡單地說，它們是廣大的外伊朗文化嶄露頭角、「雛鳳清於老鳳聲」[7]的第一個體現。這支文化深入東亞，直接刺激了最早的中國政權——殷商王朝的產生。

上古時期的遠東可以分為四大部分：東南亞、內亞、東北亞和中國。中國就是仰韶文化和後岡文化所在的那些住在地洞裡面的居民，內亞文化則是住石頭房子的居民。這一點在朱開溝和李家崖的史前居民身上，也就是最古老的晉人、今天晉人的直接先輩身上，表現得最為明顯。在歷史黎明時期，他們的建築物在今天遠東大陸的四種居民當中是排第一名的，比起東南亞各邦習慣使用的那種竹木樓更結實，比起東北亞各邦經常使用的那種夾雜著土牆的石頭房子更好。他們蓋的是純粹的石頭建築，大面積、長距離地修建石頭碉堡和石頭圍牆。按照當時的標準來看，他們的遺址應該是攻不破的。他們有堅固的石頭圍

1 中國山西省南部主要山脈之一，位於黃河南向轉東向的大彎處，呈「東北—西南」走向，東連太行山，南臨黃河，西北為汾河谷地，西隔黃河與秦嶺相望。因位於秦嶺與太行山之間，山勢狹長而得名，全長約一百六十公里。

2 年代約為西元前五千至三千年間，位於黃河中游的渭水、汾水、洛水乃至甘肅地區的新石器文化，因為最早的發現地點在河南省的仰韶村而得名。

3 位於河南省安陽的新石器時代文化遺址（位在殷墟遺址的最下層），屬於仰韶文化的一支，以線條鮮明的彩陶著稱。

4 位於內蒙古中部烏蘭察布盟的新石器時代遺址，年代約為距今五千至四千年左右。該遺址以窯洞式建築為主，包括石牆、祭壇、成排的房屋、專業集體作坊、臥室、炊室等，整齊劃一，作工考究。

5 位於內蒙古伊克昭盟的新石器時代遺址，橫跨龍山文化到早商時期；當地出土的青銅短劍與中原的形制不同，而是和內蒙古其他地區的銅器相近，被稱為「鄂爾多斯銅器」，在考古上有重要意義。

6 位於無定河和黃河交界處，屬於晚商至早周時期的文化；有人認為這裡就是所謂的「鬼方」居住地，因此又稱為「鬼方文化」。其銅器形制同樣與中國有著明顯差異，屬於北方青銅器文化的一支。

7 唐李商隱《韓冬郎即席為詩相送》：「桐花萬里丹山路，雛鳳清於老鳳聲。」作者以此詩將老虎山文化、朱開溝文化、李家崖文化等外伊朗文化比喻為「雛鳳」，認為它們在東亞初試啼聲的清脆聲響，將會更勝內亞這個「老鳳」。

**鄂爾多斯青銅器**　位於今日內蒙古的老虎山文化、朱開溝文化與鄂爾多斯文化有關，出土文物以青銅器為主，被稱作鄂爾多斯青銅器，題材則以馬（上圖、左圖）和人物（右圖）為主，充分體現草原遊牧民的特色。自古以來鄂爾多斯和晉就是一體兩面，來自內亞的戰車、青銅器通過「鄂爾多斯——晉國」路線持續輸入東亞窪地。

牆，並不像滿洲那些遺址（例如興隆窪遺址），不太重要的地方就用土摻進去。他們要麼依山紮營，要麼在後方沒有山崖的地方修築連綿不絕的石頭牆以組成防線，遺址內部的房子也多半是石頭做的。相反地，南方仰韶文化和後岡文化的居民則是普遍住在地洞裡，用木杆搭一些籬牆和茅草棚子就開始過日子。此時，兩者之間的文明落差已經產生出來了。

同時，最古老的晉文化也體現了敘利亞文化的特徵，例如它的祭祀儀式（它用牛骨、羊骨占卜的方法），體現了巴比倫文化的特徵。敘利亞文化的祭祀方式，與後來《聖經・舊約》裡描繪的迦南人的祭祀方式很相似。後來以色列人亞伯拉罕系的一神教興起以後，把他們的祭祀儀式概括地稱之為摩洛（Moloch）崇拜[8]，稱他們是殺嬰兒的人，因為他們的祭祀會以嬰兒為獻祭。以色列人以此作為迦南人的罪名，當作以色列人消滅他們的正當理由。所以《聖經・舊約》上說，耶和華命令以色列人消滅那些搞淫祠[9]的迦南人。所謂的淫祠包括很多因素，其中最主要的兩個因素：第一就是用嬰兒當作祭品；第二就是他們

8 「摩洛」（Moloch）是上古時期地中海東南地區的人們崇拜的神明，包括迦南人、亞捫人、腓尼基人等都崇拜這位神明；一般認為摩洛信仰會以兒童進行火祭，因此是以色列人所憎惡的信仰之一。

9 泛指非官方認可的宗教信仰和活動。

的神廟有類似後來狂歡節的一些因素，有點像後來希臘的酒神節[10]，在特定的節日當中，所有參加節慶活動的人都可以放下平時的禁忌，搞各種派對、群交之類的活動。後來羅馬人和迦太基人打仗的時候也說，迦太基人像他們的祖先腓尼基人一樣，也喜歡以嬰兒為獻祭，只不過年深日久，人們富裕了、不那麼虔誠了以後，貴族家庭就開始把自己的嬰兒藏匿起來，不拿去給祭司獻祭，而用平民家庭的嬰兒代替。迦太基人快要被羅馬人打敗的時候，情況緊急，就有人跳出來說，迦太基之所以國運不濟，都是因為你們不再像古人那樣虔誠，於是強迫當政的貴族把自己的嬰兒也拿出來獻祭[11]。但儘管如此，他們還是打了敗仗。羅馬人和以色列人說這些話當然是為了抹黑他們的敵人，但是這些話在考古學研究當中也是得到了證實。

敘利亞文化向東，一直延伸到內亞。我們所知的內亞文化，是上古時期西亞文化的直接繼承者，或說是它的延伸。因為內亞和東亞的文化都比西亞晚，內亞比西亞晚至少一千或者一千五百年，甚至可能晚三千年，而東亞又要比內亞晚一千到一千五百年，所以內亞文化等於是西亞文化的學徒。今天的考古學家在塔里木的小河遺址和其他遺址所發現的祭祀儀式，和《聖經》上描寫的迦南人的祭祀儀式是非常相似的：首先，他們用嬰兒獻祭；第二，嬰兒獻祭的數目是很少的。可以推測，他們真的是為了宗教目的而獻祭，而且很可能像迦太基那樣，要用最高貴的家庭或者最高貴的祭品才能夠得到神明的歡心。秦也是內亞文化的一個分支，秦穆公死後，以三良為祭[12]。這件事被寫進《詩經》裡，描寫了三良在穆公死後即將被獻祭的景象[13]。國人因為感到惋惜，所以甘願用一百個人把他們贖回來，但這是不可能的，因為神明要的不是一百個平民，而是三個最傑出的勇士。這是西亞和內亞文化獻祭的普遍習俗。另一個習俗較晚產生，估計已經是在蘇美、巴比倫文化比較成熟的時候才產生出來，就是用各種甲骨占卜的技術，用得最多的是牛羊的肩胛骨，但也包括烏龜殼。這種風俗也普遍出現在河西走廊的齊家文化[14]和古老的晉文化當中。可以這

10 在希臘，對酒神戴歐尼修斯（巴克斯）的崇拜往往伴隨著一種神祕、野蠻而狂亂的形式，有人認為這象徵著酒帶給人的放縱。在希臘神話中，也常出現信仰酒神的狂熱信徒做出狂暴行為的記載。

11 在迦太基地區的陀斐特，發現了祭壇與大量兒童的遺骸，以往都認為這是迦太基進行兒童獻祭的證據，但也有可能只是夭折嬰兒的墓地，並非兒童獻祭的遺跡。

12 《左傳．文公六年》：「秦伯任好卒，以子車氏之三子奄息、仲行、鍼虎為殉，皆秦之良也。國人哀之，為之賦《黃鳥》。」

13 二〇一四年，「子車戈」出土於甘肅省甘谷縣的毛家坪遺址，考古團隊對該遺址進行探勘，挖掘出墓葬一百九十九座、銅器五十一件、陶器約五百件，年代從西周晚期到戰國晚期；墓中有五鼎四簋，戈上銘文有兩列共十四個字，右列前六字為「秦公作子車用」，其餘的字已鏽蝕難辨。該古物印證了子車奄息、子車仲行、子車鍼虎為秦穆公陪葬的歷史事件。

14 以蘭州為中心，位於黃河、渭水上游、河西走廊、青海北部的新石器時代文化，以繩紋陶和畜牧為其主要文化特徵。值

麼說，晉文化的兩個特徵——精英獻祭，以及用牛羊肩胛骨占卜的技術，清楚地表現出他們最早的祖先來自西亞。

根據傳說，殷周兩系都是古夏的不同分支，而古夏就位於朱開溝文化和李家崖文化所在的地方，以鄂爾多斯和晉北為中心，緩慢地向晉中傳播，傳播到南方接近中條山一帶的時候就停止了，再往南就是仰韶文化和之後的陶寺文化[15]。順便提一句，陶寺文化非常精確地對應著傳說中的堯舜，而傳說中的堯舜、陶唐所在的地方恰好就是陶寺所在的汾水下游地帶，這個地方就是內亞文化和東亞文化的分界線。內亞文化處於殖民者的地位，東亞文化處於被殖民者的地位，而且因為殖民和被殖民的關係，還產生了殷商這樣非常具有象徵意義的東亞第一代文明。最古老的夏從外伊朗的河中地區開始，一路延伸到鄂爾多斯，最後延伸到晉國，後來的殷周都是夏文化的繼承者。夏文化其實就是最古老的晉文化，因為夏這個地方本來就在晉國的汾水流域。夏文化是殷周兩系的共同祖先，但他們之後的發展有所不同。

周人，按照《詩經》上的紀錄和周人自己的神話記載，他們的祖先某某某曾經在夏國做了一個不大不小的官，後來他離開了夏國，跑到西戎當中去歷險，和西戎混了一陣子[16]。這些西戎大概就是渭水上游與河西走廊的居民。他曾一度按照西戎的風俗習慣過日子，過了一陣子以後和西戎鬧翻了，又和西戎打了一仗，被西戎打敗之後不得不逃跑，一路逃就來到了古書稱之為「周原」的這個地方。他驚喜地發現，周原的土地太肥沃了，「周原膴膴，堇荼如飴」[17]，這個地方很適合種地。於是，他開始在周原築城種地，形成了後來的西岐[18]。如果這個傳說比較可信的話，那就是說，他們最初其實是在晉國的一個依附性的小部落，然後向西移動到了氐、叟、蜀諸民族統治的河湟流域[19]到渭水上游，也就是齊家文化所在的這個地區，然後再向東遷移，進入今天陝西渭水上游的岐山一帶。在這過程中，他們祭祀的風俗習慣和後來同樣深受內亞文化和斯基泰文化影響的秦人相比應該是比較相似的。他們也獻祭，而且獻祭的方式也是祭三良的那種方式，也就是必須是出

得注意的是，齊家文化的墓葬已經出現殉葬現象，有奴隸殉主的情形，代表齊家文化已出現階級社會。

15 位於山西襄汾地區，是龍山文化當中規模最大的遺址；出土部分包括宮殿、王陵、城牆、貴族墓園與住宅、宗教禮拜場所，甚至還有疑似文字的存在。

16 《史記．匈奴列傳》：「夏道衰，而公劉失其稷官，變於西戎，邑於豳。」公劉，生卒年不詳，根據《史記》記載，他是周王室的始祖。夏末期，公劉失去了后稷官位，便率領族人遷徙到「豳」（位於今天的陝西省彬縣），並與西戎混居。

17 白話解釋為「周原土地真肥沃，苦菜甜如麥芽糖」，指周原這個地方適於農業開墾。

18 《詩經．大雅．綿》：「古公亶父、來朝走馬。率西水滸、至於岐下。」文中的「岐下」即指「西岐」。

19 黃河與湟水交會所形成的三角地帶，位於青海省東部農業區，土壤肥沃，適合農耕。

身高貴的少量祭品才能夠博得神明的歡心。大量的、以食物為目的的人祭，在周秦文化與周秦文化起源的西亞文化和內亞文化當中不是看不到，就是很少看到。

然而，也是從夏人出來的另一支殖民者，在進入仰韶文化所在的中國地區以後，就出現了新的變異。我們都知道，原先的後岡文化和仰韶文化是極其簡陋的，王公貴族住的房子只有二十多公尺長，高度頂多只有六公尺。普通人的住所和地洞沒有什麼區別，人和豬雜亂無章地住在一起，而且普通人和王公貴族之間的差別也不是很大。他們本來只有一些很簡陋的陶器，這些陶器無法與齊家文化和馬家窯文化[20]所在的河西走廊的陶器相比。那裡有非常精美的彩陶，彩陶上有各式各樣的鳥獸魚蟲之類的繪畫，已經有很高的藝術性了，而且他們還有陶輪，可以工業化地製陶。然而，仰韶文化的陶器就是很單調的，既不能與西方內亞文化的彩陶相比，也不能和東方東北亞文化——比如說大汶口文化[21]或者興隆窪文化的陶器相比。至於金屬物品，則幾乎沒有，基本上仍是以石器為主，骨器也很少，木器可能有，但是不容易保存。不過，在司馬遷稱之為「夏末殷初」的時代，這批人的文明發生了戲劇性的突飛猛進。他們突然像是平地一聲雷地跳出來一樣，有了像西亞文明一樣精美的、像後母戊方鼎那樣的許多青銅器，而且還有了很高的宮室。這個文化稱作二里頭文化[22]。二里頭文化的階級區分是非常明顯的，它有非常雄壯的宮室，同時也有像原先仰韶文化一樣的地洞，它有大量非常精美的青銅器，同時也有原來那種非常簡陋的陶器，同時它還有大量的骨器。

## 中國人是食人族？解析殷商的食人文化

在這個戲劇性發展的同時，他們還增添了一種習俗，就是以食人為目的的人祭。從二里頭時期（二里頭就在今天的洛陽一帶，是漢族真正的發源地和中心），他們開始大規模地使用人祭。不是像典型的敘利亞文化那樣，只是用高貴的祭品偶爾獻祭一下，博取神明的歡心，而是在修房子的時候大量地把人埋在柱子底下或者地基底下，舉行各種節慶活動的時候殺人來吃。到了殷商初期，人祭的數目就多達數千人了，大量的甲骨開始記載殷人

20 分布在甘肅省西部地區的新石器時代文化，以製作精美的彩陶著稱，亦具有冶煉青銅的能力。

21 分布在山東中、南部為主的新石器時代文化，製陶業相當發達，社會組織、宗教信仰等也都有長足的發展，其陶器上類似文字的記號，極有可能與漢字的起源有關。

22 發現於河南偃師的文化遺址，不論器物製造、宮室建造或社會宗教都相當發達，有人認為這就是「夏人」的遺跡，但也有人認為這是所謂「早商」（商初期）的文化，至今仍然爭論不休。

的先王、先公是如何打獵的紀錄。對殷人的先王、先公來說，打獵和打仗是沒有區別的，捕捉牲畜和捕捉夷人、羌人也是沒有什麼區別的。甲骨文上經常記載，先王、先公帶著人馬出去打獵，打到了幾十頭鹿、幾十頭羊、幾十頭羌，然後過了一段時間，在獻祭的時候殺了二十頭羊、二十頭牛和二十頭羌。牛和羊我們不用解釋，但羌是什麼？就是他們抓來的羌人，或者是殺了二十頭夷之類的。在他們的心目中，羌人、夷人和其他的東西與他們打獵時打回來的獵物是沒有任何區別的。他們大口大口地吃人肉，吃完人肉以後還把人骨頭拿到他們的手工作坊做成各式各樣的器物。殷人的很多器物，包括喝酒的酒碗，都是用人骨做的，例如把人的頭蓋骨鋸下來當作酒碗。

如果我們環顧世界，這種以被捕獲的敵人的人頭當作酒碗的習俗，普遍地出現在斯基泰文化當中，但即使是斯基泰文化，也不像殷人那樣大批大批地殺人吃肉。在整個人類歷史中，與此有點相似的只有墨西哥的阿茲特克人和剛果河的某些部落，而阿茲特克人和剛果河部落的殺人數量也是遠遠不如殷人的。殷人是最早的中國人，如果你把中國文化的標誌定在漢字上的話，那麼毫無疑問地，中國文化是人類歷史上最當之無愧的食人文化。我們可以用以下的方法來分析：各個文化都有它自己的特殊之處，例如在愛斯基摩人或因紐特人的文化當中，描寫「雪」的詞彙有很多[23]。我們用一個詞「雪」來描寫各式各樣的雪，但愛斯基摩人對各種不同的雪花都有單獨的詞加以描述。吉爾吉斯人是中亞的馬上民族，他們描寫「馬」的詞彙也是特別多的。我們只說「馬」，頂多就是再加一個公馬、母馬，但吉爾吉斯人不是這麼簡單的，他們有一個詞專指一歲馬當中毛色為黃色的公馬，又有另外一個詞專指一歲馬當中毛色為帶斑點的母馬。僅僅是描寫各種不同馬的詞，吉爾吉斯人就用了幾千個。那麼我們再看最早的漢字，然後你就會有一個驚人的發現：在最早的漢字當中，描寫吃人肉的詞，就像描寫馬的詞在吉爾吉斯語裡的數量一樣多，甚至更多。

有很多你現在想不到的常用詞，最初都是用來描寫吃人肉的。例如妻子的「妻」，你以為「妻」這個詞是意味著你娶了一個老婆？但是在甲骨文當中這個詞的意思就是，你明天早上在早飯的時候要吃掉的那個女人。「妾」這個詞，你如果以為是指你的小老婆或者你的情婦，那你就錯了，它的意思是一個脖子上繫著繩索的女俘虜，也是要拿來吃的。「用」這個詞，如果你以為是一個動詞，可以用在任何需要你動手的東西上面，其實不是，「用」這個詞本身也是表示把人砍成一段一段地吃掉。「伐」這個詞，不用說，

23 愛斯基摩人對「雪」的形容有很多種，比方說「aput」（地上的雪）、「qana」（正飄下的雪）、「piqsirpoq」（堆積的雪）及「qimuqsuq」（雪堆）等等；另有說法認為他們對雪的形容甚至有上百種，不過這種說法並沒有獲得證實。

它本身就帶有「兵火」之意，它的意思是把人的腦袋砍下來。另外還有幾個詞，例如幾個數學符號「π」疊加在一起的詞，它的意思是把人切成一片一片放在鍋裡煮。另外一個像是三角組合的字，它的意思是把人放在鼎裡活活煮熟。仔細算下來的話，甲骨文的總字數有多少，不好說，但是常用的字數也就那幾千個。在這幾千個甲骨文當中，直接用來描繪吃人肉的、最早的漢字就有幾百個。也就是說，在最古老的漢字、被視為漢字祖先的甲骨文當中，用來描寫吃人肉的詞彙占了十分之一。而愛斯基摩人描寫「雪」的詞彙占多少，我不知道，但是有個俄羅斯學者曾經研究過最古老的吉爾吉斯語，也就是俄羅斯帝國征服以前的吉爾吉斯口語，研究它描

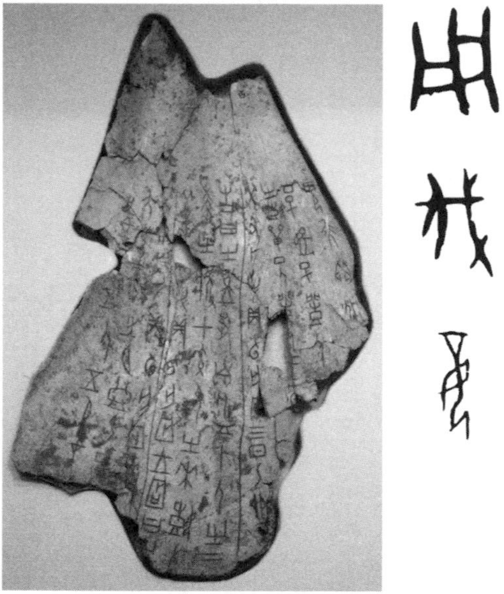

**從甲骨文看殷商食人文化**　殷商對待戰俘與獵物無異，從出土的甲骨文便可一窺當時吃人與舉行人祭的情形（上圖）。例如「用」字指「把人切成一塊一塊」（右上）；「伐」字指把人頭砍下來（右中）；「妾」字則是指脖子上繫著繩索、待宰的女俘虜（右下）。

寫馬的詞。他算出來的結果大概是，在吉爾吉斯語當中有百分之二點五到百分之三點五的詞是用來描寫「馬」的。

你當然可以說並不是所有的中國人都吃人，有很多中國人就沒有吃過人，但話又說回來，也不是所有的吉爾吉斯人都會騎馬。如果你認為「吉爾吉斯人是一個遊牧民族」這個論斷是正確的，那麼根據同一個標準，「中國人是食人民族」這個論斷就是更加正確的，比「吉爾吉斯人是一個遊牧民族」這個論斷還要正確得多。如果你一定要「理客中」[24]地說，因為不是所有的中國人都吃人，所以中國人不能算是食人民族，那麼別人也可以運用同一個標準，說吉爾吉斯人其實不是遊牧民族，哈薩克人也不是遊牧民族，世界上根本就沒有遊牧民族。如果中國人不是食人民族的話，那麼世界上就沒有食人民族了，因為阿茲特克人、剛果土著或者其他食人部落吃的人全部加起來，都還不如中國人吃的人多，食人民族第二名到第十名吃的人加起來都不如中國人這個食人民族第一名吃的人還多。如果中國人不算食人民族，那麼我們就得說，地球上沒有出現過食人民族。根據同樣的標準，我們也必須說，地球上沒有遊牧民族，同樣也沒有航海民族，哪怕是英國人或者威尼斯人這

24「理性、客觀、中立」的簡稱。

樣公認的航海民族，它們大部分的人口也是從來都沒有出過海的。在英國，主要是倫敦人和布里斯托人從事航海，約克郡那些農民可能一輩子都沒見過海。在維多利亞女王時代、英國人橫行七海的時代，沒有見過大海的英國人肯定比殷商時代沒有吃過人肉的中國人在人口占比上更高一些。所以你在承認英國人是航海民族、吉爾吉斯人是遊牧民族的同時，就得承認中國人是食人民族。反之亦然，如果中國人不是食人民族，那麼英國人也不是航海民族，吉爾吉斯人也不是遊牧民族，道理就是這麼簡單。

那麼，這個特殊的食人民族是怎樣產生的？假如殷商和周人一樣，按照他們自己的傳說和他們的青銅器風格來說都是內亞民族的後裔的話，那為什麼唯獨殷商會產生出特別明顯的食人風俗，而周人卻沒有？這其實是個非常重大的問題，到目前為止一直都被考古學家和歷史學家所迴避。我仔細思考了一下，想來想去就覺得以下這個假設最為可信，我把它稱之為「叛艦喋血記假設」。《叛艦喋血記》[25]是一部著名影片，張愛玲還特別為它寫過一篇影評[26]。它的故事情節大致上是這樣的：英國皇家海軍有一個艦長喜歡虐待下屬，下屬不服氣就叛變了。叛變以後他們當然不能回去上軍事法庭，所以就一路逃，逃到太平洋的一些土著居民所住的海島上，然後就和土著女人結婚並且在那裡定居了下來。我們可以設想，這些英國水兵到了太平洋群島，他們還帶著英國皇家海軍的先進技術和兵器，因為這些技術和兵器用來打法國人和德國人都沒有問題，所以如果他們高興把太平洋群島上那些穿著草裙、武器只有石器、平時吃椰果度日的土著當敵人來打的話，那些土著肯定打不過他們。他們如果想當征服者，那肯定是要椰果有椰果，要女人有女人，他們可以騎在土著的頭上作威作福。只要他們帶來的英國火器和武器還能用，他們在當地做王公貴族、搶土著的女人，甚至是如果高興的話就吃上著的肉，都是沒問題的。但是，如果他們跑到法國或德國去，那就不行了。法國人和德國人也有各式各樣的武器，也許沒有英國人的先進，但大家都是歐洲人，先進的程度是差不多的。你跑到法國或德國去，頂多是隱姓埋名，免得被英國人追捕，這樣就差不多了，你不可能反過來征服法國人或德國人的。《叛艦喋血記》把當時的故事描寫成田園牧歌，把這些逃亡的英國水兵描寫成好人，但真實的歷史是他們也幹了一些壞事，例如自相殘殺、強娶土著姑娘之類的事情，如果他們再壞一點的話，做出我剛才說的那些事情應該也是沒問題的。

25 《叛艦喋血記》（Mutiny on the Bounty，1962），改編自真實發生的英國故事，一共有五個電影改編版本，其中最著名的是一九六二年由馬龍．白蘭度主演的版本。

26 參見張愛玲《讀看書後記》。張愛玲深入研究，直指該部電影如何修改事實，例如電影描述英國水手與女性原住民結婚、過著祥和的田園生活，但實情卻是英國水手與男性原住民為了分配女人而彼此殺伐。

那麼我們可以假設，殷人和周人其實都是內亞文化，是夏人——也就是最古老的晉人的後裔，但是他們進入了抵抗力不同的區域。仰韶文化和後岡文化所在的區域是住地洞的穴居民，是很容易征服的，征服了以後也很容易把他們吃掉，於是就產生了殷人；而周人進入的區域大概是斯基泰人和各種內亞部落所在的區域，所以周人的傳說才會說，周人打不過他們，只能維持原來那種崇拜勇士、把少數勇士拿來獻祭的風俗習慣，而不是把敵人整批整批地當作獵物吃掉。[27] 殷人與原先後岡文化和仰韶文化時期的中國土著居民的關係，大概就像毛澤東、周恩來和中華民國那些土著居民的關係是一樣的，是征服者和被征服者的關係。就算原來的那些土著居民有技術，也只是些生活性的技術。最要害的技術，也就是軍事技術，例如當時的坦克車——戰車，他們是沒有的，而戰車正是殷人東征西討的王牌法寶。他們也沒有祭祀用的青銅器，而殷人的青銅器卻是極度精密的，完全不可能從後岡文化那種一片簡陋的廢墟當中產生出來。這就是說，如果你見到了林彪的大批坦克車和飛機，你不要以為那是光憑李鼎銘[28]那種陝北土豪就能夠製造出來的，那一定是蘇聯人從滿洲給他運來的。中國共產黨作為黃俄[29]、作為蘇聯的一個分支，憑藉蘇聯在二戰中打敗德國的那些先進技術，征服了李鼎銘、蔣介石，更不要說唐繼堯和龍雲那些使用十九世紀的技術或者一戰技術的人物。殷商殖民者憑藉內亞的先進技術、優質的青銅刀劍和馬拉戰車，征服了那些住在地洞裡面的東亞居民。他們顯然很瞧不起這些東亞居民，才會毫無心理負擔地把他們當作獵物吃掉。同時，按照當時的人口數目來說的話，被殷人吃掉的那些人其實在數量上是非常龐大的，動不動就是幾千人。而當時一個方國可能就只有幾千人，頂多幾萬人，這足以造成人口滅絕的效果。對於中國或者東亞來說，這應該是歷史上第一次造成人口替代的大洪水。

## 瓦房店學：技術停滯不前，導致文明衰退

自古以來，上古東亞和上古東南亞的人口結構就是不一樣的。東南亞，也就是長江以南的這些地方，在上古時期占優勢的族群是「印度—馬來人種」。這個名詞是我起的，有些人類學家把他們叫作「尼格羅—澳大利亞人種」。我平時是不喜歡自創名詞的，但是這一次就覺得那些人類學家起的名詞很糟糕，所以我非得自創一個不可。理由很簡單，他們

27 參見王平，《甲骨文與殷商人祭》，大象出版社，河南省鄭州市，2007。
28 陝北地區仕紳、支持中國共產黨，官至陝甘寧邊區政府副主席，與毛澤東有著深厚的交情。
29 劉仲敬術語，意指中國共產黨過去是由蘇聯所扶植起來的「黃色俄國人」，並不代表中國的利益。

提出的這個名詞會強烈地誤導人，以為吳越、閩越這些地方的居民是非洲人或者澳大利亞的土著。其實，他們除了膚色比較黑以外，基本上和非洲人、澳大利亞人沒有什麼關係，他們反而和印度原住民以及日本繩紋時期的土著有密切的關係。這些人在後來征服印度的雅利安人（雅利安人與波斯人、歐洲人一樣，都是金髮碧眼的白人）看來，就是膚色很黑的黑人，但是他們還沒有黑到像班圖人[30]那樣。十九世紀的人類學家在沒有把他們的源流搞清楚之前，一看到他們的膚色就覺得他們與非洲土著和澳大利亞土著是同種，於是發明了「尼格羅—澳大利亞人種」這個詞。但實際上，史前時代最早的「尼格羅—澳大利亞人種」是居住在印度的，那時雅利安人還沒有打進印度。接著，他們按照我以前講過的方式向東遷移，首先沿著印度海岸遷到東南亞，然後沿著東南亞的海岸一路北上，從越南到南粵、閩越，一路北上到吳越，然後渡海到日本，形成了日本的繩紋文化。繩紋狀的陶器既是日本繩紋文化群的關鍵，也是吳越古代陶器、河姆渡文化陶器的特徵，而河姆渡文化出土的人頭骨特徵，就是典型的「尼格羅—澳大利亞人種」。其實這個人種的正確名字應該叫作「印度—馬來人種」，因為他們的主力在今天的印度和馬來。當然，即使今天的越南人、南粵人、閩越人、吳越人並非全都是他們的後代，至少也有很大一部分是他們的後代，而證據就寫在他們的頭骨上。吳越、南粵是一個混溶[31]發展的地方。也就是說，從上古到現在，雖然當地人口被多次征服，但征服是以混溶的方式進行的，沒有完全消滅原有的人口。

我仔細考慮了一下，世界上人口遷移的規律大致上也就只有三種：一種是嵌套模式的，比如說五千年以前這裡住著A、B、C三族，四千年以前又來了D、E、F三族，D、E、F三族沒有消滅A、B、C三族，而是嵌入A、B、C三族之間，於是當地就有了A、B、C、D、E、F六個族，彼此之間形成互相交錯的狀態。這種狀態經常會產生出封建主義，但有的時候也會產生出部落主義。像諾曼征服以前的英國和古墳時代的日本，以及烏蠻時代直到南詔時代的滇國，就是這種結構的典型例子。不列顛人被擠到威爾斯去了，撒克遜人占進來，到了威塞克斯，然後丹麥人又一路把撒克遜人擠向南方，接著諾曼人又登陸，再把撒克遜人和丹麥人往西、往北擠，形成了嵌套性的結構。這種嵌套性結構基本上沒有發生人口滅絕，但是不同的種群非常豐富，彼此之間很容易形成封建關係。如果形成了封建關係，那就是英國和日本那種格局了。南詔和大理的形成也與這種封

30 居住在撒哈拉沙漠以南至非洲中部、東部、南部，三百到六百個共通語系非洲族裔的統稱。
31 在化學上指溶質與溶劑以任意的比例混合皆可均勻溶解的現象，此處用來比喻吳越、南粵兩地的征服者與被征服者之間相對順利的融合。

建格局有關。但嵌套性結構也不一定會形成封建格局，就像閩越和南粵，他們沒有形成封建格局，而是形成了宗族自治的小團體。南粵，特別是閩越的特點就是，一個縣之內就有幾十個我剛才描繪的那種小團體，他們在種群之間的關係，就像是威爾斯人、撒克遜人、丹麥人和諾曼人的關係，在這種關係當中基本上是不會發生人口滅絕的。

第二種模式就是吳越那種模式。它就像是，你倒了一杯茶，然後再往茶裡面加了一些醬油，然後又往裡面加了一些醋，然後又加了一些辣椒醬。它不像英國或者日本那種封建結構，各個不同族群在封建制度中形成不同的階級，彼此之間還保留著各種特色，而是你和我混在一起，我和你聯姻，漸漸地就混為一體了。結果，後來的人就無法看到像閩越那樣隔了幾個縣就出現不同「方言島」[32]的現象，而是大致上形成了一個新的族群。這個族群包括了原有的所有移民族群的部分特點，但是彼此之間已經沒有辦法劃分開來了。這種格局不容易形成封建主義的格局，但即使是殺人也不會殺太多，基本上不能說曾發生過種族滅絕，只能說不斷地有新的人添加進來。

第三種情況就是種族滅絕和替代，最典型的地方就是中國。這個「中國」是我定義的中國，就是北起拒馬河、南到荊山、東起淄博、西到咸陽的這個最古老的仰韶文化和後岡文化的所在地，也就是殷人統治的地區、最古老的中國，這個地區是一個典型的人口替代區。另外一個人口替代區是從美國西南部一直延伸到墨西哥中部的那個地區，阿茲特克人和以前的墨西哥居民並非同種，原有的墨西哥居民到哪裡去了？不知道。美國西南部有一些很大的礦產遺址，那裡似乎曾實行了奴隸勞動或者是國家社會主義的高組織性勞動。但是等到西班牙人和英國人來到以後，那些具有強大組織性的帝國已經消失得無影無蹤了。居住在這塊土地上的霍皮人[33]和其他印第安人也不是他們的後裔。第三個地區就是從剛果河到今天南非中部高原的南部非洲，另外可能也還有一些地區屬於種族滅絕地區。上述三個地區最典型的特點就是，當地不斷發生種族替代，原有的居民真正滅亡了。同時，好像並非偶然，這三個地區都有大規模吃人的習俗。排順序的話，中國第一，墨西哥第二，南部非洲第三，但是老二和老三加起來的總數都還趕不上老大中國。

殷人賴以統治東亞的那些青銅器和技術隨著時間的推移而不斷退化，也進一步說明了他們基本上是殖民種族。這個道理就像是，中國政府派轟-6去繞台灣飛行，轟-6的

32 指居住在一個特定地理範圍內的居民所講的方言和包圍該地的居民所講的方言不同，形同一座大海上的孤島。之所以會發生「語言島」的現象，通常是「島民」因特殊原因而大量從外地遷徙至該地，將原鄉的方言帶入所致。

33 霍皮人是美國聯邦政府承認的一個美洲原住民部落，居住在亞利桑那州東北部，約有不到二萬人口。十六世紀西班牙人首次遇到他們，並發生衝突。

前型是什麼？就是一九五四年服役的蘇聯Tu－16轟炸機[34]。當時的蘇聯早就不用這種飛機了，於是史達林把它給了毛澤東，作為毛澤東參加朝鮮戰爭的報酬。中國也造不出比這更好的東西，所以跌跌撞撞，修修補補，一直用到現在。如果你的技術是自己產生的，比如說像英國人研發出來的紡織技術、採煤礦或者其他技術，那麼你必然會在考古遺跡上看出痕跡來。最先產生出來的珍妮紡織機[35]是很簡陋的、手工業性質的，然後越弄越好，直到改良成現在的紡織機。從最早的紡織機到現在的紡織機，各式各樣的標本都可以拿出來觀察比較。最早的也是最簡陋的，越往後就越精密，不可能在中間出現斷層。但如果是殖民者帶來的，例如滿洲國的工業體系就是日本人帶來的，然後日本人打輸戰爭以後就捲舖蓋滾蛋了，你把日本人的機器留了下來，但是日本的技術員和工程師都跑掉了，而你自己培養出來的學徒頂多只會用現成的機器，而自己又不懂創造，那結果必然是一代比一代糟。原有的機器在磨壞了以後就漸漸沒有了，第二代學徒不如第一代學徒，第三代學徒不如第二代學徒，一代不如一代。

我把這種現象稱之為「瓦房店學」[36]。瓦房店就是日本技術輸入的一個關鍵點，蘇聯人到了滿洲以後趕走了日本人，把滿洲國的工業體系交給了毛澤東，毛澤東憑著這些工業體系打敗了基本上什麼工業也沒有的蔣介石和滇軍、川軍之類的軍隊。蔣介石的武器是黃埔軍校給它輸入的第一次世界大戰水準的武器，而滇軍、川軍的武器則是日本留學生給它輸入的、相當於普法戰爭水準的十九世紀武器。所以，毛澤東和林彪的所謂「解放戰爭」，實際上是用蘇聯的二戰武器打敗蔣介石的一戰武器和滇軍、川軍的十九世紀武器，說白了就是這麼簡單。但是自從中國和蘇聯鬧翻以後，中國的武器裝備就沒有辦法得到更新了。所以，中國的武器裝備最先進的時候就是朝鮮戰爭那一陣子，那時候蘇聯人源源不斷地給中國供應當時蘇聯比較先進的二戰武器和冷戰初期的武器。毛澤東背叛蘇聯以後，蘇聯就改把武器拿給越南了。結果，越南拿到了蘇聯六〇年代的武器，而中國直到現在都還在用蘇聯五〇年代的武器，這就是「瓦房店學」。

為什麼我說殷商的青銅器是瓦房店學呢？因為它沒有英國紡織機當中屬於珍妮紡織機的那個階段。在它以前的二里頭文化、二里頭文化以前的仰韶文化等，連最簡陋的青銅器

34 由圖波列夫設計局（今日圖波列夫公司的前身）研發的轟炸機，產品型號的前綴詞為「圖」（Tu）。

35 珍妮紡織機（Spinning Jenny）是英國織工詹姆斯・哈格里夫斯於一七六四年發明的現代機械紡織機，被弗里德里希・恩格斯譽為「使英國工人的狀況發生根本變化的第一個發明」。

36 劉仲敬術語，指外來的技術在中國遇到大量同類但低劣產品的競爭，再加上缺乏持續輸入新的外來技術，導致該技術停滯甚至退化的一個過程。瓦房店位於中國遼寧省大連市；由於清代商人在此修建瓦房開設旅店，因而得名。

都不存在。如果殷商的青銅器是在東亞或中國本土發展起來的，那麼你一定會在洛陽、駐馬店或者什麼地方挖出一些沒有後母戊方鼎那麼漂亮、但多多少少能夠使用的小青銅器和破爛青銅器。西元八千年以前，你在巴林島就能找到那樣的小青銅器，然後就是巴比倫或者兩河文明那些輝煌燦爛的大青銅器。但是，殷商的青銅器從一開始就是最好的那種巴比倫青銅器，然後「一蟹不如一蟹」[37]，到殷商快要亡國的時候，青銅器就漸漸變得不像樣了。等到周人來的時候，周人的青銅器遠遠不如殷商的青銅器，然後春秋戰國時期的青銅器又遠遠不如西周的青銅器，一代不如一代。至於最早的青銅器是從哪兒來的？我們不得而知。

這個現象就像是林彪駕著他的飛機、卡車、坦克打垮了蔣介石的部隊，請問他的飛機和坦克是他自己造出來的嗎？如果那些飛機、坦克和鐵路真是他自己造出來的話，那麼我們必然可以考一考古，在一九四五年以前的延安應該會有一些蛛絲馬跡可循，比如說我們都知道毛澤東早在一九四〇年就在延安了，如果他是靠自己的力量打敗了蔣介石，那麼必然能在延安看到一些林彪所用過的那些卡車的雛型。我們可以說，如果林彪用的是大卡車、上等的好卡車，那麼毛澤東在延安時至少有一些雖然不是那麼精緻、但至少比三輪車好一點的皮卡[38]之類的車吧？總會有一些比較簡陋的車吧？沒有卡車，總有小車吧？但是什麼也沒有，延安沒有任何車，沒有任何製造業。那麼林彪的那些東西是從哪兒來的呢？從滿洲國來的、從蘇聯來的，答案就是這麼簡單。它之所以平地一聲雷，一開始就有最好的二戰裝備，原因很簡單，它不是自己發展起來的，它不需要自己發展，蘇聯人有現成的貨給它。然後現成的貨用光了以後，它就一代不如一代了，搞出今天還在派五〇年代的軍事技術和產物上前線這種很可笑的作法來。相較之下，越南人早就有蘇聯一九六〇年代的技術，敘利亞的阿薩德和伊拉克的海珊就有蘇聯一九八〇年代的技術。

如果不用「瓦房店學」來解釋殷商的技術退化，是找不出其他解釋方法的。我剛才提到的「叛艦喋血記假設」是一個可以說通的假設，但並不一定是唯一能夠說通的假設。但是，涉及到青銅器和後來的鎧甲、棉布紡織之類的技術，可以說，整個中國技術史上，凡是像點樣、能夠拿得出來、有值得供人研究的技術，迄今為止，從殷商鑄造青銅器的那個時代，到林彪他們開始搞飛行學校、搞第一批飛機的時代，到現在搞太行發動機[39]的時代

37 宋蘇軾《艾子雜說》：「艾子行於海上，初見蝤蛑，繼見螃蟹及彭越，形皆相似而體愈小，因歎曰：『何一蟹不如一蟹也？』」

38 又稱「貨卡」，即帶有開放式載貨區的輕型卡車。

39 又稱「渦扇—10」，是中國自行研發的一種軍用渦輪引擎，號稱結合了美國和蘇聯科技，但研究了二十幾年，依然有不

為止，東亞或者中國所有的技術產品全都體現了瓦房店學的特徵，毫無例外。全都是這樣的情形：一開始最好，然後一代不如一代，接著莫名其妙地就在戰亂中或者其他狀態中失傳了，下一代的人想要重新造出來，但卻無能為力。

就像宋代的人從古書裡面找到，原來周代的天子進太廟的時候是要駕著很精緻的馬車的，原來秦始皇上朝的時候也是有馬車的，怎麼我們就沒有呢？我們只有人力抬的轎子。這樣是不行的，我們要研究一下古人的紀錄，按照古人的紀錄造一台真正符合先王之道的馬車。然後他們召集了一幫專家造了一台馬車，馬車造得很漂亮，只有一個小小的弱點：沒有任何馬車夫能夠開動馬車。要知道，駕駛馬車在孔門的學問中是六藝之一，是非常重要的。孔門的學問是為貴族準備的，而最早的貴族也和西歐貴族一樣是武士，他們要負責駕駛戰車，在戰車上放箭。所以對於孔門弟子來說，學會開馬車是一個非常重要的技術，就好像英國貴族不可能不會騎馬一樣。但是後來的士大夫早已把這種技術丟得乾乾淨淨，沒有人知道這些馬車是怎麼開的。沒有人能夠開動照古書記載所造出來的馬車。最後只有丟人現眼地找了一批苦力，像抬轎子一樣把這個馬車抬進了太廟[40]。這件事的滑稽程度，就好像清帝國像英國人一樣修了一條鐵路，但是鐵路上的火車仍要由馬來拉動[41]一樣荒謬。這是一個瓦房店學的現成樣本，諸如此類的樣本還多的是，像現在的太行發動機又是一個非常典型的瓦房店學案例。

當然，這其實與晉國已經沒有什麼太大的關係了，主要是和中國有關係，它說明了最古老的中國是怎樣產生的。從第一代中國——殷商開始，它就是內亞殖民的產物。內亞殖民者憑藉高超的技術征服了技術水準很差的東亞土著，像對待牲口一樣地對待他們。我們可以想像，掌握技術優勢的人如果沒有嚴肅的約束的話，確實是會覺得，如此低劣的人種

少問題，以至於裝備期間一延再延。

40 《宋會要輯稿》記載，南宋紹興十五年（西元一一四五年）十一月十七日，禮部報告：「准都省批下權工部侍郎錢時敏等箚子：『勘會製造親耕耕耤使所乘車，承太常寺檢會到禮制，象車以象飾諸末，朱班輪，八鸞在衡，左建旗，右載闟戟，駕馬四，樻上設香爐，香寶錦帶。其輪衣、簾、旗、韜杠、絡帶繡文，施以鸞駕。馬皆有銅面，插羽。鞶纓攀胸，鈴拂緋絹，紅錦包尾。所有合造名件樣制，令幹辦祇候孫援指說，製造施行。』」結果孫援按照「古制」製造的象車不堪使用，到次年正月二十五日，禮部、太常寺報告：「准二十二日詔，令禮部、太常寺討論象車合與不合製造。今討論：……所有象輅更不製造，其合用耕根車乞下所屬製造施行。」至十二月二十四日，禮、兵部又報告主車耕根車也無法使用馬匹：「准都省批下權戶部侍郎王鈇等狀：據祇候庫申，所造耕根車，制飾如玉輅，惟降二等，以青為質，而無玉飾。駕青馬，駕士四十人。契勘古制，凡車，駕引全用馬力。今來所造車止，駕士牽拽，與古不同。兼五輅各駕六馬，尚用七十五人，況根車系用四馬，若依古制，駕士四十人，駕引遲緩，合比五輅用駕士七十五人。」

41 一八八一年開平礦務局日產煤三百噸，運輸成為瓶頸，礦務局總辦唐廷樞決定，從唐山礦區到胥各莊碼頭之間修一條鐵路，全長九點七公里。這條鐵路就是中國第一條屬於自己的鐵路——唐胥鐵路。而這條鐵路上的火車卻不是用火車頭牽引，而是用騾、馬牽引在軌道上行駛，史稱此事件為「馬拉火車事件」，而唐胥鐵路又被戲稱「馬車鐵路」。

怎麼會隨隨便便就和我們是同種的呢？我們覺得他們和動物沒有什麼區別。西班牙人差一點就把印第安人當作動物，向羅馬教皇提出，要不要研究一下印第安人到底是不是人，為什麼如此低劣？[42]但是羅馬教會出於基督教的基本倫理，研究了以後下詔《崇高的天主》（Sublimis Deus）[43]，說印第安人也是人，你們不能虐待他們，命令西班牙國王一定要負責保護他們，所以西班牙人才不敢把事情做絕。《叛艦喋血記》的那些英國水兵如果不是基督徒的話，說不定也會把太平洋群島上的居民殺來吃。

## 名為「人口滅絕」的大洪水向中國襲來

殷商這樣吃人所造成的第一個後果就是，它像我剛才說的那樣，對中國地區的人口結構造成了相當重大的改變。在仰韶時代，中原地區的人口結構是混雜的。我以前講過，錢塘江以南以及三峽峽區以南的人口在史前時代基本上是「印度－馬來人種」，跟現在的馬來人、越南人、南粵人、閩越人有密切的親緣關係。他們的特點是依山傍水，在馬車、戰車產生以前，在內亞大草原可以為這些更加現代化的工具提供更快速的交通通道以前，獨木舟、比較原始的船隻就是人類最好的交通工具，這是「印度－馬來人種」的特長。他們很少居住在今天長江下游平原的這些肥沃地帶。要知道，今天人口密集的肥沃地區，在古代技術還比較落後的時候，基本上就是沼澤地，遍布著蚊蠅，無法居住。所以上古時期的人類反而不是住在這些地方，而是住在比較高的地方。百越的先民們，古代的「印度－馬來人種」，他們是依山傍水的，他們的遺址要麼是在山上，要麼就是在河流所在的地方，他們的生活總是離不開獨木舟之類的船隻。所以，古代的巴蜀、荊楚這些地方布滿了所謂的船棺文化[44]。什麼是船棺文化呢？就是你死的時候，你的親戚朋友們把你和你的船埋葬在一起，船上放著你平時最喜歡的日常用品。這就說明了，這些居民最寶貴的財產就是他的船，很多生活方式都離不開船，所以他們是一個靠水走路的民族。

然後他們一路走、一路走，沿著海岸線走，向東走到日本，向北走到吳越，但是走到中國、走到駐馬店、走到安陽的時候就快要走不動了，因為這些地方在古代的氣候條件下基本上是沼澤地，缺乏像長江和珠江那樣的河川。所以對他們來說，這是他們文明傳播的最遠點。同時，他們的技術也離不開礦產，例如雲南的銅礦和馬來的錫礦，越往遠處運就

42 嚴中平，《老殖民主義史話》，北京出版社，1984，198—199頁。
43 教皇保祿三世於一五三七年頒布了詔令，下令禁止奴役印第安人。他宣稱印第安人也是人，有權享有自由和私有財產。
44 代表遺址為四川省成都市的古蜀船棺合葬墓，據推算其年代可追溯至古蜀開明王朝晚期。

越不方便。所以，史前時代百越人的蹤跡，最北就到仰韶文化的地方。同樣地，史前時代內亞人的蹤跡最東也是到仰韶文化和後岡文化的地方，而史前時代東北亞人的蹤跡，最南也是到同一個地方。所以，史前時代中國的人種是相當混雜的，內亞人、百越人和東北亞人多多少少都有一點。而我們知道，殷商基本上是內亞人，他們吃完人所留下來的骨頭也是各式各樣的，有雅利安人和白人的骨頭，也有「印度－馬來人種」的骨頭，也有東夷人的骨頭。吃來吃去的結果就是，他們把當地的人口結構吃遍了，等到孔子時代的周人統治這塊地方的時候，有很多殷商時代存在的人種已經被他們吃得不見蹤影了，其中就包括了百越的先民。「印度－馬來人種」在仰韶文化時期，它最遠曾抵達到渭河南岸，但是在殷商文化興起的時候，它的北部邊界又向南退縮到洞庭湖的南岸。殷商滅亡以後，它的邊界重新向北移動到漢水、荊山一帶，但是沒有達到原先仰韶文化時期最北點的渭河。

這是中國地區第一次的人口滅絕和人口替代。可以這麼說，把原先包括了一定百越和東夷成分的中國人口變成了在商周統治時期以內亞人為主的人口。從孔子到漢武帝、魏武帝和晉惠帝時期，中國人口基本上是這一批殷周輸入人口的後裔，原先的人口大概是被殷人滅絕了。這批人口在永嘉之亂的時候又換了一撥，現在「中國」地方的居民，他們的DNA和頭骨的形狀比較接近孔子時代和漢武帝時代的南西伯利亞居民，而與孔子時代和漢武帝時代的長安、洛陽居民相比，兩者的DNA、頭骨形狀都不相像。至於這些人到底是哪一波輸入的產物，是永嘉之亂輸入的產物，還是滿洲、蒙古輸入的產物，我不敢貿然斷定。但比較可能是更晚近的產物，因為永嘉之亂以後類似的人口替代還發生了很多次。

洛陽城一次又一次地被夷為平地，每一個王朝建立起來的洛陽城雖然名字仍叫洛陽，但其實每一次都是新城。原先洛陽的公卿和市民都像漢獻帝時代的公卿和市民一樣，在來自各郡的貢物被斷絕以後，自己沒有生產能力，於是開始撿野菜吃，後來就人相食，最後一點影子都沒有剩。新朝重新建立的時候，洛陽城已經是一片空地，必須重新建城，然後從四面八方徵召新的士大夫來當官，強制遷移新的老百姓過來種地。每一次洛陽的人口都是完全滅絕的。滿洲人打進北京，沒有滅絕北京的居民，按照唐甄和當時士大夫的看法，這就叫作「大清取天下之仁亙古未有」[45]。我們要知道，「中國」這個詞在歷史上最早出現，它指的就是位於天下之中的洛陽城，洛陽就是中國，中國就是洛陽。而洛陽的命運和中國的命運一樣，從名字上來看，它源遠流長，三千年來沒有改變過，但是從人口上來

45 出自清初唐甄《室語》：「大清有天下，仁矣。」唐甄認為相較於其他政權在征服中國時發生的屠城、屠殺百姓的事件，清帝國征服中國的過程是相對有道德的。

說，洛陽城的居民頂多活三、五百年，運氣不好的話只能活幾十年，建城的祖父能夠看到自己的孫子被吃掉；運氣比較好的話可以活三、五百年，甚至可以活過像西魏、北周、隋、唐這樣連續性的幾個朝代，但也頂多是三、五百年。目前的洛陽居民和中國居民頂多只有六百年的歷史。

有很多胡說八道的專家說，中國是世界上唯一一個歷史沒有中斷的文明古國，還把這個荒謬的理論寫進了中學教科書，並且拿出來和美國總統川普說[46]。其實從人口的角度來說，中國這個地方是人種中斷次數最多、滅絕得最徹底的地方。你如果到英國去看，自從諾曼征服以後，英國人口就再也沒有中斷過。實際上從撒克遜征服以後，英國的基層居民就再也沒有改變過。威爾斯這個地方的居民，早在撒克遜七國時代就是這個樣子，在亨利二世時代也是這個樣子，在伊莉莎白女王和維多利亞女王的時代也是這個樣子。普通的英國人可以把他們的家系追溯到十二世紀，大多數情況下更可以追溯到八世紀。日本的居民從崇神天皇到現在都沒有中斷過，也就是說從五世紀到現在，日本的居民從來沒有中斷過，無論他是有姓氏的貴族還是沒有家譜的平民。但是洛陽的居民頂多只有六百年歷史，中國的居民頂多只有六百年歷史，每一次中斷都伴隨著大規模的吃人肉現象和人口替換。

不說英國和日本這類穩定性特別強的國家，就是在各種族和各氏族像風一樣、像旋轉門一樣迅速更迭的內亞都找不到這種人口替換現象。內亞的情況經常是這樣的：匈奴人打了敗仗跑掉了，然後突然各部族都自稱鮮卑人了。這並不是說鮮卑人把原有的部族都殺了，而是內亞原本就有幾千個小部族，這幾千個小部族有一個特別強大的叫匈奴，然後大家都服了匈奴，所有的小部族趨炎附勢，都把自己稱作匈奴人。匈奴人垮了，鮮卑人起來了，原先那幾千個小部族又一窩蜂地把自己改名為鮮卑人。另一個類似的現象是，突厥垮了以後，突厥原先的屬民就一股腦地改名叫薛延陀人或回鶻人。其實他們真正死的人數是不多的。死人死得最多、吃人吃得最徹底，徹底到例如漢墓和唐墓中的人頭骨形狀明顯不同且確鑿可證的地方，就是我剛才講到的那三個地方——中國、墨西哥、南部非洲。而在這三個地方當中，死人死得最徹底、種族中斷最徹底的地方恰好就是中國。

## 殷商推動「一帶一路」，遭致鄰國集體撻伐

我可以很負責任地說，中國人之所以堅持說自己的文明最有延續性，恰好就是因為他

46 二〇一七年十一月，美國總統川普訪問中國，川普總統造訪故宮時，習近平稱中國是五千年的文明古國。

們最沒有延續性，因為他們連最基本的人身安全都保證不了。正因為在現實生活中他們是保護不了自身安全的「兩腳羊」[47]和「菜人」[48]，所以他們才要用紙上談兵的方式，說自己是世界上最古老的文明古國。當然，這是胡說八道的，東亞文明頂多三千五百年，西亞文明普遍是八千到一萬年。近代的歐洲文明是西亞文明直接分化出去的，是兩希文明[49]的直接繼承者，其中的繼承關係是非常明顯的。從殷商開始，一直到鮮卑人唐太宗，到滿洲人康熙皇帝，每一代的東亞王朝都是從內亞輸入的，沒有一個例外。第一代內亞王朝的輸入——殷商，也是這樣的。

殷商的強大其實和現在習近平的強大差不多，也就是你有很多很容易征服、很容易奴役的弱勢人口，然後他積累了一定的財富，開始企圖擴張、搞「一帶一路」，也就是說他開始西征、南征了。殷商在強大以後也是這樣的，殷商的南征是向江漢擴張，建立了盤龍城[50]。考古學紀錄顯示，他們把「印度—馬來人種」從比較靠北的荊山山麓一直逼到了洞庭湖的南岸，建立了盤龍城這樣的殖民據點。他們在渭水河谷也建立了一系列的殖民據點。在這個過程中，他們俘虜了大量的羌人，並且把他們吃掉。羌人就是齊國的祖先，包括武王伐紂裡面的那位姜子牙。「姜」和「羌」在古文當中是同義的。而且搞不好周人也曾經被他們吃過，因為「周」這個字和我剛才講過的「用」這個字太相似了。

無論如何，周人、羌人、巴人、蜀人還有其他《尚書》裡記載的十幾個內亞民族就這樣團結起來，化行南國，也就是說他們還聯合了長江流域的很多百越民族，形成了一個統一戰線。這種作法就好像是，你搞了「一帶一路」以後，在巴基斯坦、阿富汗和敘利亞得罪了很多人，當地的各部族就聯合起來對付你。你如果不搞擴張的話，別人可能沒有感覺到威脅，還不至於對付你。但是「武乙獵於河渭之間，暴雷，武乙震死」[51]，這很明顯就

47 出自南宋莊季裕《雞肋編》：「自靖康丙午歲，金狄亂華，六七年間，山東、京西、淮南等路，荊榛千里，斗米至數十千，且不可得。盜賊官兵以至居民，更互相食，人肉之價，賤於犬豕，肥壯者一枚不過十五千，全軀暴以為臘。登州范溫率忠義之人，紹興癸丑歲泛海到錢塘，有持至行在猶食者。老瘦男子謂之饒把火，婦人少艾者名之下羹羊，小兒呼為和骨爛；又通目為兩腳羊。」

48 出自清屈大均《菜人哀》：「夫婦年饑同餓死，不如妾向菜人市。得錢三千資夫歸，一臠可以行一里。芙蓉肌理烹生香，乳作餛飩人爭嘗。兩肱先斷掛屠店，徐割股胦持作湯。不令命絕要鮮肉，片片看人饑人腹。男肉腥臊不可餐，女膚脂凝少汗粟。三日肉盡餘一魂，求夫何處斜陽昏。天生婦作菜人好，能使夫婦得終老。生葬腸中飽幾人，卻幸烏鳶啄不早。」

49 指希臘文明與希伯來文明。

50 位在湖北武漢地區的商代遺址，內容包括城址、宮殿建築、高級墓葬、鑄銅作坊等，是長江流域規模最大的商城邑遺跡，也是當時商文化在江漢地區的中心。

51 出自西漢司馬遷《史記・殷本紀》。一說認為武乙藐視神明遭到天譴而死，但亦有一說認為，因為武乙企圖政教分離而得罪巫師，導致巫師編出「武乙被雷劈死」的謊言。實際上，武乙是在渭河戰死或病死的。可參考王奇偉、何宏波，〈從武乙射天看商代的人神關係〉，《鄭州大學學報・哲學社會科學版》，2001年05期。

是殷人的「一帶一路」遇到了嚴重的阻礙。渭水河谷對於安陽殷人的意義，就好像是巴基斯坦的瓜達爾港對習近平的意義是一樣的，使周人、羌人、巴人、蜀人和內亞、百越各民族在周文王和周武王時代形成了一個聯合陣線，這就是我們所熟知的武王伐紂。武王伐紂的總司令是周族的武王，前敵總司令是羌族的姜子牙，也就是《封神演義》裡面的姜子牙、建立齊國的姜太公姜子牙。

商紂王　周武王滅商之後，帝辛（紂王）經常被史家描繪成亡國暴君，但根據殷墟考古的研究結果，商末期的人祭和人殉其實已經很少，帝辛種種惡行有可能是作為勝利者的周人加油添醋所致。

我們都知道這次戰役的結果，就是推翻了殷人的統治。周人進了朝歌[52]以後，就把殷人習慣的各種罪惡（包括吃人肉）都放到紂王一個人頭上，意思就是這不是你們全體中國人的錯，這就和現在所謂的「反共不反華」一樣。儘管其實所有的殷人多多少少都吃過一點人肉，但是我為了統戰，所以要告訴你們：「你們放心，我們是來弔民伐罪的，所有的罪惡都是紂王犯下的，和普通的殷人沒有關係。」這就好像是，如果你現在要弔民伐罪，你就要說：「所有的罪惡都是共產黨犯下的，普通的中國老百姓是無罪的。」其實這一點並不符合歷史事實，但是從統戰角度和政治角度來考慮的話，當時內亞聯軍的政治家會說出這樣的話來也是不足為奇的。

周人和羌人領導的內亞聯軍在推翻了第一個中國統治者和他們的「一帶一路」以後，就建立了今天的晉國。晉國建立的方式和周人的封建主義方式是差不多的，它等於是一種半外交、半封建的統治方式。一方面，周人把某一個王公封到某地去，這個地方通常是周人勢力範圍之外的某個地方，例如齊國就被封到了萊夷所在的地方。然後，這個國君要和當地的土著達成一定程度的、可以接受的聯盟關係，進而形成一個諸侯體系。這個諸侯體系使他能夠和周天子保持一定的封臣關係，但是又不會和當地的部族發生直接衝突，晉國就是這種體系的典範，所謂「王靈不及，拜戎不暇」[53]，就是說晉國所封的地方大部分都住著戎人。雖然晉國國君是周人的一個親王，但是他並沒有能力征服這些戎人，而是只有

52 位於今河南省鶴壁市淇縣，是商的陪都；西元前一〇四六年，紂王在朝歌郊外迎戰周武王率領的聯軍，兵敗自盡，商滅亡。

53 《左傳·昭公十五年》：「十二月，晉荀躒如周，葬穆後，籍談為介。既葬，除喪，以文伯宴，樽以魯壺。王曰：『伯氏，諸侯皆有以鎮撫室，晉獨無有，何也？』文伯揖籍談，對曰：『諸侯之封也，皆受明器於王室，以鎮撫其社稷，故能薦彝器於王。晉居深山，戎狄之與鄰，而遠於王室。王靈不及，拜戎不暇，其何以獻器？』」

一些先進的青銅器文化之類的東西，他必須通過聯姻和其他手段來和當地的戎人合縱連橫。所以，晉國的國君一開始都是娶戎人的女兒為妻，晉獻公娶驪姬就是一例；她生下了奚齊，然後晉獻公又為了這個小兒子企圖廢掉原有的太子申生，結果導致申生死後晉文公重耳倉皇出逃，進而引起了日後晉文公周遊列國，以及晉國的六卿政治，而晉國的六卿政治，其實是晉國最初就有的「晉—狄二元性」的具體展現。

我們都知道，殷周兩個統治集團都是出身自晉國的。在他們的傳說中，他們都在位於汾水流域的夏國當過大臣，後來才分別離開夏國，周人往西南方向走，殷人往東南方向走，建立了各自的國家。這個夏國本來就是晉國所在的那些狄人的先祖。但是姬氏、晉文公所在的那個晉國建立的時候，晉國所在的種族已經不僅僅是最初殷商始祖的那個夏國所代表的那種最古老的內亞文化了，因為這時候的內亞文化已經更新換代，產生了新的斯基泰文化。這種現象就像是，蔣介石經營黃埔軍校的時候，唐繼堯的講武堂的那些普法戰爭時期的軍事技術已經過時了，因為黃埔軍校用的是蘇聯輸入的一戰技術；然後林彪在哈爾濱建立飛行員學校的時候，使用的是蘇聯在二戰時期的技術，蔣介石的黃埔軍校技術又已經過時。周人分封諸侯建立晉國的時候，那一個晉國在晉地面臨著斯基泰各民族，包括白狄在內，已經不同於最古老的大夏——殷周發源時期的那個大夏時期的內亞了，可以說又增添了很多從烏克蘭草原地帶進來的使用鐵器和青銅器的種族，太行山地區有很多中山國人都是他們的後裔。

這些晉人面臨的形勢就是，殷周兩國賴以征服東亞的戰車技術是最古老的巴比倫文化的產物，但是在斯基泰時代，和新興的、使用戰馬的內亞新民族相比，其實已經落伍了，這就像是唐繼堯的講武堂在蔣介石的黃埔軍校面前一樣落伍。所以，晉人在建國以後首先面臨的就是，接受東亞歷史上的第二波內亞輸入。如果說殷周所代表的青銅器文化和戰車技術代表著東亞的第一次內亞輸入的話，那麼晉國所代表的以趙武靈王「胡服騎射」為高峰的那一次使用鐵器和戰馬的技術就是第二波內亞輸入。第一波內亞輸入建立了商周兩個王朝，而第二波內亞輸入則建立了我們所知道的晉國和趙國。

# 二、從封建主義到民族主義

## 令殷商聞風喪膽的「鬼方」

所謂的中國，就是內亞文化征服東南亞文化邊緣地帶所形成的一個殖民地區。第一個中國（殷商）和第二個中國（周），都是從晉國分化出去的殖民區，只不過他們離開晉國本土以後走上了不同的道路。在第一個中國（殷商）推行「一帶一路」引起國際社會的普遍敵意的情況下，包括周人在內的內亞各民族形成了一個聯盟，推翻了第一個中國，對中國進行了第二次殖民。

這時有的人可能會說，晉國的產生比商周還晚，因為漢字的史書上說，周成王桐葉封弟[1]、封叔虞建立了諸侯國以後才有晉國，但這個說法其實是不正確的。這個說法的歷史意義差不多就是，里根（又譯作雷根）這個人原先是不存在的，歷史上沒有一個羅納德・里根，在一九八〇年《人民日報》第一次用漢字登出「羅納德・里根當選為美國總統」這條新聞以前，地球上沒有里根這個人，他以前也沒有競選過其他的什麼政治職位。當然，英文名字的「Ronald Reagan」一直是存在的，中文的「里根」是一九八〇年才產生出來的，但這不是說在中文的「里」和「根」這兩個字被拼在一起變成一個人名以前，在美國就不曾存在一個根本沒有中文名字、只有拉丁字母的英文名字、名叫「Ronald Reagan」

的活人。「晉」這個詞並不是在周王分封諸侯的時候才出現的，它出現的時間比那還要早得多，而且經常使用的地方是在今天的北印度和內亞。比較閉塞的中國經常是不知道這個詞怎麼發音或至少是發音不準確的。「晉」這個詞只是用漢字這種速記符號給早已存在的內亞發音一個拼寫的形式。

我們都知道，里根總統的名字並不是像我現在的發音這樣，是「里」和「根」這兩個音節，只不過用方塊字來翻譯拼音文字有諸多不便之處，勉勉強強把它翻譯成「里根」也算是可以湊數了，雖然英文的發音其實不是「里」和「根」這兩個音節。真正作為內亞民族的晉族，他們的名字「晉」這個詞，至少是雙音節詞，至少有一個、也許有兩個複輔音在裡面。但由於方塊字本身的特點，方塊字寫起來相當困難，所以它經常用一個字來代替兩個音節或者三個音節甚至更多的音節，而後人又因為不了解這種速記式語言的奧妙，經常以為一個字就只有一個發音，然後又把這一個字用在很多不同的方面，引起了很多混亂。總之，作為晉族名詞的「晉」、「趙」、「代」這幾個詞，最初都是內亞的發音，而

1 劉向在《說苑》中記載了這則故事：「周成王將桐葉作成玉珪的形狀，賜給弟弟唐叔說：『封你做諸侯。』周公聽到了之後說『君無戲言』，於是就將唐叔封到山西地區；唐叔的後裔後來建立了晉國。」

**晉文公復國圖（局部）**　晉文公是晉獻公與戎族狐季姬之子，早年曾被繼母驪姬迫害而流亡諸國，後返回晉國即位，重用賢臣並因解救周襄王、伐楚國有功而成為春秋五霸之一。（宋．李唐 繪）

且都不是只有一個音節而已。叔虞封在晉國，並不是說「晉」這個詞在當時才存在，只是說率領內亞聯軍征服了第一代中國人、企圖重建國際體系的周人及其盟軍返回到他們祖先的統治區域以後，將當地流行的語言重新做了一次翻譯，用方塊字把它翻譯為「晉」而已，就像是你把美國總統的名字翻譯成「里根」是同一個道理。

名字是這個樣子，政治體制當然也是這個樣子。西周乃至春秋時期的晉國同樣也不是像漢文史籍所記載的那樣，僅僅是臣屬於周天子的一個諸侯國，正如里根總統並不僅僅是《人民日報》報導過的許多重要官員中的一位一樣。作為內亞國家的晉國，它建立的時間比叔虞分封到晉的時間還要早得多。早在周人剛剛離開晉國、還在斯基泰人當中混來混去、還沒有在岐山之下建立他們自己的周原的時代，春秋時代很多著名的晉國領主與貴族的名字已經在甲骨文當中出現了，而且現在的考古學家也已經把與他們相關的遺址和各種青銅器都挖出來了。例如，後來跟著晉文公一起周遊列國的先家，後來在晉襄公一朝發動政變、曾經是三軍統帥的先且居[2]那一家，他們家族的墓地現在已經被挖出來了[3]。同時，他們的名字也出現在殷商武丁在位的甲骨文當中。根據這兩方面的證據，我們現在已經可以合理推斷，殷商時期所謂的鬼方或者土方，曾經扮演過殷人主要敵人、曾經是中國人心腹大患的鬼方，主要就是我們所知的晉國。

先家領導的這一個小國，在晉國的各路諸侯當中曾經一度發揮過類似盟主的作用。他們在武丁以前的殷商國王時期曾經一次又一次跟

**晉侯鳥尊**　出土於山西省曲沃縣北趙村晉侯墓，是第一代晉侯、將國名「唐」改名為「晉」的燮父的禮器「鳥彝」，用作宗廟祭祀。

2 先軫之子，在其父戰死之後繼任中軍元帥，但到其子先穀時期，先家便因為勾結外族攻打晉國而遭到滅族。

3 崎川隆，〈先族銅器群初探〉，《饒宗頤國學院院刊》，2014年4月1日，頁197—223。

殷人打仗，勝敗都有。殷人在甲骨卜辭中把他們記載成危險的敵人。在武丁時期，殷人的外交方向發生了轉折，改向渤海圈和關中盆地擴張，因此它迫切需要自己的側翼不受威脅。所以在這一時期，他們企圖和晉國各路諸侯形成聯盟，包括小小的先國，因此把按照當時標準來說是相當不錯的一些青銅器作為禮品送給他們。從青銅器的鑄造樣式來看，先氏的青銅器鑄造樣式正是來自殷商早期和中期青銅器的鑄造樣式，兩者的基本風格是一致的；而殷商晚期和後來周國的青銅器則是它們的晚輩，而且是比較退化的產物，後來中山國（晉國的一個分支）的青銅器也是這樣。它們比殷周（中國）地區的青銅器更加正宗，內亞風格更加明顯，經常使用內亞人喜歡的白虎或者駿馬等諸如此類的圖飾。

後來先家為什麼會變成晉侯，也就是從周家分出來的晉人這一路諸侯，目前還沒有充分的證據，但是我們可以合理推測，周人的封建制度並不是明清以後的作家所想像的那種，像明國皇帝或者清國皇帝那樣，擁有絕對權力的君主可以封一個爵位給你，而是更接近於外交手段，和周武王調集巴蜀等內亞各國的聯軍東征中國的作法差不多。他派一個王子到魯或者到晉去，但是自己帶的人和資源是很有限的。他主要的工作和他的父親周文王化行南國、動員江漢流域的百越各國聯合起來對抗中國的作法是一樣的，和班超後來在西域的作法差不多，是盡可能地把當地的各個小國團結起來，一方面要給他們一些好處，一方面主要是用外交手腕，使他們願意和周人結盟，大致上使他們的軍事活動和政治活動符合周人的外交方向。但是不干涉他們的內政，因為它也沒有這樣強大的實力去干涉他們的內政。這種體系與其說是封建體系，不如說是結盟體系。但是嵌套性的多國體系是很容易封建化的，因為它包含了許多多層次的各小政治體之間錯綜複雜的聯盟和特殊條約。

例如，周人的子弟被封到絳，絳這個地方就是陶寺文化所在的地方，也就是內亞文化區和中國文化區的交界線，也是傳說中堯舜的發源地。在這個地方建都，實際上就和後來蒙古人在大都建都是同一個意思。大都正好就是近世時期內亞文化區和中國文化區的交界線，正如現代的上海是歐洲文化區和東亞文化區的交界線一樣。這樣的地區適合腳踏兩條船，把兩面的便宜都占到。它在這裡建立據點以後，最初的任務當然是為了周王室的外交利益，把原先在晉地的白狄各國都團結到符合周人外交利益的方向上來。但是它在各種獨立外交活動中，自然和當地的各路酋長和各小國的國君形成了各種聯姻和條約關係。這些條約關係的時間長了，各種外交活動以禮樂的方式保存下來以後，漸漸就具備了習慣法的意義。如果你的祖先和我的祖先在長達幾百年的時間內是同舟共濟的，在各種軍事和外交活動中都站在一起，經常相互幫忙，那我們自然而然會形成某種宗藩關係。這就是後來晉國國君和六卿貴族之間的關係。由於晉國國君自己也長期和白狄聯姻，他自己的貴族有很多都像先家一樣，是比周人更加古老的晉國貴族的後代，所以也很難說他們當中哪一個更像是渭水上游的內亞人，哪一個更像是鄂爾多斯系——也就是晉國系的內亞人。產生晉文化的白狄文化的活動範圍，就是以鄂爾多斯高原為中心的這一條線。

我們要注意，在上古時代，內亞通向東亞的通道是以「鄂爾多斯－晉國」路線為正宗，這就是趙武靈王時代所謂的「代道」，而不是以祁連山下的河西走廊為正宗。上古時代的氣候比現在更加溫暖一些，這跟地殼層的結構有關係。最初的時候，古老的地中海一直延伸到今天裏海、鹹海所在的位置，所以內亞曾經是像義大利一樣潮濕的地方。後來海退以後，地中海盆地的東部仍然留下了眾多的湖泊，所以古代到中古時期的壁畫仍然把包括塔里木盆地在內的內亞描繪成一個蔥鬱的、經常出現獅子的地方。著名的國君為了證明他自己的勇武，經常需要參加或者主持獵獅活動。在這種情況下，鄂爾多斯高原必然是一塊青翠的地方，是從西方通向東方的陽關大道的正中心。北方貝加爾湖、蒙古人的謙州[4]一帶，是這條道路的一隅。南方祁連山腳下的河西走廊，是這條道路的另外一隅。後來的漢人之所以要利用祁連山這條道路，也是迫不得已。他們被匈奴人（匈奴人其實也是晉人的一個近親）壓迫，無法利用內亞幹線的主幹道，只有偷偷摸摸地以類似游擊戰的方式走這條羊腸小徑。

白狄人之所以被稱為白狄，是因為他們有穿白衣的習慣。穿白衣是上古許多內亞部族的共同習慣，例如羌人的始祖，姜太公他們的始祖，也是以好穿白衣著名的。他們把這個習俗一直保存到中古時期。這個文化和晉人的其他特徵一樣，當然也是從內亞來的。不過，另外一些人把白狄解釋為白人，這就有失謹慎了。雖然在後來的晉人當中摻入了很多雅利安血統，但是在桐葉封弟這個傳奇故事發生時的晉人，我們所知的雅利安人，還是內亞眾多部族當中的一系，還沒有明確分化出來。他們比較可能的來源應該是，可能他們來自歐亞大草原，來自今天拉脫維亞到烏克蘭之間的那個地區。今天的白俄羅斯很可能是金髮碧眼這種體貌特徵的人最早出現的地方。但是，作為政治集團的雅利安人在黑海和裏海北岸崛起的時間其實還要更晚一些。

位於內亞大草原的西部、以今天白俄羅斯和烏克蘭為主的這塊地方到底是怎樣漸漸地把這個金髮碧眼的部族給養大、擴張，最後使他們產生了阿契美尼德王朝的伊朗，然後像洪水一樣湧進了南亞和東亞，這段歷史我們只有一點點基因方面的紀錄，所以就不好分析了。但是無論如何，現代人所謂的金髮碧眼、像瑞典人和白俄羅斯人那種體貌的白種人大

4 又稱為欠州，位在今天俄羅斯的圖瓦地區，也就是唐努山以北、葉尼塞河上游一帶，居民是圖瓦（禿八）人。

規模占據晉國的土地，是在上古時代的晚期和中古時代的早期，而不是在白狄人建立晉國的那個時代。白狄人可能也有一些今天我們所謂雅利安人的體貌特徵，因為內亞各部族交換基因是非常頻繁的情形。而且他們生活在一個很難被滅絕的地方，不像中國地區的居民那樣很容易被滅絕。所以，他們可能在嚴格意義上的、狹義的雅利安人出現以前，就已經分享了很多白人的體貌。在中山國留下的墓葬當中，有很多死者的體貌特徵很像石勒時代的趙人，至於趙武靈王時代的代人，沒有問題，他們是有很濃厚的白人血統的，即使不是後來那種純粹意義上的雅利安人，至少也有很多是深目高鼻，類似歐洲人的體貌特徵。

## 掌握多國外交與內亞通道

我們所知的西周時期的晉國，和殷商時期的晉國一樣，是一個多國體系，而不是一個封建國家。周人及其親屬叔虞封晉建立的這個國家，在這個多國體系的聯盟當中甚至沒有起到主導作用。這與文化和武器輸送的交通線有關。雁門關以外的代道，也就是通向鄂爾多斯高原的這條道路，是內亞技術傳輸的主力，也是晉人不能須臾喪失的文化和經濟財富來源的地方。《穆天子傳》[5]所記載的周人顯然不是西周時期的周人，而是東周時期的周人。他們通向內亞的路線是從洛陽出發，沿著太行山北上，然後越過今天的雁門關，進入鄂爾多斯高原，接著沿著天山北路西進。這條道路長期以來一直是「內亞—東亞」交通線的主幹道。晉文化就是在這條主幹道上繁榮起來的，晉獻公和晉文公的晉國只是這條道路通向洛陽之前的最後一站。他們在洛陽的周天子面前顯得相當強大，主要就是因為他們凝聚了內亞人的財富和兵力。隨著周王室的東遷，周天子在政治上日益依賴於他的這個親屬，因此不得不漸漸地把中條山以南、黃河以北的大片土地割讓給以晉文公為代表的晉國君主。然後隨著晉人南下干涉周人和鄭人的外交糾紛，以及和楚人作戰，晉國又在黃河以南的中國本部獲得了大片的殖民地。這些殖民地以封建的方式，大部分都被分給了魏家和韓家，以至於在晉國這個封建體系內部本身就出現了內亞系和中國系之間的參差。

例如，趙家以晉陽為中心，而晉陽正是晉獻公的晉國與晉國各內亞部族和邦國之間的分界線。晉陽是一個軍事要塞，它對晉獻公的晉國的意義就像是奧倫堡[6]對葉卡捷琳娜大帝（又譯凱薩琳大帝）的俄羅斯的意義一樣，它是一個邊界要塞，同時也是一個重要的貿

5 成書於戰國時代，作者不詳，記述周穆王南征北討，以及前往西域拜會西王母的故事，充滿神話與浪漫的想像力，據歷史學家楊寬考證，《穆天子傳》源自河宗氏（山西西北部及內蒙古一帶的古民族）的傳說。

6 位在歐俄通往草原入口處的俄國城市，為俄羅斯控制中亞草原的重要軍事、政治據點。

易口岸。由於趙家承擔了晉陽方面的任務，所以很容易進一步向內亞方向發展。在趙人和代人聯姻、最後形成趙代聯合王國以後（這是趙簡子時代以後的事情）[7]，趙人幾乎獨占了鄂爾多斯路線。這是趙武靈王「胡服騎射」的關鍵因素。史書往往會過度地誇張某一個政治家的雄才大略，忽視了任何一個政治家背後都有的長期歷史運動的背景積累。趙武靈王當然不是孤立的個人，胡服騎射也不是他自己一個人就能推行的。在趙簡子的後裔推行趙代聯姻以後，趙人必然已經長期依賴於內亞的軍事技術了。可以肯定的是，在趙武靈王以前，他們已經有了內亞式的騎兵組織。騎兵取代戰車，是導致西亞和希臘的軍事革命和政權更迭——巴比倫時代的各帝國和王國紛紛倒台、而我們所熟知的希臘各城邦和波斯帝國紛紛崛起的一個重要原因。《聖經》上所謂的非利士人[8]，也是在這一次狂潮中湧進今天的巴勒斯坦沿海地帶的。趙武靈王藉以崛起的祕訣就是，他搭上了這次內亞技術革命的便車，所以擴大了趙代聯合王國原本就有的技術優勢，而韓、魏則是因為深入中國，漸漸地和內亞交通線隔離開來，也就漸漸地喪失了他們過去作為晉國公卿時期本來就有的強勢戰鬥力。

在這個過程中，封建主義發揮了將外交聯盟「涵化」[9]和擴大化的作用，正如十九世紀以前的歐洲外交體系為現在的歐盟做了準備一樣。封建主義的分封和聯姻這些手段，將晉文化區的各部落、各領地、各貴族統合在同一個關係網當中，而後人就用封建主義來描繪這個關係網。從中山國的故事就可以看出這個關係網涉及到很多種族。中山國其實是晉文化的旁支，但最明顯的證據就體現在我們前面提到的先氏家族和白狄人之間的糾紛。先氏家族曾經把一塊土地割讓或者封給白狄人，就像法蘭西國王曾經把阿基坦[10]的土地分封給英國國王那樣。於是，英國國王除了有英格蘭王國的領土和作為與法蘭西王國平起平坐的英格蘭國王的地位以外，同時還有了一個作為法蘭西王國封建領主和重臣的阿基坦公爵的爵位。這個爵位使他有必要接受法蘭西王國的習慣法審判，這是英法兩國之間長期外交糾紛的根源。先家封給白狄人的這塊領土也是這樣的，變成了先氏和太行山區白狄人長期糾紛的源泉。你可以把雙方之間的糾紛過程理解成一種簡化版、退化版、東亞版本的《大

7 《史記・趙世家》：「晉出公十七年，簡子卒，太子毋恤代立，是為襄子。……襄子姊前為代王夫人。簡子既葬，未除服，北登夏屋，請代王。使廚人操銅枓以食代王及從者，行斟，陰令宰人各以枓擊殺代王及從官，遂興兵平代地。其姊聞之，泣而呼天，摩笄自殺。代人憐之，所死地名之為摩笄之山。遂以代封伯魯子周為代成君。伯魯者，襄子兄，故太子。太子蚤死，故封其子。」

8 一支從愛琴海地區移居至巴勒斯坦的民族，崇拜半人半魚的「大袞」，是希伯來人長年以來的宿敵。

9 涵化（Acculturation）是指因多種不同文化相互接觸，從而導致的文化變動以及心理認同的過程。

10 中世紀的一個公國，以波爾多為核心城市，地理位置在今日的法國西南部。阿基坦的女繼承人艾莉諾和金雀花王朝的亨利（英王亨利二世）結婚，從而使得英王繼承了這個公國，同時也繼承了身為法王封臣的權利和義務。

憲章》糾紛[11]，因為它本質上就是一種封建關係。

先家的後人理直氣壯地責問那些白狄人：「這塊土地是我們的祖先過去如何如何封給你們的。在封給你們的過程當中，雙方還拿著各自的禮器和樂器舉行了儀式，做了各種盟誓活動。現在我們先家正值用武之際，而你們現在已經繁榮昌盛了，有很多武士，有很多財寶，為什麼你們如此吝嗇，只派出如此少的人馬、拿出如此少的玉幣來支持我們呢？照我看來，你們的實力完全已經算得上是一個千乘之國了，憑什麼不拿出一支大軍來支持我們呢？」而白狄人說：「當初你們的祖先把這塊土地封給我們的時候，這塊土地上面還布滿了荊棘，談不上有什麼價值。我們的祖先住下來以後，用我們從內亞得到的各種先進技術，開墾它、發展它，建立城郭、建立冶煉金屬的基地。經過了幾代人的建設以後，現在我們武器很先進了，農作物也很豐富了，各方面都很強大了。雖然我們是你們的藩臣，但是這些工作主要是我們自己做的。當初盟誓的時候我們答應給你們的無非是那一點點，因為你們封給我們的土地就只有那一點點價值，所以我們也就按照當初的盟約，拿出這一點點資源來支持你們就足夠了。你們不要看我們現在很富裕、很強大，但是後來的這些資源並不包括在我們原先的盟約當中。」

這就好像是說，維也納的皇帝不能對普魯士國王說：「你們普魯士現在威震天下，戰無不勝，在萊茵有很多錢，在波美拉尼亞[12]有很多兵，現在你們應該拿出你們的錢和兵來，跟著我們到義大利去和薩丁尼亞國王打仗。」普魯士國王一定會說：「第一，我們不否認我們普魯士王國是神聖羅馬帝國的藩臣，我們的國王比你們的皇帝要低一級，我們的先王曾經宣誓效忠維也納的皇帝。但是第二，普魯士王國並不是全都在神聖羅馬帝國以內，它有很多領土並不是神聖羅馬帝國的皇帝所封，只有最早的那個布蘭登堡公國才是神聖羅馬帝國皇帝所封的。波美拉尼亞那些土地，是後來的普魯士國王憑自己的本事從波蘭和瑞典手裡奪過來的。它雖然是普魯士王國的一部分，但並非神聖羅馬帝國的一部分。也就是說，普魯士王國只有一部分屬於神聖羅馬帝國，另一部分不是屬於神聖羅馬帝國。同時，維也納的皇帝作為奧地利的君主和神聖羅馬帝國的皇帝，也是有雙重身分的。屬於帝國內部的德意志各邦這一部分，我們普魯士人按照先王的盟約可以幫你；但是你跑到義

11 《大憲章》是一二一五年由英國國王約翰（John）與封建貴族為了解決紛爭所簽訂的條約。該條約限制了王室權力、尊重司法過程，是國王與封建領主之間相關權利的保障協議，成為英國「君主議會內閣制度」的起點。作者以此比喻先氏與白狄之間的爭端與封建關係。

12 位於今德國和波蘭北部，處於波羅的海南岸。在歷史上，波美拉尼亞主要被神聖羅馬帝國統治，一八一五年後成為普魯士王國的一部分；境內的主要城市為格但斯克。

大利和義大利的諸侯打仗，那就和我們沒有關係了。神聖羅馬帝國並不包括薩丁尼亞島，你跟薩丁尼亞國王打仗，這不是神聖羅馬帝國的事情。所以，第一，你和薩丁尼亞人的糾紛，我們是沒有義務要幫你的。第二，就算是你在神聖羅馬帝國境內的糾紛，我們也沒有義務用全部力量來幫你，我們只有義務把原先屬於布蘭登堡的資源拿出來幫你。而波美拉尼亞的精兵和萊茵的錢財是普魯士王國最大的、最讓人眼紅的資源，對不起，這兩個部分我們並不欠你，不應該拿出來給你。」

白狄人對待先家的態度就是這樣的：你老人家不要看我們現在又有錢又有兵就眼紅，當初你們封給我們的領地就只有這些。我們不是不守信用，我們遵守封建的盟約，但是我們拿出盟約來看，我們只能按照原始的盟約，把當時規定的附庸義務拿出來給你們。你們先家現在也比當時要強大多了，當時先家只是一個小國，現在先家是晉國的著名公卿，而且因為晉國是諸夏聯盟在外交上的領袖，就像今天的美國在北約中的地位一樣高，楚國以外的諸夏各國都得聽晉國的，而你們先家作為晉國的公卿大臣，跑到魯國去、跑到齊國去都是威名赫赫的，大家都要跟你簽署盟約，但是我要告訴你們，我們白狄對你們在齊國、魯國、楚國、鄭國的活動不承擔義務，我們只對你在晉國國內的活動承擔義務，而且只承擔我們當初承認的那一小部分。這些糾紛最後怎麼解決的，我們並不清楚，但是可以推想，在封建制度下，這些糾紛必然會像是普魯士國王和奧地利皇帝的糾紛一樣沒完沒了，大家不斷地「扯皮」（指無原則的爭論）和打官司。在扯皮和打官司的過程中，又形成了各種新的聯盟和聯姻，各自去找靠山，各自去找習慣法的律師等諸如此類的東西。當然，這樣的描繪抬高了晉國，因為雖然晉國的習慣法至少已經重要到值得孔子這樣的大思想家評價了，所以按照東亞和內亞的標準來看已經是很不錯了，但它肯定達不到近世歐洲的那種高度。

同時，因為晉國主要是一個內亞國家，所以它的習慣法應該和周人所謂的禮樂（東周時代所謂的禮樂實際上主要是具有齊魯文化和海岱[13]特徵的封建主義）大不相同。正是這些不同，才締造了後來趙代和韓魏之間的衝突。以晉陽為中心的趙代聯盟和後來以中國領地為中心的韓魏之間的衝突，最終迫使魏人撤出晉國本土，把首都遷往大梁，你可以從魏文侯、魏武侯這些君主和吳起這位絕對主義改革家的對話中看出這些蛛絲馬跡。魏武侯最初和吳起對話[14]的時候，他曾經在黃河上坐船，然後看著山河，不禁感歎地說：「山川如

13 即海岱文化區。海指黃海、渤海，岱指泰山，該文化區分布在從黃海西岸至泰山南北的廣大地區，歷經北辛文化、大汶口文化、龍山文化等，主要在商、周時期與中國諸夏文化開始交流、互相影響。

14 《史記・孫子吳起列傳》：「武侯浮西河而下，中流，顧而謂吳起曰：『美哉乎山河之固，此魏國之寶也！』起對曰：『在德不在險。若君不修德，舟中之人盡為敵國也。』」

此險要，真是魏國的財寶。」然後吳起正色提醒他說：「山川再險要，如果你的人不行，還是不行。以前殷人也曾經有過山川險要，但最後還是亡國了。如果你不好好修明政治的話，這些山川對你都沒有用。」比較細心的讀者大概就會發現，吳起在歷史上的名聲是一位類似商鞅的人物，是封建主義的破壞者，按說應該是儒家學者所討厭的人，他為什麼會說出這樣一大串好像是修德安民、好像是儒家學者都會贊同的話呢？這和他在歷史上的真實地位和真實身分非常不符。然後你從魏國後來的遷都事件就可以看出，吳起這段話背後實際上意味著一個政策的調整。

魏武侯讚揚山川險要，這就意味著他不願意放棄晉國本部的那些封建領地，還有企圖與趙人和秦人爭奪晉國本土的強烈欲望，因此對他來說，晉國的山河仍然相當重要。但是吳起不贊同這些，他認為晉國本身的封建傳統過於深厚，如果在晉國本土發展的話，那就像是在神聖羅馬帝國的核心地區，有一大堆公、侯、伯、子、男等貴族，有很多人遠在外伊朗、遠在北印度都有親戚，這個關係網牽扯得太遠了，再強大的君主都很難把他們一一鏟平、建立有效率的政體。要聽我的話，不如到魏國剛剛征服的關東大平原上去。在這塊大平原上，我可以招攬流民，另建新城，建立一座嶄新的大梁城。就像是彼得大帝建立聖彼得堡一樣，聖彼得堡是彼得大帝個人的城市，因此它與原先俄羅斯貴族和歐洲貴族的關係網絡絲毫沒有關係。在這裡，既沒有瑞典的貴族，也沒有波蘭的貴族，也沒有韃靼的部落酋長和莫斯科的貴族。所有的聖彼得堡人都是彼得大帝一手弄過來的，他們都是服從彼得大帝一個人的。

大梁城就是魏國的聖彼德堡，它是一座原先不存在的新城。魏國人特別挑選了中國中部適合開墾的平原地帶，建立這樣一座新城。這座新城除了魏國國君的行政官員和軍事官員以外，主要是從諸夏各國招攬來的、原先沒有土地的流民。也就是說，他們的身分是極其低賤的。沒有土地，就像現在沒有工作那樣，你連混口飯吃都成了問題。然後突然有一位偉大的魏國國君說，你只要肯跟著魏國國君走，你馬上就有地種，於是他們就跟著來了，這樣的居民必然會絕對服從魏國國君，因此才會有孟子時代梁惠王威震關東的一幕，魏國透過開墾這片平原地帶發了大財，使中國東部地區的小國紛紛前來朝見它。但正因為如此，它也和原先晉國的封建體系隔離了開來，和至關重要的內亞交通線隔離了開來。所以等到戰國後期趙武靈王以後，內亞的技術和武力完全集中在秦趙兩國。魏國和韓國一樣，雖然富有，但是卻衰落了，變成一個挨打受氣的角色。這是「中國化」不可避免的代價，內亞人一次又一次地征服中國。但是你只要選擇了梁惠王這種中國化的道路，這條道路也是後來金章宗和乾隆皇帝選擇的道路，也是共產國際黃俄、周恩來和毛澤東的後裔習近平所選擇的道路，那麼你必然會變得軟弱，變得和過去你殺來當肉吃的那些被征服者、那些最早的中國人一樣的軟弱，然後就會像他們一樣變成新一批內亞征服者刀下的降虜。

## 三家分晉：內亞派與東亞派的決裂

韓趙魏三家分晉，骨子裡面同時包含了內亞因素和東亞因素的晉國的分裂，可以說是晉國內部的中國人和內亞人一分為二了。內亞人變成了趙國人和中山國人，中國人變成了韓國人和魏國人。這可以說是上古時期的「蘇聯解體」，同時產生了屬於歐盟的波羅的海三國和中亞五國。然後，趙武靈王在歷史上的主要功績其實就是滅中山國，把內亞白狄的那一部分完全納入趙國的統治範圍，因此戰國後期內亞和東亞的國際糾紛就主要體現為趙國和秦國之間的長期衝突。長平之戰以後，秦國決定性地擊敗了趙國，也就注定了東亞各國再一次地被征服。這是他們自殷商、周人的內亞聯軍以後，第三次被內亞人征服。趙國失敗的主要原因，是因為趙人後來把它的首都遷到邯鄲。邯鄲是趙滅中山以後控制的太行山道路上的重要商埠，後來變成了通向洛陽的一個重要貿易站，就像大都[15]是內亞通向蘇州的重要中轉站一樣。這樣一來，他們就遠離了自己在晉陽的老基地。結果他們遷都以後不久，晉陽就落入了秦國的手裡。這對趙國才是一個真正嚴重的打擊。邯鄲雖然比晉陽更加繁榮昌盛，但是缺乏晉陽那樣的封建傳統。三家分晉的時候，趙國正是憑著晉陽的封建傳統才免於滅亡的。而且，晉陽是白狄人通向鄂爾多斯的老基地。後來位於邯鄲的趙國政府只能依靠代道——也就是李牧所看守的那條代北的通道，以迂迴的方式通向鄂爾多斯了。顯然地，他們損失了很大一部分的內亞通道。

即使是在這種情況下，只要李牧的代軍仍然存在，趙國仍然可以不亡。李牧大概也是內亞人，照史書描寫關於他的體貌特徵[16]來說的話，他和中國貴族有很明顯的差別。他是那種多毛的、草原上的遊牧民族，而他訓練軍隊的方式很明顯是伴隨著匈奴和樓煩[17]出現

15 元帝國首都，即今日的北京，突厥語稱為「汗八里」，也就是「王都」之意。

16《戰國策．卷七．秦策五．文信侯出走》：「韓倉果惡之，王使人代。武安君至，使韓倉數之曰：『將軍戰勝，王觴將軍，將軍為壽於前而捍匕首，當死。』武安君曰：『繓病鉤，身大臂短，不能及地，起居不敬，恐懼死罪於前，故使工人為木材以接手。上若不信，繓請以出示。』出之袖中，以示韓倉，狀如振捆，纏之以布。『願公入明知。』韓倉曰：『受命於王，賜將軍死，不赦。臣不敢言。』武安君北面再拜賜死，縮劍將自誅，乃曰：『人臣不得自殺宮中。』遇司空馬門，趣甚疾，出棘門也。右舉劍將自誅，臂短不能及，銜劍徵之於柱以自刺。」

17 周建立前就已存在的古代國家，其民擅長騎射，領土約在今中國山西省與河套地區。戰國時期接連遭到趙國與秦國的侵略，領土日漸縮小，最後融入匈奴、鮮卑。

的內亞又一次軍事革命的產物。趙代的政治體制是相邦制[18]，這種制度也正是後來匈奴人的政治體制。所以你可以看出，匈奴、樓煩、趙、代這四國之間存在著隱密的聯繫。這四國繼承了最古老時期的晉文化區（朱開溝時期和李家崖時期），也就是說以鄂爾多斯為中心、包括今天太行山與黃河之間的高原地帶的整個晉文化區。雖然後來漢帝國的歷史學家對他們進行了個別處理，把趙人和中山人看成是諸夏的一部分，把匈奴人和樓煩人看成是純粹的內亞蠻族，但是實際上，趙和中山即使不是純粹的內亞，至少也是以內亞為主的政權，而匈奴人和樓煩人與他們沒有什麼區別。匈奴人根本不是像司馬遷以後的歷史學家所描繪的那種野蠻人，他們的政治體制與戰國時期的中山人是一樣的，使用的政治倫理也和《戰國策》描寫的那

**中山國錯銀雙翼神獸**　出土於河北省平山縣三汲村中山國王墓，具強烈內亞風格。中山國由白狄所建，屬晉文化的分支，曾北伐燕國、南征趙國，國力一度強盛，但最終仍被趙武靈王實施改革後的「胡服騎射」軍隊所滅。

些中山賢王差不多，例如招攬賢士、強調儒家的親親尊賢之義。

在戰國中期以後，軍國主義和絕對主義的法家學說流行以後，匈奴人和中山人保存的這些比較強調親屬友愛關係的內亞文化，在殘酷寡恩的商鞅、李克學派看來就變成非常落伍了。法家學派的鉅子們看待這些封建文化，就像是列寧的徒子徒孫看待資產階級民主派的政治家一樣。從他們的角度來看，富蘭克林・羅斯福（Franklin D. Roosevelt）都當了美國總統，卻沒有把共和黨人通通送進集中營，然後讓自己的徒子徒孫永遠專政下去，這就是可笑的軟弱。商鞅和李斯這些人對待堅持春秋時期儒家那種親族和睦、封建文化、你尊重我、我尊重你的儒家學派也是這種看法。所以他們認為中山人落伍了，中山人還在堅持過時的儒家學說。其實，與其說這個儒家學說代表了孔門弟子的學說，不如說當時的孔門子弟已經在孟子和荀子的率領之下，把儒家學說演化成為一種和孔子的封建主義非常不同、倒是和後來的平民民主主義更相近的學說了。孔子時期那種封建主義性格濃厚的文化在中山、匈奴、代國還非常流行。他們強調的就是，貴族和貴族之間要以禮相待，君主和

18 趙國曾經賜給匈奴一顆「相邦」（相國）印璽，由此可知在戰國時代，匈奴其實已經有類似中國的官職制度，而且與趙國之間也有著密切的聯繫。

附庸之間要相互尊重，君主的權力不能太大，附庸的地位也不能太卑屈，彼此之間要有親親尊賢的文化，也就是說誰也不能像後來的秦始皇和商鞅那樣隨隨便便就殺大臣，把封建貴族當作完全依賴君主的雇員和官僚那樣驅使。當然，這樣會降低行政效率，妨礙軍國主義的開展，但是也因此使國家的政治體制比較平衡。具有相對獨立性的封建貴族就像一個小邦一樣，自己能夠向外殖民、向外發展，保留了社會自組織[19]的元氣。這就是為什麼趙人和代人最後很難被秦人征服、在邯鄲陷落以後代人仍然能夠依託內亞大草原做長期抵抗的主要原因。

隨著李牧的失敗、邯鄲趙國的滅亡，一大批不甘心投降秦國的趙國貴族自然而然投奔了鄂爾多斯高原上的樓煩人和匈奴人。樓煩人和匈奴人與趙國和代國的關係，當然也就是瑞典和芬蘭與愛沙尼亞和拉脫維亞的關係。蘇聯吞併了愛沙尼亞和拉脫維亞以後，當地的資產階級和貴族紛紛逃往瑞典和芬蘭，在那裡從事復國運動。同樣地，趙代的貴族和軍人也紛紛逃向匈奴和樓煩。這就是為什麼秦始皇吞併了中國各諸侯以後，最放不下心的就是河套地方的匈奴人。所以他要派蒙恬率三十萬大軍北駐匈奴，在河套的黃河南岸建立軍事基地。他知道，趙人和代人的餘孽與他們的近親匈奴人和樓煩人結合，與晉文化的發源地、內亞重要通道——也就是傳說中大夏所在的鄂爾多斯這個重要道路結合在一起，就足以構成威脅咸陽和秦國絕對君主國的危險力量。趙武靈王早就設想過，以鄂爾多斯高原為基地，南下奔襲咸陽[20]。這條道路是秦國的致命弱點，所以秦國必須把自己的主要兵力、把最信任的太子和帝國的繼承人扶蘇都派到鄂爾多斯高原。而且即使如此，他也不能占領整個鄂爾多斯高原，而是只占領了鄂爾多斯高原的一半，也就是黃河以南的那一半，黃河以北的鄂爾多斯和陰山地區仍然在匈奴人和樓煩人的統治下。後來使漢帝國聞風喪膽的匈奴人和樓煩人，其實正是春秋時期晉國和白狄文化、戰國時期趙代文化的直接繼承者。他們之所以能夠和秦國及其繼承人漢國進行長期抵抗，正是發揮了內亞封建主義對中國專制主義的制度優勢和內亞交通線對東亞窪地[21]的技術優勢。

因為秦帝國及其繼承人漢帝國一再地被匈奴人打敗，所以他們自然就要運用歐陽修和

---

19 又稱「自發秩序」，指一個社會或系統在不受外力干預的情況下，內部自發性地組織化，從最初的無序發展成有序狀態。

20 《史記・趙世家》：「主父欲令子主治國，而身胡服將士大夫西北略胡地，而欲從雲中、九原直南襲秦，於是詐自為使者入秦。秦昭王不知，已而怪其狀甚偉，非人臣之度，使人逐之，而主父馳已脫關矣。審問之，乃主父也。秦人大驚。」

21 劉仲敬術語，「東亞窪地」是一種隱喻，它指的不是東亞位處歐亞大陸東端上的低地，而是指和內亞相比，東亞在政治秩序和文明上一直是被輸入的區域，是技術、文明和秩序的窪地。

《人民日報》的那種手段——對於沒有辦法打敗的人，就要盡力黑化他們，污蔑他們，把他們描繪成茹毛飲血的野蠻人。但即使是在司馬遷和這些充滿敵意的作家筆下，晉人的直接後裔匈奴人其實也比司馬遷服侍的那個朝廷顯得文明得多。你從李陵和蘇武的遭遇就可以看出來。蘇武如此之辛苦，在極其困難的情況之下對漢武帝忠心耿耿，而他留在漢室朝廷的那些親族卻被漢武帝毫無人性地殺戮了；然而即使是在蘇武及其部屬一再地陰謀反抗匈奴以後，匈奴單于和貴族對蘇武仍然非常寬大，頂多把他換一個流放的地方，沒有殺他，而且還送了很多牛羊給他。兩者之間的差異，與土耳其蘇丹和歐洲君主的差異是一樣的。你在歐洲無論怎樣從事政治上的反對，你頂多是從法國逃到德國，從德國逃到英國，換一個地方，不會被趕盡殺絕的，而且英國、法國和德國的法庭都很尊重忠誠的反對派，不會因為你反對他們的國王，在政治上失敗了，就對你不公正；而如果你逃到土耳其去，在土耳其蘇丹的統治下就算做到帕夏[22]和大臣，還是很容易被殺頭外加抄家的。李陵一家為漢帝國死戰，最後落到了家破人亡，就是因為他們得罪了外戚衛青。如果是在戰國時代，那麼他們毫無疑問會是繁榮昌盛的一代英雄。如果他們逃到繼承了戰國文化的匈奴去，他們的日子也會很好過。

後來的吉爾吉斯人就說他們其實是李陵的後代[23]，從血統上來說其實也不是完全不可能的。隴西李氏和漢武帝重用的內亞外交家公孫賀一樣，雖然有一個用漢字寫成的名字，但其實這個名字也與「里根」和「費正清」（John K. Fairbank）這些名字一樣。里根他老人家並不姓「里」，費正清他老人家也不姓「費」。公孫賀和李家很可能原先也是內亞人，所以李陵叛降匈奴以後，內亞就有很多部族自稱是李陵的後代。很顯然地，他們在自由的內亞封建體系當中，比在中國專制體系當中混得要好得多。他如果在中國混下去的話，早晚有一天也會像土耳其蘇丹的大臣一樣，即使富貴過很長一段時間，最終也會被滿門抄斬，不會有什麼後裔留下來。就算沒有被滿門抄斬，在改朝換代的時候也會和漢獻帝那些大臣一樣活活餓死或者是被人吃掉。但是在內亞，他們就可以生存下來，而且始終是以勇敢著稱的一路諸侯。李陵和蘇武的這些故事充分表明了，戰國時期以豪俠著稱的內亞文化是怎樣在鄂爾多斯高原和貝加爾湖南岸找到自己的避難所。

我們要知道，即使是春秋戰國時期的晉國和趙國，也和李家崖時代的晉文化一樣，是內亞深入東亞的一個灘頭堡，本身並不屬於東亞或者中國。東亞帝國後來在秦始皇和漢武

22 奧斯曼帝國行政系統的高級官員，通常是指總督、將軍及高階官員。
23 《舊唐書．回紇傳》：「初，黠戛斯破回鶻，得太和公主，黠戛斯自稱李陵之後，與國同姓，遂令達幹十人送公主至塞上。」

帝時期羽翼豐滿了，就像蘇聯帝國在史達林時期羽翼豐滿了就要把波蘭和愛沙尼亞都吞併下來一樣。但即使是在史達林和布里茲涅夫統治時期，波蘭和愛沙尼亞從根本上來說仍是屬於歐洲的。當時機一到，蘇聯轉為衰弱的時期，它們就要促成蘇聯的解體，使自己重新回到歐洲。晉文化區在秦漢帝國統治時期有一半（就是晉趙所在地區）被中國吞併了，但是更核心的一部分，鄂爾多斯高原所在的體系，仍然屬於內亞。這個格局就像是，蘇聯強大的時期，把愛沙尼亞和波蘭吞併到蘇聯帝國之內，但是瑞典、芬蘭和丹麥仍然屬於歐洲；蘇聯解體以後，很自然地，愛沙尼亞和波蘭又回到了瑞典和芬蘭所在的老歐洲。根據同樣的道理，在秦漢帝國隨著魏晉帝國的解體而崩潰的時候，晉國又自然而然地像蘇聯解體以後的波蘭和愛沙尼亞一樣，回到了內亞封建主義的懷抱當中，於是就產生了中古時期雅利安人的漢趙帝國。

## 漢趙帝國：晉文化真正的繼承者

漢趙帝國是上古晉國在文化上和制度上的直接繼承者，因為很簡單，他們就是繼承了漢趙文化的匈奴人的後代。首先是秦滅趙代聯合王國以後，把趙代聯合王國當中不願意屈服的那一部分趕到了匈奴。然後這些匈奴人又通過與東漢和曹魏聯盟，定居在曹魏所謂的并州，形成了所謂的匈奴五部[24]。然後在魏晉帝國解體的過程當中，這些匈奴貴族、也就是過去代國內亞貴族的後裔，在劉淵和石勒的領導之下重新宣布獨立，恢復了晉國的獨立，也重新恢復了晉國的封建主義體制，打開了內亞的交通線。當然，腐化墮落的中國人對他們非常不滿意，自然要把他們描繪成邪惡的野蠻人。但實際上，無可爭議的證據顯示，無論在技術和文化上來說，他們都比魏晉帝國先進很多[25]。從文化上來說，後來籠罩整個東亞甚至延伸到日本和東南亞的佛教文化是由晉國君主劉淵和石勒引進的，最早的佛經譯本是他們做起來的。佛經在邏輯學水準和哲學水準上來說，不知道比中國儒家高了多少個層級。同時，他們的軍事技術和冶鐵技術明顯也是更新過的。他們的獨立重新打開了內亞交通線，使秦始皇和漢武帝在「古代柏林圍牆」——長城的保護之下，讓日益退化的

24 二一六年，曹操拘留呼廚泉單于，派右賢王去卑監國，將南匈奴分成五部，即左、右、南、北、中，分別安置在陝西、山西、河北一帶。

25 東晉陸翽《鄴中記》：「石虎性好佞佛，眾巧奢靡，不可紀也。嘗作檀車，廣丈餘，長二丈，四輪。作金佛像，坐於車上，九龍吐水灌之。又作木道人，恆以手摩佛心腹之間。又十餘木道人，長二尺。餘皆披袈裟繞佛行，當佛前，輒揖禮佛。又以手撮香投爐中，與人無異。車行則木人行，龍吐水，車止則止。亦解飛所造也。」

中國技術獲得了新生。

現代的考古學家發現，在所謂的永嘉之亂和五胡亂華那些時期，中國軍隊的慘敗是理所當然的，與鴉片戰爭時期清軍的慘敗和蔣介石軍隊在林彪和蘇聯顧問面前慘敗一樣的理所當然。道理很簡單，無論在數量和品質上來說，他們都不在同一個層級上面。只有幾百個武士的一個晉國小部落，在隨便一次遭遇戰中，就會射出像雷陣雨一樣的一大堆鐵箭頭，最後在戰場上遺留下來的鐵箭頭多達上萬個；而整個晉帝國軍隊，無論是洛陽的朝廷還是建康的朝廷，晉帝國及其繼承國的整個正規軍所能夠使用的鐵箭頭都還沒有那麼多。這也就是說，任何一支晉國人的偏師都可以隨隨便便地全殲中國人的主力軍。這就像是，林彪為了打滿洲的一個小縣城，在幾個小時之內打出了多達幾萬發的蘇聯炮彈；而這時，蔣介石的軍隊即使用幾百發炮彈都要親自到南京去向蔣介石上報，因為前線的集團軍司令官不敢做這樣的決定，國軍太缺乏炮彈了。重慶建立起來的那些兵工廠勉勉強強才產生出幾百件軍器，萬縣兵工廠一年生產出幾百條槍；而林彪在滿洲和蘇聯隨隨便便幾天內打掉的那些炮彈，比國民政府花十幾年時間才能夠生產出來的炮彈還要多。這種打法，蔣介石能贏嗎？同樣的這種打法，劉淵和石勒能不全殲中國軍隊嗎？請注意，這時候真正的晉國是漢國和趙國，而號稱「晉朝」的中國則已經退化成一個中原王朝，就像習近平的中國一樣，早已沒有史達林和林彪那個時代的實力了。

當然，還有人可能會不服氣，說晉國人只是內亞蠻夷，他們片面地強調軍事技術，其他方面一定是不行的。但首先，從文化上來說，佛教文化的高水準我們就不說了，即使是在其他方面的技術上，例如綢緞技術和紡織技術，中古的技術之王莫過於紡織業，綢緞技術在哪一方呢？很遺憾，也是在內亞那一方。內亞人，具體地說就是我們都熟悉的被皇漢分子罵得一塌糊塗的那個石勒，是他在晉國境內引入波斯工匠，將先進的織錦技術引入晉國，使晉國重新變成生產紡織品的一個重要中心[26]。一直到後來的長安朝廷都沒有辦法模仿出他當年引入晉國的那些織錦。長安朝廷只能出口生絲到撒馬爾罕和布哈拉[27]，換取波斯人的織錦，再將波斯人的織錦行銷整個東亞。這個格局就像是：中興和華為雖然生產了很多手機，但它們還是不得不從美國進口晶片。它們從美國進口晶片，用廉價的中國勞工

26《鄴中記》：「織錦署在中尚方。錦有大登高、小登高、大明光、小明光、大博山、小博山、大茱萸、小茱萸、大交龍、小交龍、蒲桃文錦、斑文錦、鳳皇朱雀錦、韜文錦、桃核文錦，或青綈，或白綈，或黃綈，或綠綈，或紫綈，或蜀綈，工巧百數，不可盡名也。」

27 布哈拉位於烏茲別克西南部，是該國第五大城市。在唐代被稱為安國，屬於昭武九姓（唐人對西域之粟特民族和國家的統稱）之一；布哈拉在梵文裡的意思是「修道院」或「學術中心」，顯見該城自古以來即是外伊朗重要的城市之一，其重要度不下撒馬爾罕。

生產出手機，然後重新賣到包括美國在內的全世界去。你如果只看產量的話，好像中興和華為已經非常了不起了，但它們的關鍵技術其實都是從美國進口的。

唐代的東亞紡織業就是這樣的。它產生出了大量的初級產品，出口了大量的絲綢，但是最精緻的織錦只能和吐蕃人一樣從波斯、從河中地進口。或者是從波斯進口了以後，用東亞人常見的那種辦法，把它一小片、一小片地拆開來，放在自己的初級產品當中，這樣也算是差強人意了。這就像是，你把美國電腦上的零件拆下來，放在中國電腦上面，這樣也可以大幅提高中國電腦的性能。蘇聯給你進口的那些零件，你也可以拆下來，放在自己的國產貨上面，一樣可以大幅提高它們的性能。一般來說，軍工界把這樣的產品稱作「猴版」，也就是說像猴子模仿人一樣。功能不如人家的，就像是猴子不如人一樣，但還算是勉強能用。號稱無所不能的、是東亞歷史光輝時代的唐帝國，在技術上就是這樣一副可憐樣。相較於那些昭武九姓、領土只有一個希臘城邦大的布哈拉和撒馬爾罕來說，也就是這種情況。那些城邦像芬蘭一樣，雖然人口只有幾十萬人，卻擁有先進的技術；而擁有幾千萬人口的唐帝國、東亞帝國卻是這樣一副可憐樣。

那麼我們要問，石勒他老人家建立的那些織錦工業基地難道不是在唐帝國的境內嗎？唐帝國已經占領了這些地方，難道還沒有繼承石勒留下來的那些技術嗎？很可悲的是，它就是沒有繼承。這個道理就像是，當年滿洲國在瓦房店建立的那些技術，今天不就是在習近平的手上嗎？習近平有繼承這些技術嗎？好像是繼承了，但其實是退化了，因為當時那些日本工程師已經被趕走了，他們留下的徒弟的徒弟的徒弟的徒弟一代不如一代。現在瓦房店仍然是個重要的工業中心。你不要小看瓦房店，現在中國境內的很多工業還是需要瓦房店的工程師出來支援。雖然他們已經遠遠不如過去滿洲國時代的工程師，但是相對於更加土鱉的其他地方來說還是有一定的優勢。但是，他們已經不可能恢復到滿洲國時期的先進水準了。石勒留下來的那些紡織基地，在安祿山和唐玄宗的時代仍然存在，在宋真宗和寇準的時代仍然存在。長安和開封的朝廷從它們那邊收取了很多貢品，也收了很多稅，把它們稱之為帝國的精華。但是這些帝國的精華如果放到布哈拉和撒馬爾罕的商人面前，那就像是今天的瓦房店工程師跑到日本去，和今天的日本工程師照一照面，什麼都不用說，雙方根本就不在同一個層次上。唐國繼承的晉國技術已經很可悲地退化了。

為什麼石勒的一個小小的晉國可以擁有內亞的先進技術，而你龐然大物般的唐帝國卻不能有呢？這當然是一個體制問題。國有企業是怎樣退化的？共產黨接管下來的那些滿洲的國有企業是如何一代代退化的？這些都是有目共睹的。不用說，道理很簡單。你如果把日本工程師留下的技術一代一代鑽研的話，你頂多就是一個技工，技工在官僚體系中是一個幹活的人。有錯誤，都是你工程師沒有做好；有好處，那當然都是領導有方。如果你動一動腦筋就會覺得，我也去加入共產黨呀，我加入共產黨以後學一學「三個代表」[28]的先進理論，唸一唸習近平語錄，那比我滿手油滿手汗地鑽研技術要輕鬆多了，然後再給領導逢年過節送一送禮。我師傅一輩子辛辛苦苦頂多當一個工程師，而我就油腔滑調學一學「三個代表」，我很快就當黨委書記了，而且很快我就不在瓦房店企業了，我嗖嗖地上升，就到北京的什麼部委裡面當副部長了，然後在下一輪的政治鬥爭中站邊正確，嗖嗖嗖我就進中央委員會了。

請問，你一輩子鑽研技術，運氣最好也不過在你出身的那個廠當一個工程師，逢年過節的時候多領幾千塊錢的獎金，而我唸一唸「三個代表」，到北京去當部委，那是多大的利益呀，這兩者能相比嗎？在這樣明顯的獎懲機制之下，請問日本人留下來的工程師的學徒的學徒的學徒的學徒都是傻瓜嗎？他們高興一天到晚做苦勞，拿一點點微薄的錢，一天到晚被長官欺負，永遠沒有出頭之日嗎？他們難道不會動腦筋，去讀《論語》，去參加科舉……我是說，去學習習近平的先進理論，然後去入黨，去升官發財嗎？大家都這麼做了，那麼什麼人還會留下來繼續做技工呢？當然就是最沒出息的人，小學就不學好，中學考試科科都不及格，看來學習習近平的先進理論然後去做官是沒有希望了，只有讓他去考個中專技工，也就是完蛋貨了，只有這樣的人力資源中的渣渣才會繼續做工程師。請問培養出這樣的工程師以後，他有任何希望去跟日本工程師競爭嗎？

根據同樣的道理，趙國和晉國那些波斯工程師在石勒時代培養的技術員，在北魏帝國、隋帝國和唐帝國統治之下，他們能夠競爭得過那些一天到晚耍狡猾、去讀四書五經、參加科舉、然後到長安去做官的人嗎？你只要讀好了書，到長安去做官，你還愁沒有從吐蕃人和撒馬爾罕人那邊進口的最高品質的織錦給你穿嗎？這就好像，你今天進了北京的部委，你難道還會缺進口自美國的洋貨和先進手機嗎？你自己去鑽研技術，學美國工程師的技術，然後自己去造手機，你哪裡鬥得過那些做官的人？根據同樣的道理，隨著帝國的重新統一和晉國再次被納入東亞帝國的統治範圍之內，晉國在中古獨立時期重新從中亞輸入的那些技術又再一次瓦房店化了。晉國在劉淵和石勒時代留下的那些軍事工業、鐵器工

28 二〇〇〇年由時任中國共產黨總書記的江澤民所提出，於二〇〇四年寫入《中華人民共和國憲法》。「三個代表」要求中國共產黨：（一）要始終代表中國先進社會生產力的發展要求；（二）要始終代表中國先進文化的前進方向；（三）要始終代表中國最廣大人民的根本利益。不過，「三個代表」理論廣受批評，中國憲政學者曹思源更認為應將「三個代表」理論從憲法中刪去。

業，例如毌丘家族的軍事工業[29]（你從名字就可以看出他明顯是一個匈奴人），隨著東亞帝國的捲土重來，結果又一一失傳了。

而且，中國的歷史學家還要秉持著《人民日報》的作風，再一次地顛倒黑白。就像是現在每一個小學生都知道，滿洲國代表了萬惡的日本帝國主義，日本帝國主義在南京殺了我們三十萬人。雖然真實的歷史是，日本人的確在南京違紀，殺死了幾萬人，但共產黨在蘇聯的支持下，在長春殺死了你們幾十萬人[30]，然而沒有人知道長春那幾十萬人，大家只知道南京那有待商榷的三十萬人。大家一提到日本人和滿洲國，立刻就充滿憤怒，認為那是帝國主義和殖民主義。他們從來都沒想到過，今天你如果還有一點點能用的技術，那都是日本帝國主義在滿洲國給你留下的。唐帝國和宋帝國也是這樣的，他們還有一點點能用的技術，都是五胡亂華時代那些萬惡的匈奴人、羯人給他們留下來的東西。但是他們的史書卻把這些人描繪得非常壞，描繪他們在河陰殺了我們幾千公卿（河陰之變）[31]，或者在什麼地方又殺了我們多少的文武百官，然後在什麼地方又強姦了我們多少美女之類的事。殺文武百官的事情大概是真的，但是其他的屠殺就很難說不是和南京大屠殺同類的現象了。

無論如何，鐵一樣的考古證據證明，那些被他們污蔑的五胡才是內亞先進技術和內亞文化的攜帶者。蘇東坡和王安石的佛教，唐宋時期定州和鎮州的紡織工業，唐軍的軍事裝備，全都是他們留下來的。沒有他們的話，唐帝國和宋帝國根本就建立不起來，就像仰韶文化時期的那些住地洞的穴居民一樣，根本就建立不起一個像樣的朝廷；就像是今天的共產黨如果沒有日本人和蘇聯人留下的那些東西，根本就不像一個國家一樣，但是這並不妨礙共產黨繼續痛罵帝國主義和殖民主義，繼續黑化他們。

29 《三國志．毌丘儉傳》：「毌丘儉字仲恭，河東聞喜人也。父興，黃初中為武威太守，伐叛柔服，開通河右，名次金城太守蘇則。討賊張進及討叛胡有功，封高陽鄉侯。入為將作大匠。」

30 指發生於一九四八年五月至十月的長春圍城，國共兩軍長達數月的武裝對峙、封鎖長春，最後導致數十萬平民餓死。

31 北魏末年國家動盪不安，五二八年，權臣太原王爾朱榮以「入匡朝廷」為名向洛陽進兵，殺胡太后與朝廷百官、鮮卑貴族，大權落入爾朱榮之手。五三〇年，爾朱榮被孝莊帝用計殺死；一年後，爾朱榮餘黨被權臣高歡與河北大族所擊敗，大權又轉入高歡和宇文泰手中，北魏由此一分為二，是為東魏與西魏，而北魏名存實亡。

# 三、帝國沒落與民族復興

## 胡漢之別不在血統，而是政治組織的差異

劉淵和石勒的匈奴王朝，實際上像撒克遜人對英格蘭的入侵一樣，是郡縣制在自發秩序面前的倒退。郡縣制作為吏治國家[1]的典型體制，產生於戰國初期，隨著秦漢帝國不斷擴張，在漢武帝一朝達到最高峰，然後又節節敗退。循著與其成長相同的路徑，但是方向相反，一步一步地退回到封建主義和部落形態當中。最初趙武靈王和其他路易十四式的雄主[2]開始企圖用郡縣制取代傳統的封建制和部落制的時候，他當然是希望永久性地建立起編戶齊民制度，但是從部落到封建再到郡縣實際上是意味著組織度的削減，把原先享有高度自治的各個有機的政治體變成了純粹由官府擺布的編戶齊民，變成了像埃及農民一樣只能起貢禦作用、而自身沒有獨立政治意志的消極居民。

當然，消極居民的特色就是便於剝削，但是正因為如此，郡縣制的成功也就埋下了它自己失敗的種子。漢武帝時代是郡縣制的最高峰，不僅在晉國，整個東亞都是這樣。但與此同時，郡縣制地區和非郡縣制地區的競爭很明顯就變得不利於郡縣制了。在郡縣制之外，漢武帝和繼承他的其他君主為了獲得內亞的技術和武力，還要通過屬國制和其他方式招攬各部落。在他看來，這些部落提供的士兵明顯比郡縣制的農民更能打仗。事實上，戰

鬥力本身就是政治自由的一種體現。為什麼他們以前在李牧時代或者在晉獻公時代的先輩那麼能打呢？因為他們當時還是自由人。當自由人變成消極的順民以後，他不再有值得追求和保衛的東西，首先第一步就是變得不能戰鬥了，第二步就會變得喪失對生活的興趣，為了逃避賦稅或者其他原因，寧願少生孩子，而走上自我滅絕的道路。漢武帝以前，因為秦漢帝國繼承了封建主義的殘餘，還有一定的戰鬥力；漢武帝以後，很明顯地，除了讓胡人當兵以外就沒有別的辦法了。

什麼是胡人呢？我們要明白，胡人並不是在種族上與所謂的漢人或者順民有什麼區別，而是他們的政治組織方式不同，這一點在晉國表現得非常明顯。前面提到過，雲中、陰山以北的匈奴和樓煩各部落，與代郡的晉人其實是同一撥人，只不過是在軍國主義者將編戶齊民向北擴張的時候，抵抗力比較強、更加熱愛自由的人就寧願逃到更偏遠的地方也不願屈服，而奴性比較強、貪圖安逸生活的人就會留下來，變成編戶齊民。然後，這些貪

1 指依靠官僚體系運作的國家，和強調分權的封建國家有所不同。

2 路易十四（Louis XIV，1638—1715），在他親政期間（1661—1715），法國的專制王權達到顛峰，成為當時歐洲強盛的中央集權國家，其名言為「朕即國家」。作者以路易十四這種獨攬大權的君主比喻趙武靈王和其他企圖加強中央權力、弱化封建體系的君主。

圖安逸生活的人的後代，也就是變成降虜的人，就會被稱為漢人；而堅持自由的那一批人，就會被稱為胡人。其實他們本來是同一個祖先，他們的祖先都生活在中古時期的勾注山或者荊山，就是以今天的雁門關為中心的這個地帶。

漢武帝以後的趨勢就是，編戶齊民不但喪失了戰鬥力，而且連生育的欲望都喪失了。漢武帝時代，大家還只是討論人民為什麼沒有戰鬥力。等到東漢的時候，大家就開始像羅馬帝國晚期的皇帝一樣討論人民為什麼不生孩子了。於是國家實施了一系列減免稅務的政策，鼓勵他們生育。減免的賦稅照順民的標準來看是非常大的，相當於人頭稅的三分之一。但即使如此，東漢末期的儒家大臣仍然哀歎著「三荒」：田荒、人荒、州郡荒，人口

**匈奴金冠**　出土於內蒙古自治區鄂爾多斯市。整頂金冠精美絕倫，不只展現遊牧民高超的工藝技術，更是部落首領的權力象徵。秦、漢大一統帝國征服東亞後，不甘成為編戶齊民的晉人奔往北方草原，逐漸融入匈奴，並於三〇四年隨著匈奴人劉淵所建立的漢趙帝國再次入主東亞。

漸漸地消失了。然而與此同時，屬國——也就是保存了胡人原有部落自治權的特區，例如曹操設立的匈奴五部，這些特區就像是今天的香港一樣，可以實行編戶齊民以外的政治制度，而這些政治制度容許他們原有的領主和部落酋長按照自己的習慣法辦事。結果出現了類似羅馬帝國晚期的奇特局面：郡縣制的順民不斷減少，在沉重賦稅的壓力之下，在自身喪失了生育欲望和戰鬥力的驅使之下，戶口不斷減少，而蠻族的人口不斷增加，教會的人口不斷增加。漢末的情況與此非常相似：一方面是像後來和高地氐人一起建立成漢國[3]的天師道和其他被士大夫階級貶為邪教的各個教會的人口迅速增長，另一方面是屬國、邊陲的胡人人口迅速增長。

我們要注意，這些胡人人口和滅掉羅馬帝國的日爾曼人一樣，他們當中摻雜了很多例如透過巴高達運動（Bagaudae）[4]和其他方式逃離郡縣制的順民。正如滅亡拜占庭的土耳其人其實包括米哈爾家族（Köse Mihal）[5]這樣道道地地的東正教徒一樣，他們只是受不

3 由氐族領袖李雄於三〇六年所建，以成都為都城，領土大致涵蓋今日的四川、貴州與雲南等省分。

4 出現在羅馬帝國內部的邊緣人團體，包含了逃奴、破產農民以及形形色色的社會底層人民；這些人多半隱匿在高盧地區，他們在二世紀逐漸形成一股勢力，到了三世紀更是大舉起事，造成帝國體制劇烈的動搖與破壞。

5 米哈爾家族原本是拜占庭人，但當奧斯曼一世建立勢力時，他們皈依伊斯蘭教並且輔佐奧斯曼，對奧斯曼帝國的強大功

了拜占庭死氣沉沉的官僚政治，覺得自己沒有出人頭地的機會，才會逃到信仰伊斯蘭教的土耳其人那一邊，因為土耳其人的封建自由給他們做領主的機會。這就像改革開放時期有很多私營企業家其實都是國企的技術人員和經理，因為不高興在官僚體系中按部就班地升遷、拿那一點固定的工資，於是自己出來創業，指望發財。胡漢之別，郡縣順民和封建部落民之間的區別，不是人種性質的，而是愛好冒險和追求自由、願意承擔毀滅的巨大風險的人，與害怕自由和風險、為了過安逸太平的生活甘願服服貼貼受人奴役的人，是兩種不同性格、不同政治德性[6]的人的差別。由於兩種政治體制在漢、魏、晉帝國同時存在，自然而然地，熱愛冒險的那撥人會不斷地投奔各個屬國和部落，熱愛編戶齊民、熱愛安逸和保障的人則會做相反的選擇。最後，兩種選擇的結果顯示得很清楚了：在郡縣制占據國家主導地位的情況下，郡縣制的人口不斷萎縮；而匈奴五部和鮮卑人的人口則不斷增長。

首先我們要清楚，鮮卑人的出現和匈奴人一樣，他們其實並不是純粹由嘎仙洞那一批居民的後代所組成的人口，而是這一批人保護下來的各城邦和部落的一個聯盟。在鮮卑首領軻比能[7]的時代（正值三國時期），他們的結構是，在部落武士聯盟的主持之下，右北平、上谷、漁陽一帶的幾十個自治城市在他們的保護之下，這些自治城市在歸附鮮卑以後就可以享受過去漢魏帝國不容許他們享受的自治權，但是要給他們的保護者——也就是鮮卑武士納貢。這種體制的發源地還是在西亞，這恰好就是「親希臘者」——帕提亞（安息）諸帝的統治方式。安息諸帝自稱「親希臘者」，他們的統治是二元性的：帕提亞騎兵構成他們的貴族階級，兩河流域的希臘城邦構成一個自治城市體系。希臘城邦像我剛才描繪的那些城市一樣，向這些武士進貢，也給他們提供一些技術援助，而帕提亞武士就依靠他們提供的錢財和技術，與羅馬帝國長期鏖戰。

東亞的政治體制經常是晚西亞半拍的產物，這在中古表現得格外明顯，而晉國正好就是西亞和內亞政治體制輸入東亞的一個旋轉門，所以晉國的政治體制經常是反映一百年到三百年之前的西亞和內亞的政治體制。鮮卑人這種體制和後來沙陀人的義兒、養子、巴圖魯[8]和節度使體制一樣，也都反映了外伊朗地區的政治變化。帕提亞人的政治體制首先在

不可沒。

6 在劉仲敬的術語中，政治德性指的是一種在特定文明或社會體制當中所生產出的一種在政治上的某種價值觀，例如古典時代羅馬人所謂的「美德」（virtue）；而劉仲敬認為一切政治德性的最初來源是信任和勇武。可參考劉仲敬〈古老自由的源泉〉，《守先帶後：思想、格局與傳統》，廣西師範大學出版社，2015。

7 裴松之注《三國志・魏書三十・烏丸鮮卑東夷傳第三十》：「軻比能本小種鮮卑，以勇健，斷法平端，不貪財物，眾推以為大人。」「軻比能復制禦群狄，盡收匈奴故地，自雲中、五原以東抵遼水，皆為鮮卑庭。數犯塞寇邊，幽、并苦之。……青龍中，帝乃聽王雄，遣劍客刺之。」

8 滿洲傳統封號，有「英雄」、「勇士」之意，清帝國以此封號賞賜有戰功之人。

河中地區實行，然後漸漸地透過晉國轉移到東亞地區。所以鮮卑人並非真的是嘎仙洞那一撥原始鮮卑人的後代，而是與河中地區的外伊朗人一樣，是多種族集團和多城邦集團在同一個封建體系之下的集合體。因為這種封建體系的寬容度比較大，能夠容忍比較多不同的自治體系同時存在，所以它經常能夠在中國動盪的時候，把上谷、漁陽那一帶或者河東地區的逃亡者吸收到自己這邊來，不斷壯大自己的人口。而汾河流域的匈奴五部也發揮了同樣的作用。最後，等到郡縣制的人口越過臨界點時（相當於羅馬帝國的最後關頭），西晉就滅亡了。匈奴人和鮮卑人占領了晉國故地，像日爾曼人占領羅馬故地一樣，重新開啟了中古的蠻族自由。

這時就產生了一個比較有趣的現象：東亞的科幻小說的第二個黃金時代開始了。我們可以說，東亞的科幻小說有三個黃金時代，第一個是《穆天子傳》的時代，第二個就是五胡亂華的時代，第三個則是以英法帝國主義為代表的海上殖民者的時代。在這三個科幻小說的黃金時代當中都出現了機器人小說，而機器人小說的主角，前兩個時代都是內亞人，後一個時代是西洋人。從我們今天讀到的科幻小說就可以看到，即使作者本身是東亞人，但是他經常要把小說的場所換到西洋去，甚至主要人物的名字也要變成西洋人。可以說，今天的科幻小說主要就是西洋科幻小說的翻譯，以至於其中的主要人物如果沒有幾個威廉、瑪麗之類的洋名字，看上去就顯得很土鱉，就不像是科幻小說。如果名字是金明[9]之類的，這樣的科幻小說一定不好看。第一次科幻小說時代和第二次科幻小說時代也是這樣的，它們的主角都是內亞人。

第一次科幻小說時代的主角經常是周穆王，到西域旅遊，然後發現了偃師[10]和他製造的機器人之類的東西。第二次科幻小說時代的主角經常是石勒和他周圍的大臣，機器人和機器美女又再次出現了[11]。然後隨著五胡亂華的結束，他們再次消失了。最後等到十九世

---

9 葉永烈所著之科幻小說的主人公。

10 《列子·湯問》：「周穆王西巡狩，越昆侖，不至弇山。反還，未及中國，道有獻工人名偃師，穆王薦之，問曰：『若有何能？』偃師曰：『臣唯命所試。然臣已有所造，願王先觀之。』穆王曰：『日以俱來，吾與若俱觀之。』越日，偃師謁見王。王薦之曰：『若與偕來者何人邪？』對曰：『臣之所造能倡者。』穆王驚視之，趣步俯仰，信人也。巧夫，顉其頤，則歌合律；捧其手，則舞應節。千變萬化，惟意所適。王以為實人也。與盛姬內御並觀之。技將終，倡者瞬其目而招王之左右侍妾。王大怒，立欲誅偃師。偃師大懾，立剖散倡者以示王，皆傅會革、木、膠、漆、白、黑、丹、青之所為。王諦料之，內則肝、膽、心、肺、脾、腎、腸、胃，外則筋骨、支節、皮毛、齒發，皆假物也，而無不畢具者。合會複如初見。王試廢其心，則口不能言；廢其肝，則目不能視；廢其腎，則足不能步。穆王始悅而歎曰：『人之巧乃可與造化者同功乎？』詔貳車載之以歸。夫班輸之雲梯，墨翟之飛鳶，自謂能之極也。弟子東門賈、禽滑厘，聞偃師之巧，以告二子，二子終身不敢語藝，而時執規矩。」

11 《鄴中記》：「石季龍宮婢數十，盡著皂構，頭著神弁，如今禮先冠。石虎有指南車及司里車。又有舂車，木人及作行碓於車上，車動則木人踏碓舂行，十里成米一斛。又有磨車，置石磨於車上，行十里輒磨麥一斛。凡此車皆以朱彩為

紀末期和二十世紀，機器人和機器美女隨著艾西莫夫[12]這些作家的翻譯書又大批出現了。不用說，你從同樣的結構就可以看出這些作者同樣的心理。在他們心目中，各種理解不了的奇技淫巧都是外來的西洋人帶來的。只不過前兩次的西洋人是內亞人，後一次則是歐洲人。但是從種族上來說，第二次和第三次倒是差不多的，因為第二次的西洋人和第三次的西洋人主要都是雅利安人，就是我們今天所謂的斯堪地那維亞類型的、諾迪克類型的北歐人。

中古時期復興的蠻族的晉國經歷了三個王朝：匈奴王朝、雜胡王朝和鮮卑王朝。這三者之間的嬗遞經常被人說成是民族之間的嬗遞，實際上這是把後來的觀念套到了前人的身上。我們要知道，作者所在的時代的政治體制是什麼樣子，作者就很容易把自己時代的政治體制套到前人頭上，但這其實是不合適的。埃及和東亞都有王朝的說法，什麼第十八王朝、第十九王朝之類的。其實這不適合用在埃及的州國時代，在波斯人和亞述人征服的時代也是不適合的。但是降虜時代的埃及士大夫自己習慣於王朝政治，所以就把相當於滿洲王朝和蒙古王朝這樣的西亞蠻族征服者也說成是跟埃及原有王朝一樣的王朝，編入王朝系列，把埃及城邦時代——也就是州國時代的那些地方性的統治者說成是不同的王朝。就好像你把商周說成王朝，但其實商周比較接近於州國的那種城邦。春秋戰國也變成了王朝，蒙古、滿洲也變成了王朝，而近代的作者因為自己生活在民族國家當中，所以很容易把以前的不同朝代和族群說成是民族國家。近代的英國作者很容易把丹麥人、斯堪地那維亞人、撒克遜人和諾曼人說成是不同的民族，但是實際上，他們只是日爾曼征服者當中不同的政治黨派而已。

像劉淵匈奴王朝這樣的晉國王朝，其實它並不是對應於十九世紀以後保加利亞人或者羅馬尼亞人這樣的民族發明，而是比較接近於諾曼征服者在英國建立起來的蘭卡斯特王朝這樣的王朝結構。蘭卡斯特王朝、約克王朝和撒克遜王朝的差別主要不是民族性或者種族性，而是政治性。可以這麼說，蘭卡斯特王朝是諾曼征服者集團當中比較崇尚議會政治、比較支持大貴族和國王共治的一個黨派，而約克王朝則是一個比較主張國王跟市民階級共治的黨派。劉淵的匈奴王朝和石勒的雜胡王朝之間的差別也是這樣的，我們不能把它理解為匈奴人和羯胡人是兩個不同的種族集團。事實上，匈奴王朝和羯胡王朝的差異也就有點像蘭卡斯特王朝和約克王朝之間的差異。屠各貴族建立起來的匈奴王朝是正統主義者，堅

飾，惟用將軍一人。車行則眾並發，車止則止。中禦史解飛、尚方人魏猛變所造。」

12 以撒・艾西莫夫（Isaac Asimov，1920—1992），出生於蘇俄的美籍猶太人作家，以科幻小說和科普叢書著稱，一生創作、編輯的書超過五百冊，是美國科幻小說黃金時代（一九四〇至五〇年代）的代表人物之一。

持大貴族專政的一派，不高興以聯姻的方式擴大他們的武士團體[13]；而石勒的羯胡王朝則是與平陽商人形成緊密聯盟的一個約克王朝式的政治組織（就像伍德維爾家族[14]和倫敦商人之間的結盟關係）。

兩者之間的嬗遞就是由外戚靳準所發動的平陽政變[15]。這次政變不是一個簡單的奪權行動。任何政治活動都是涉及權力爭奪的，但是在它以前的劉淵時代的匈奴王朝留下的很多證據證明，它和上古時代的中山國相似，是大貴族在企圖透過儒家倫理給自己尋找政治合法性的過程中，在發現沒有出路的情況下，被和首都平陽的中亞商人有緊密關係的一個外戚集團給推翻了。而當這個外戚集團因為承受不住相當於理查三世那種舊貴族的反擊、又被反動勢力吞沒了以後，原有的匈奴王朝終於一分為二，分裂成為劉曜的漢趙國和石勒的後趙國。這兩國之間的衝突，就延續了類似玫瑰戰爭時期[16]的中亞商人黨派和屠各貴族黨派之間的傳統鬥爭。

屠各貴族黨派在其執政的後期，產生了像陳元達[17]這種純粹匈奴血統、卻無比崇尚儒家學派的小貴族。這說明了他們自己的政治演化也像是同樣出身內亞、征服東亞的西周王朝在後期產生像孔子學派一樣的政體嬗變，也就是說，大貴族和小貴族的關係已經理不清了，像陳元達和孔子這樣的小貴族把他們的政治理想通過禮樂文化體現出來，給大貴族的專政製造了很大的麻煩。劉聰[18]這樣的大貴族的擁護者，對這種小貴族主張的大貴族和小貴族應該分享權力、應該以禮樂的方式實現某種意義上的憲制、使小貴族能夠透過他們對禮樂的堅持限制國君和大貴族的權力這種政治理論感到非常厭惡，但是又找不到反對他們的正當理由。

在這個時候，由於平陽和中亞的廣泛聯繫，塔什干人或者撒馬爾罕商人之類的團體已

13 一說屠各（Tyger，即獨孤）最初非屬南匈奴，僅是隨南匈奴遷至并州，因在中平四年（187）南匈奴諸部推翻虛連題氏單于的政變中發揮重要作用，故其首領劉豹、劉淵等人被允許冒稱虛連題氏後裔。見武沐、尹玉琴〈《晉書・北狄傳》入塞屠各新論〉，《中國邊疆史地研究》，2006年第4期，第75頁以下。

14 伍德維爾家族是出身古老但僅為中階等級的英格蘭貴族家族，後因家族成員伊麗莎白嫁給約克家族的英格蘭國王愛德華四世而使得整個家族的社會地位獲得提升。

15 靳準是與匈奴劉氏政權通婚的大貴族，當漢帝劉聰死後，他屠殺了位在平陽的劉氏家族，引發劉漢的大將石勒、劉曜發兵討伐，最後靳氏家族也全數遭到消滅。

16 玫瑰戰爭（Wars of the Roses，1455—1485），發生於英國金雀花王室兩大分支——蘭卡斯特家族（紅玫瑰）和約克家族（白玫瑰）之間、為爭奪英國王位而發生的內戰。蘭卡斯特家族的支持者多為封建領主與貴族，約克家族的支持者多為新興的商人階級。作者以蘭卡斯特家族的支持者比喻屠各貴族派系，約克家族比喻中亞商人派系。

17 匈奴後部人，為官清廉耿直，曾經屢次進諫劉淵、劉聰父子，頗有名聲。

18 劉淵之子，永嘉之禍的主導者；消滅西晉之後占據華北大片領土，實施胡漢分治制度，但晚年耽於酒色，最後造成國家被靳準篡奪。

經在平陽占據了很大的發言權。他們通過外戚伍德維爾家族，在大貴族和小貴族的爭鬥過程中開始尋找自己的政治代理人，因此就發生了平陽的政變。在這次政變中，劉聰一系的後裔像金雀花王朝[19]的正統貴族一樣，都被吞滅了。接下來，向平陽進軍的反動勢力因為分贓不均，無法恢復過去的王朝勢力，平陽的市民階級和中亞商人最後完全投奔了石勒的雜胡。

雜胡，按照一般的記載來說是匈奴的別種，也就是說他們在血統上和匈奴沒有什麼區別，但是正統主義的程度卻差得很遠。他們不能像匈奴過去的劉氏家族那樣，根據類似反對《薩利克法典》[20]之類的邏輯，自稱是漢室和匈奴的女系繼承人，有權同時繼承呼韓邪單于[21]和漢宣帝的王業。像石勒這個石氏家族，很明顯就是出生於中亞的石國，是塔什干人[22]。他們是胡人，而不是匈奴人。匈奴人其實也是黃種和白種都有的，一般來說，根據呼延王和天山匈奴留下的墓葬顯示，他們是雅利安人和白種人；而貝加爾湖南路、陰山一帶的匈奴主體的墓葬顯示，他們是黃白混合的；至於塔什干人則毫無問題，是純粹的伊朗人。塔什干人和外伊朗的各商團是來平陽做生意的，但並不等於他們不會戰鬥，然而匈奴武士、屠各貴族則是純粹的戰鬥集團。這兩個集團之間自然會發生類似中世紀英國國會當中分別屬於貴族的上議院和資產階級的下議院那種形式的憲法衝突。而內亞的政治體制不如西歐健全，東亞的政治體制又不如內亞健全，所以這樣的政治衝突無法以國會政治的方式解決，最後就只能透過政變和內戰的方式解決了。

石勒和他的王朝很明顯是得到了僧侶和商人支持的王朝，因為它的周圍圍繞著很多拜火教的僧侶和佛教的僧侶。而石勒和石虎，從後來留下的紀錄來看，他們都是出於政治邏輯，既信奉佛教又信奉拜火教。他們周圍的僧人也同時有兩種人，他們資助的廟宇也同時包括這兩種廟宇。很多奇技淫巧，很多重要的技術，都圍繞著拜火教的僧侶。拜火教的僧侶相對於佛教的僧侶來說，內亞性更強一些，其中的白種人和雅利安人也更多一些，掌握的技術也更加先進一些。佛教平民化的程度比較強，比較強調內亞人和東亞人的融合，其中黃種人的成分比較多一些，因此也比較容易吸納被征服者的人口。

19 金雀花王朝的王室家族來自法國安茹伯國，從十二世紀開始統治英格蘭王國，同時還統治了諾曼第公國、亞奎丹公國。英國史上許多重要的歷史事件都發生於此王朝期間，例如獅心王理查所率領的第三次十字軍東征、約翰王簽署的《大憲章》，以及英法百年戰爭等。

20 該法典為法蘭克部族間通行的習慣法，後來被墨洛溫王朝和加洛林王朝所繼承，漸漸成為定制。薩利克法典規定女性無權繼承土地和王位，歐洲中古世紀的許多繼承戰爭都環繞這點而爆發。

21 呼韓邪是漢宣帝、元帝時期的匈奴單于，因匈奴勢力衰弱臣服於漢，並娶了和親的美女王昭君為妻。

22 姚薇元《北朝胡姓考》（修訂本），中華書局2007年版，第381—384頁。

石勒政權最終戰勝了屠各貴族，就像標誌著平民化和商人化的約克家族戰勝了高貴的、支援大貴族的蘭卡斯特家族。在它統治的時期，鐵器工業和玻璃工業有了進一步的發展。但更加廣泛地引入玻璃工業和波斯薩珊王朝的技術人員的情形，還要等到拓拔氏的鮮卑王朝取代雜胡王朝。相對於石氏的雜胡王朝，鮮卑王朝代表著階級地位進一步的下滑。如果說匈奴王朝主要是一個貴族集團、雜胡王朝代表了貴族和資產階級的聯合專政的話，那麼鮮卑王朝就代表著晉國的「拿破崙政權」，代表平民皇帝和內亞貴族統治最終向東亞專制統治轉換的最後一站。所以，鮮卑王朝最終產生了隋唐帝國，使內亞征服者的封建自由再度被東亞的郡縣制度所替代。當然這個過程是很長的，綿延了三百年。在這個過程中，平城的鮮卑王朝還能夠依靠它和內亞的交通線，給東亞再一次輸入先進的技術。

要再次提醒讀者的是，漢文的史籍記載在涉及政治自由和技術發展這兩個至關緊要的方面時，必須從反面來理解。它所描繪的黑暗時代，實際上就像是英國殖民者統治的十九世紀一樣，恰好是政治自由和技術傳播的黃金時代；它所描繪的黃金時代，恰好就是編戶齊民制度捲土重來、政治和技術都陷入黑暗的時代。別的不說，就從玻璃技術這一點來看，從西亞和歐洲的角度來說，玻璃技術是埃及人和腓尼基人早就發明出來的，卑之無甚高論，是大家早就有的；但是在東亞卻是一次又一次地傳入，一次又一次地失傳。

漢帝國當然是把玻璃當作遠方的奇珍異寶，但是到了五胡亂華時代，玻璃工業第一次在東亞的兩個地方建立了起來，一個是晉國，一個是蜀國，等到唐宋帝國的時代，玻璃工業再度失傳了。在五胡十六國時代，蜀國的玻璃工業是在武陵王蕭紀這樣的自治政權統治之下，由沿著青海道從涼州南下的河中商人所建立起來的，他們是家族企業；而晉國的玻璃企業是在石勒家族、拓拔氏家族、元氏家族直接扶植之下建立起來的國營企業，但是技工和工程師仍然是從河中地帶的伊朗人所引進來的。根據漢文史籍非常誇張的記載，當北魏王朝在平城建立大規模的玻璃工業以後，玻璃的價格迅速下跌，以至於不再被稱為珍稀寶物[23]；而與此同時，梁武帝的建康朝廷在遇上僧侶從海路運來的玻璃器皿時，遺憾地發現，建康朝廷的全部國庫都買不起人家送來的那點玻璃器皿[24]。

現代的墓葬紀錄顯示，在中古時代，東亞出土的各種玻璃器皿大致上可以分為兩系，

23 程大昌《演繁露》「流離」條：「漢《西域傳》：『罽賓國有琥珀、流離。』師古曰：『《魏略》云：大秦國出赤、白、黑、黃、青、綠、縹、紺、紅、紫十種流離。』『此蓋自然之物，采澤光潤，逾於眾玉。今俗所用，皆銷冶石汁，加以眾藥，灌而為之，虛脆不耐，實非真物。』案，流離今書附王旁，為『琉璃』字，師古之記『流離』是矣，而亦未得其詳也。」

24 《梁四公記》：「明年冬，扶南大舶從西天竺國來，賣碧玻璃鏡，面廣一尺五寸，重四十斤，內外皎潔。置五色物於其上，向明視之，不見其質。問其價，約錢百萬貫文。帝令有司算之，傾府庫償之不足。」

一系是羅馬系，一系是薩珊系。這兩者之間的關係，大致上就像現今武器市場當中的美國系武器和蘇聯系武器一樣。羅馬系是包括敘利亞系的，是玻璃生產的正宗，相當於美國系武器；薩珊系則是羅馬系的一個旁支。因為蘇聯的武器其實追根究柢也是美國在反法西斯戰爭時期（指二戰）替蘇聯人建立起來的，然後在冷戰時期掐斷了輸液管，只能零零星星地偷，所以就比美國系武器更落後一些。薩珊系玻璃和羅馬系玻璃的關係就是這樣的。羅馬系是正宗，相當於美國；薩珊系是旁支，相當於蘇聯。

從內亞路線傳入平城和巴蜀的玻璃，在蜀國和晉國建立的生產基地所生產的玻璃，基本上是薩珊系的玻璃數目比較多，羅馬系的玻璃，從海道傳來的敘利亞玻璃，數目比較少，也比較昂貴，因為東亞的各王朝主要是內亞的輸出，而不是羅馬的直接輸出。這就好像是，近代東亞的政治體制由英美直接輸入的不多，由蘇聯間接輸入的反而更多，但是蘇聯也是西方文明的一個叛逆者，所以東亞得到的實際上是二道販子的輸入。東亞中古時期的唐宋各王朝出自內亞人建立的北魏王朝，也就是出自於薩珊系的外伊朗的輸出，而不是羅馬系和敘利亞系通過海道的輸出，這和近代的情況是如出一轍的。

## 中國的三省六部制具有強烈的內亞體制精神

孕育了隋唐帝國的鮮卑政權在它的統治初期，基本上是實行類似日爾曼式的武士侍衛制。對早期的鮮卑人來說，它最大的官就是獵郎之類的侍衛。「獵郎」是什麼呢？這個詞顯然是翻譯出來的，就是打獵的侍衛。打獵和軍事行動是沒有什麼區別的。貴族子弟能夠在國君身邊陪著國君打獵的，就容易得寵。這就是他們的最高官銜了。中期它的主要官制是從外伊朗輸入的十部制或者叫作「迪萬制」[25]。這種制度取代了原先秦漢以來的九卿制和東漢以來的尚書制，變成了北魏政治制度的根基。然後在北魏派生出來的北朝吞併了南朝以後，又變成了隋唐官制的重要組成部分。

隋唐官制，實際上是東漢以及繼承東漢的南朝官制與繼承薩珊波斯的北朝官制的一個大合併。在這方面，陳寅恪先生已經講得很清楚了[26]。在這兩種合併當中，起到最重要作

25 伊斯蘭教國家對於政府財政管理機構的稱呼。最初是指在伊斯蘭教創立初期，參加征戰的穆斯林都會依照軍功登記造冊以分配戰利品，而此登記簿就被稱作「迪萬」。後來，奧斯曼帝國將國家最高法庭稱為「迪萬」，印度蒙兀兒帝國曾稱呼財政部門及其人員為「迪萬」，直到十九世紀，伊朗依然使用「迪萬」指稱中央政府。

26 陳寅恪的《隋唐制度淵源略論稿》〈禮儀篇〉論證隋唐制度與周禮古制之關係遠低於西域文明輸入之技術，並在書中提

用的六部制是典型的外伊朗官制；而尚書制，也就是三省制，則是在東漢時期萌芽、在南朝時期大幅發展的專制體制的殘餘。所以三省六部制實際上是兩種制度——東亞制度和內亞制度的合併。六部制的封建殘餘較多一些，三省制則更接近於宮廷政治。兩者的結合，創造了後來錢穆和其他國粹主義者聲稱的東亞盛世。但是正如上古時代的東亞盛世和後代的東亞盛世一樣，實際上也是內亞輸入的結果。沒有內亞輸入，他津津樂道的三省六部對皇帝的封駁之權、相權對皇權的限制，完全站不住腳，會變成和東漢時期尚書中書制度一模一樣的宮廷祕書和內廷篡奪外廷權力的純粹專制制度。

北魏帝國晚期的政治制度，具體地說就是文明太后馮氏和北魏孝文帝以後的政治制度，那才是專制化和東亞化的最後一關。它雖然沒有完全廢除過去部落自由時代的殘餘和伊朗輸入的六部制度，但是它增加了最關鍵的因素，也就是郡縣制和均田制[27]。在它以前的鮮卑人的政治制度當中，當然像是入關以前的滿洲人一樣，部落占據重要地位，封建占據重要地位，降虜是微不足道的。在政府的財政收入當中，主要依靠的是外伊朗的商團。早期的北魏是沒有俸祿的，沒有俸祿就等於它其實沒有公務員制度。那麼除了貴族原有的權力以外，它建立的伊朗式的六部制部委和派出去的地方官員是怎樣吃飯的呢？答案是依靠經商[28]。經商不是他本人經商，而是每一個官員身邊都有一個由河中商人組成的貿易團隊替他經商，然後經商得到的奇珍異寶和各種收入就是他的收入了。基本上所有的部落大人和王公貴族身邊都有一撥伊朗人在替他經商。其實，這種制度到了中古時期，突厥人、回鶻人與河中人之間的關係，再往下，蒙古人與穆斯林商人之間的關係，都是按照同一個模式運轉的。以這種方式產生出來的官吏，名義上是官吏，但實際性質上卻是半封建、半資本主義的。

在文明太后改革和魏孝文帝改革以後，就開始由皇室和國家、由戶部給這些官吏支付工資，同時下令禁止他們經商，拆散他們和伊朗商人之間的傳統聯繫。同時在地方上，開始一方面把大批降虜安置在國有土地上，也就是著名的均田制，命令他們以被征服者的身分，像埃及費拉[29]那樣為國家耕種土地；另一方面，把原先投降鮮卑朝廷的內亞各部落，

到：「綜合隋代三大技術家宇文愷、閻毗、何稠之家世事蹟推論，蓋其人俱含有西域胡族血統，而又久為華夏文化所染習，故其事業皆藉西域家世之奇技，以飾中國經典之古制。……蓋當中古時代吾國工藝之發展實有資於西域之文明，而東方胡族之藝術殊不足有所貢獻於中國，故世之稱揚隋唐都邑新制歸功於胡族，即東方胡族之實行性之表現者……。」

27 魏孝文帝首先統計戶口，然後計口授田；田地分為露田和桑田，露田為公田，不許買賣，桑田則為私有，可以買賣；接受田地的農民必須繳納稅賦和服徭役，此制後來演變為隋唐的租庸調制。

28 王大良，《北魏官吏收入與監察機制》，2000年博士論文，首都師範大學。

29 費拉（Fellah），來自於阿拉伯語，意指「農夫」，指涉對象主要為埃及農民，據統計埃及迄今仍有約百分之六十的埃及人口屬於「費拉」；德國學者史賓格勒在其著作《西方的沒落》曾使用「文化性質的費拉」（德語：Fellachentum）指涉

像爾朱榮他們的部落那樣，命令解散他們的部落，把他們的部落酋長先改成都護，然後再改成州縣的刺史，把他們的部落派到那些空曠的土地上去，和這些降虜一起變成耕種土地的農民。這樣一來，就意味著財政和憲制上的巨大變化。從財政上來說，國家的收入以前主要是依靠原來部落主義的打獵放牧等實物收入，以及外伊朗商人替他們經商的金銀財寶等收入，但從此以後就要像以前的漢帝國和魏晉帝國一樣，依靠編戶齊民的農業收入，以穀帛為收入大宗，代替原有的商業收入，這當然是政治制度的退化。

假如英國人征服印度以後海路突然中斷了，留在印度的英國人不再接受英國國會的領導，而是自己像以前的波斯人和蒙古人一樣，建立起繼波斯征服者、匈奴征服者和蒙古征服者以後的英國－印度帝國，在波斯美女和印度美女的陪伴之下三宮六院起來，自己變成了印度的皇帝，那麼他們就會發現，原先歐洲式的財政制度不再適用了，他們必須建立起自己的郡縣制度，像原先印度的皇帝一樣，派出自己的大臣、郡守、太守到孟加拉去徵稅，對孟加拉的農民實行敲骨吸髓的剝削，把他們的農業收入當作自己的主要收入。雖然他們的出身是英國人，但是海路中斷、生意做不成、現代的財政制度退化以後，他們也不得不以孟加拉的水稻和農業收入作為自己的主要收入，用收來的實物水稻給他們的印度土族官吏發放俸祿，這就是北魏文明太后改革和魏孝文帝改革的根本要害之處。

編戶齊民制度恢復以後，雖然過去的內亞文化和封建自由還有一定的殘餘，但是從北魏到北周，從北周到隋唐，然後從唐太宗到武則天和唐玄宗，一步一步地，原先的內亞帝國又再一次地走向了腐化和東亞化的道路。腐化和東亞化以後，它原先的技術就失傳了，原先的部落自由和原先的政治體制也失傳了。原本鮮卑人出身的大臣或者匈奴人出身的大臣就像英國貴族一樣，是不能隨便殺、隨便砍的；但是到了長孫無忌和武則天的時代，變得和降虜出身的大臣一樣，可以讓皇帝隨便殺、隨便砍了。技術上來說，原先引進的先進技術漸漸失傳了，到了武則天和唐玄宗時代，東亞人又變得不會造玻璃了。他們對內亞人和伊朗人出身的大臣說，你們的祖先會造，現在你們給我造一點出來。但是，他們的子孫已經不會造了。這就像是，習近平時代的中國共產黨，已經無法玩周恩來和維經斯基那個時代的中國共產黨能夠玩的那些遊戲了，林彪時代從蘇聯引進的那些瓦房店技術，現在他們也玩不動了。

這是內亞征服者在東亞建立王朝、得到一批太容易剝削的奴隸、可以輕而易舉地發大

---

「文明晚期階段的最後之人」；而劉仲敬所使用的「費拉」主要採納史賓格勒的概念，不單指埃及農民，而是指長久受到征服者或統治者的保障和壓迫下，喪失保護自身共同體意願及能力的「順民」。

財、可以輕而易舉地得到比起他們在西方的同僚費了很大力氣還得不到的那麼多財寶，所帶來的不可避免的負面影響。你剝削的人太軟弱了，太容易剝削了，你太容易發財了，那麼你自己不可避免地也就會相應地變得軟弱，因為沒有人是願意額外多付出勞力的。如果說你的祖先原來很強大，那當然是因為他的敵人很強大，他不強大，他就玩不下去。如果說你輕而易舉地征服了一些很容易剝削和奴役的降虜，那麼你原先的本領自然會一點一點地退化。

東亞自從殷商王朝、周王朝以來，一直都是一個最軟弱、最容易剝削的地區，所以無論是殷人、周人、秦人，還是匈奴王朝、雜胡王朝和鮮卑王朝，以及後來的沙陀王朝、契丹王朝、女真王朝、蒙古王朝和滿洲王朝，都逃不了這條歷史的定律，技術和政治同時退化以後，他們就開始以「我是道道地地的中國人」自居了。你如果是在毛澤東和周恩來時代說自己是中國人，他們就會說你是蔣介石的走狗、資產階級民族主義的支持者，與共產主義和社會主義的國際主義性質不能相容，堅決地把你打成反革命分子；但是等到習近平這一代，他們就要拾起蔣介石的衣缽，說我是中國人了。其實這不過是因為，周恩來像劉淵和石勒一樣，還保留著蘇聯和內亞的技術和政治體系，而習近平已經像武則天和唐玄宗一樣，雖然仍然是內亞人的子孫，但是論本事其實已經變成東亞人了。

現在他們面臨著突厥人和伊朗人的聯盟，不得不依靠東亞本地人的力量來抵抗他們。就像是以前的漢帝國和魏帝國的皇帝一樣，漢帝國和魏帝國的皇帝為了抵抗隋唐帝國的祖先，也是這樣做的。後來金章宗和乾隆皇帝的子孫後代在面對占領他們內亞老家的新征服者的時候也是這樣做的。文明太后和魏孝文帝的改革有一個重要的作用是，原先鮮卑貴族和伊朗商人之間的聯盟被它拆散了。後來變成官僚的鮮卑貴族，像長孫無忌這樣的人，變成吃農業收入、吃農業剩餘價值、依靠國庫吃飯的官僚，也就變成可以任皇帝打殺的物件了。但是在這個改革當中被淘汰出局的伊朗商人當然也不是吃素的，他們自然會去找新的合作夥伴，這些合作夥伴就是新興的突厥人。伊朗商人和突厥武士的聯盟取代過去伊朗商人和鮮卑貴族的聯盟以後，他們變成了亞洲的新主人，鮮卑人的後代在他們面前又要瑟瑟發抖了。

退化成東亞人的大野氏政權，也就是李唐王朝，面對著這樣不利的局面，唯一的辦法就是以蠻族對抗蠻族。他們看到突厥人和伊朗人的聯盟很難打，於是他們也開始招募突厥人和伊朗人的武裝團隊來抵抗他們，同時開始實行在中亞系統推行的幕府制度。幕府制度當然是在伊斯蘭教產生以後在中亞發展起來的一種先進的軍政合一制度，它使中亞的各個王朝獲得了比以前更強大、更精悍的軍事團隊。然後，安祿山和哥舒翰這些人就開始在東亞模仿中亞的技術革新。安祿山是半伊朗、半突厥人，哥舒翰則是以突厥血統為主。

儒家的史官看他們很不順眼，但是皇帝比他們更清楚情況。皇帝知道，這些人的戰鬥力雖然不如正宗的伊朗人和突厥人，但已經是東亞皇帝能夠找到的最優秀的戰鬥員了。如果聽信杜甫和那些儒家大臣胡說八道，那麼他們連這樣的人都找不到。這那就相當於是，林彪趕走了蘇聯顧問，習近平趕走了烏克蘭工程師，那你以後就別再玩了。正是依靠這些節度使和他們那伊朗式幕府的支持，東亞王朝才得以延長了兩百年的壽命。但是這些節度使對待皇帝的態度，眾所周知也是越來越不尊重，越來越傾向於建立自己的獨立政權。

## 孕育東亞和東南亞文化的乳房

晉國所在地是朔方，我們要注意，朔方就是鄂爾多斯的故地。正如我們在前幾次講座中講過的那樣，鄂爾多斯和晉國自古以來就是一體。在朱開溝文化時代，在新石器時代和青銅器時代，晉國文化區的範圍和今天的晉語區是一模一樣的，不僅包括今天的山西，還包括今天的鄂爾多斯高原和陝北。而且，這整個大晉國的活動中心並不是在太原和汾水流域，而是在鄂爾多斯高原。鄂爾多斯高原是面向內亞的視窗，是內亞從西亞這個大生產廠不斷地批發先進政治制度和先進文化的一個超市，然後通過晉國這個乳房，不斷地哺育東亞。

可以這麼說，內亞文化有兩個乳房，一個乳房就是今天的晉蒙走廊，另一個乳房就是蜀滇緬走廊。這兩個乳房滴下的乳汁，養育了東亞和東南亞的國家組織。東亞和東南亞的國家組織，都是在內亞文化這兩個乳房流出的西亞文化乳汁的哺育之下才成長起來的。所以，在東亞大陸上就留下了內亞文化的兩個灘頭堡。在這兩個灘頭堡上，無論是人種還是文化，都有深刻的內亞痕跡。這兩個灘頭堡，一個就是蜀滇灘頭堡，特別是昆明人和接近橫斷山區的高蜀地帶，另一個就是今天的三晉高原和鄂爾多斯高原。這裡的人無論從人種、語言還是文化上來說，都是整個東亞大陸上最接近內亞系的遺留。

隨著伊朗人和突厥人的幕府普遍在東亞建立，晉國（這一次就是包括朔方在內的「河東—朔方」體系）又變成了吸收武士的一個中轉站。長安的鮮卑朝廷有幾個吸收武士的中轉站，這是其中之一，另外一個是齊國的平盧節度使[30]。平盧節度使原來是在燕國，後來遷到了齊國，它的任務是吸收東北亞的武士，也就是高句麗和渤海的武士。而朔方節度使

30 平盧是唐代的行政區劃，經略河北支度，治所營州（今遼寧省朝陽市）。開元二十八年前後，朝廷敕令平盧軍節度使烏知義：「渤海黑水近復歸國，亦委卿節度。」玄宗晚年擢升安祿山為平盧軍使，兼營州都督。安史之亂期間，平盧是安祿山的根據地之一。安史之亂後期，上元二年（761年），歸順唐的平盧節度使侯希逸為史思明之子史朝義所迫，南遷淄青（山東省青州），從此平盧指山東一帶。

和河東節度使的任務是，吸收外伊朗和突厥方面的武士。這兩個集團一直是不合的，結果就變成後來朔方系統和河朔三鎮系統之間的長期衝突。長安和洛陽的鮮卑朝廷變成這兩大系統的手上玩物和鬥爭工具，正如八個大大[31]哈里發朝廷在斯拉夫系統和突厥系統的武士幕府的操縱之下，變成了類似的政治武器和政治符號一樣。東亞的政治一般是比西亞晚上一百年到三百年的重演，幕府制度也是這樣的。

因為朔方和河東主要是吸取外伊朗方面的武士，所以他們經常是沿著天山北路和阿爾泰山一線吸取武士集團。這批武士集團的前幾批，我們不用詳細介紹，就是僕固懷恩[32]和李懷光[33]這些人，他們是平定安史之亂的主力。而安史之亂的主力和後來河朔三鎮的主力一樣，就是吸取東北亞系統的盧龍節度使[34]和平盧節度使這個體系。唐帝國後期的歷史，就是屬內亞武士團體的朔方系和屬東北亞武士團體的河朔系之間的長期鬥爭。內亞系吸取的最後一批武士就是李克用他們的沙陀集團。沙陀集團出自處月部落，處月部落出自鮮卑帝國初期的瑤池都督，瑤池就是《穆天子傳》當中西王母接待穆天子的那個地方。

之所以是西王母出來接待，那大概就跟《漢書》記載的一樣，就是外伊朗人的習俗比較尊重婦女，也不禁錮婦女，在他們的商業活動中，婦女經常發揮和男人一樣的作用，所以他們的領袖很可能是女性。《穆天子傳》當然不是真實的周穆王，而是東亞的君主。東亞的君主看見西方人尊重婦女的習慣感到很驚奇，覺得這和自己的習慣不一樣。正如看到西方的先進機械和技術覺得很新奇，就把它寫成像《偃師傳說》這樣的科幻小說。像郭嵩燾這樣的近代東亞人，到了倫敦看到英國人不禁錮婦女，而是在宴會和其他場合，表面上看起來男人對婦女的尊重超過男人對男人的尊重，他也同樣感到非常驚奇，把這些紀錄寫進他的回憶錄和遊記當中，這都是同樣的道理。

沙陀人的祖先在薛仁貴[35]那個時代被稱之為處月部落，他們是標準的雅利安人和白人。他們沿著天山山路東遷，首先遷到鄂爾多斯高原，然後再遷入汾水河谷，變成了長安鮮卑朝廷的最後一個救星。眾所周知，在《沙陀國搬兵》這個劇碼當中，黃巢率領的鹽梟

31 「八個大大」是恐怖組織伊斯蘭國的首領「巴格達迪」的諧音，藉此產生幽默和暗語的效果。此處泛指將來可能從內亞方向進入東亞的伊斯蘭教勢力。

32 僕固懷恩（—765年），唐代名將、朔方節度使，出身自鐵勒九大姓之一的「僕固部」。安史之亂時隨郭子儀作戰，屢立戰功；與回鶻關係良好。由於晚年陷入宮廷政治謠言風波，曾於七六四年起兵反唐，引吐蕃、回鶻軍入唐，最後被郭子儀所平定。

33 李懷光（729—785），靺鞨人，朔方節度使。七八三年涇原兵變爆發，唐德宗逃至奉天（今陝西乾縣），李懷光率兵勤王有功，卻因為感到不被重視而一時激憤，起兵反唐，最後兵敗自殺。

34 唐帝國在燕薊地區（今北京、河北）設置的節度使，安祿山、史思明都曾擔任過此職位，是安史之亂的主要根據地。

35 唐帝國名將，以善射著稱，曾經屢次征討高句麗、立下彪炳戰功，同時也是民間故事《薛仁貴征東》的主角。

和流寇武裝攻占了長安以後，完全喪失內亞技術和武力的長安朝廷就像是完全喪失了過去有蘇聯支持的復興社會黨（阿薩德集團）一樣束手無策，只有再一次向西亞人和內亞人求援。李克用率領他自己的幕府軍團擊敗了黃巢，為唐王朝延續了命脈，但是唐王朝最終還是在朱溫的打擊下解體了。於是，晉國再次恢復了獨立。

李克用集團認為，他們是唐王朝的忠臣，之所以自稱晉王，僅僅是因為唐王朝不復存在了。他們根據劉淵繼承漢王朝的邏輯，認為自己其實也是有權利繼承唐王朝的。劉淵是漢王朝和晉王朝最後一位忠誠的援助者和外臣，而他是唐王朝和鮮卑王朝最後一位忠誠的援助者和外臣。所以，他作為晉王和河東朔方節度使，有權利繼承唐王朝的天下。所以他的系統又產生出了後來的後唐，後唐又產生出了後來的後晉和後漢。汴梁政權實際上是晉陽沙陀政權的一個分支機構，而趙匡胤和這個沙陀集團之間的關係，就是習近平和毛澤東與維經斯基和周恩來之間的關係。

我們要知道，中國共產黨的正宗實際上是維經斯基的遠東局和周恩來，而毛澤東和繼承毛澤東的習近平其實只是給這個集團打工的苦力，但是他們利用對日戰爭和對美戰爭的各種政治形勢，以及蘇聯不得不用白手套、不能在美國人和國際社會面前公開吞併中國的這種國際局勢，成功地篡奪了主人打下的天下。趙匡胤和郭威在沙陀人的軍事集團中發揮的就是這個作用。本來這個軍事集團的主人是白人和雅利安人、是晉國人，而趙匡胤只不過是像毛澤東和習仲勳這樣的市井流氓，作為黃俄手下的苦力、作為下級幹部而被招募進來的，但是最後喧賓奪主，通過政變手段推翻了他自己的主人，像毛澤東透過邀請美國總統尼克森訪問中國、最後把蘇聯系的殘存勢力給推翻了那樣，成功地把內亞王朝變成了東亞降虜的王朝。

宋朝的復辟使內亞和東亞的傳統矛盾又重新激化了，但是東亞人階級鬥爭的勝利也就意味著東亞王朝失去了內亞交通線，晉國人失去的內亞交通線最終轉移到契丹人和女真人手裡。所以，俄羅斯人和阿拉伯人口中的「中國」其實都是指「契丹」，他們根本不承認東亞人有權利統治東亞，認為只有契丹人才是唐帝國和鮮卑帝國的合法繼承者。誰是合法繼承者，這是另外一方面的問題，但從政治體制上來說，唐帝國那種摻雜了部落和封建殘餘的體制確實是更多地體現在契丹和女真身上，純粹編戶齊民的宋帝國則是秦政的進一步深化。從技術傳輸的角度來說，宋帝國不僅失去了戰馬，也失去了所有的技術，包括鐵器冶煉技術和各種繪畫顏料，所以唐代用巴達克山[36]和各種中亞顏料繪製的各種金碧輝煌的

36 位於中亞的古國，擁有巨大的礦藏，在古代是世界上最著名的天青石產地。曾為帖木兒帝國的屬國之一，後成為獨立王

複雜圖畫，在宋代就退化為只有黑白兩色的文人畫和山水畫。

當然，這些文人不會承認我們之所以倒楣是因為我們失去了先進技術的緣故。他們會像赤腳醫生用中醫來取代西醫那樣說，我們這樣做是我們創造了寫意的傳統。我們寫意，不搞什麼透視法，也不用什麼逼真的顏料，僅僅憑想像力就可以發揮出和過去精確描繪相同的作用。寫意畫和寫實畫的區別在哪裡呢？文人畫和唐人所謂「北宗」的差別在哪裡呢？文人畫主要依靠的不是畫上表現的資訊，而是畫上給你留下的線索，然後你作為這個畫的欣賞者，要充分發揮你的想像力，在你的想像中模擬出畫家畫不出來的那些東西。

什麼叫作寫意？簡單地說，寫意就是意淫的意思。意淫的意思就是說，畫家告訴你，我老人家有很多東西想要畫出來，但是我畫不出來。比如說有五千字的文章要寫，但是我只能寫兩百個字的摘要扔在你面前，你要有本事從這兩百個字的摘要當中想像出我那五千字的文章所要表達的全部內容。為什麼五千字的文章寫不出來呢？因為必須使用的顏料都沒有了，所以我只能可憐巴巴地用水墨給你畫出一些線索來，這些線索的訊息量只是原先那些伊朗式凹凸法繪畫[37]所顯示的訊息量的百分之五。但是你不要忘記，我已經煞費苦心地把最具有線索的資訊包含在這百分之五當中了，你如果是一個聰明人，就能從這百分之五當中，想像出我原先要畫的東西，這就像要你從一滴水品嘗出大海的滋味一樣。寫意寫意，意思到了就行。

這就是寫意畫產生的真正背景。它實際上就和宋人失去戰馬以後自己培養出來的那些戰馬，在冶銅工業遷出境外以後自己生產出來的那些劣質銅器，自己煉出來的那些一刀就能劈爛的、只能用來做指甲剪和刮鬍刀的鐵器，以及今天的工業二〇二五計畫[38]是一樣的，都是瓦房店學的產物，是你在技術輸液管被掐斷以後不得不做出的次佳選擇。用毛澤東時代的術語來說，這就是你的「赤腳醫生」了[39]。

宋人兼併沙陀人的晉國，意味著官吏集團對幕府集團的殘酷迫害。傳說中的楊家將就是在這場殘酷迫害中被犧牲掉的。潘仁美雖然沒有楊家將傳說中那麼壞，但是毫無疑問地，他和整個官僚士大夫集團對楊家將的排擠，是使過去在幕府時代叱吒風雲、擔任了政

國，至清代一度成為清帝國的屬國。十九世紀後期，巴達克山成為英國與俄國進行大博弈（The Great Game）的核心地區。其領土今分屬阿富汗與塔吉克。

37 以暈染、陰影方式加強立體感的繪畫方法，主要是來自於西域和佛教藝術的畫法。

38 《中國製造2025》是中國於二〇一五年提出的製造業政策，計畫透過三個階段（或時程，分別是二〇二五、二〇三五、二〇四九），逐步實現中國成為全球製造業強國的目標。

39 「赤腳醫生」一詞最早出現於一九六八年上海《文匯報》文章〈從「赤腳醫生」的成長看醫學教育革命的方向〉，這是《文匯報》記者對上海川沙縣江鎮公社王桂珍、黃鈺祥事蹟的調查報告，「赤腳醫生」是當地農民發明的用語。經過《人民日報》轉載和毛澤東批示而在全國推廣。到一九七五年底，中國赤腳醫生人數達一百五十多萬。

治主體的楊家將這一類蠻族將領的致命傷。這些蠻族將領在長期遭到迫害的情況下，不可避免地要變成政治犧牲品了。他們如果在過去的幕府時代能夠自己控制財政體系和軍事體系的話，他們是很容易打勝仗的，不會被送到戰場白白犧牲性命。

晉國沙陀政權被趙宋王朝吞沒之後，晉國再次喪失了獨立，意味著內亞文化的退縮。殘餘的晉人退到雲中大同一帶，正如上一次秦漢帝國消滅趙國的時候一樣，退到雁門關以北，歸順了契丹人，變成了契丹人的一部分。而遭到宋人奴役的那一部分晉人，則受到了強制儒化的打擊。過去非常興盛的拜火教和其他的內亞宗教都被鏟平，寺廟被改成儒家的文廟。由於汴梁的統治者害怕晉陽長期征服汴梁的武力，甚至把晉陽的防禦工事都給鏟平了[40]。晉國的愛國詩人元好問對這件事情非常痛恨，於是在他的愛國詩歌中寫道：「南人是崇拜巫術的邪惡種族，他們破壞了晉陽，破壞了我們晉國的防禦工事，結果是搬起石頭砸了自己的腳。當女真人和蒙古人打過來的時候，宋人就是因為晉陽的防禦工事被拆毀了，導致敵軍長驅直入才迅速滅亡的。如果當初晉國的幕府仍然存在的話，宋國不一定會滅亡得這麼迅速。」[41]

從歷史的角度來看，他說得一點也沒錯。後來的王夫之等人和他的意見是完全一致的。他們都在哀歎，宋人「杯酒釋兵權」非常成功，把鮮卑帝國留下來的那些幕府和幕府招攬內亞、西亞、東北亞各地武士的機制給毀了，把政權完全交給科舉產生的文人，科舉產生的文人手無縛雞之力，對抗不了皇帝，所以皇帝的權威進一步擴大了，但這是搬起石頭砸自己的腳的笨方法，所謂「孤秦陋宋」，就是指秦和宋是東亞專制主義成長的兩個里程碑。你的大臣現在沒有力量抵抗皇帝、太監和後妃了，但與此同時，他們也沒有力量抵抗蠻族了。蠻族長驅直入以後，你們只有乖乖地當俘虜，到五國城去看冰雪大世界[42]。

滿洲人建立起來的契丹王朝和女真王朝，將晉國人推到了次要合作者的地位。大同，也就是過去北魏時代的平城，只是五京之一，不再是首都了。但即使如此，他們的豪強在東北亞滿洲人的王朝中所享受的地位，還是比在東亞王朝中所享受的地位還要好得多。這就是為什麼宋人奪取燕雲十六州以後，當地曾經和契丹王朝合作的豪強寧願拒不出仕，歡迎後來的女真人前來解放他們，也不願意在科舉制度當中和汴梁那些文士頭懸梁、錐刺骨競爭的原因。晉國的豪族和燕國的豪族還遺留著一部分的唐風，他們已經不是純粹的內亞

40 九七九年，北漢統治者向北宋太宗投降，晉陽被北宋占領，宋太宗以「盛則後服，衰則先叛」將晉陽火燒水淹，徹底摧毀。

41 參見元好問《過晉陽故城書事》。

42 指北宋徽欽二帝被囚於五國城，該城位於今天黑龍江省依蘭縣。

人和東北亞人了，但是還沒有完全墮落為東亞人。他們仍然像是陳寅恪先生描繪的李德裕家族的先祖那樣[43]，是一代豪強，平時經常在地方上放鷹走馬，像英國鄉紳一樣武斷鄉曲，地方官吏經常惹不起他們，因為他們有一些家丁和部曲，自己多多少少還能夠打仗，所謂的「李波小妹解彎弓」[44]，就是他們的生存狀態，因此他們是文武兼備的。

對於他們來說，像范進和孔乙己那種窮光蛋出身的東亞書生那樣，手無縛雞之力，只有指望讀書、讀書、讀書，拚命讀書考試，考試勝利以後做公務員，這種人是他們所瞧不起的。而且，因為他們是文武兼備的，又已經是地方豪族，所以他們和其他的貴族一樣，是不肯頭懸梁、錐刺骨地讀書的，這樣讀書太辛苦了，再說讀出來也是做官，他們本身就是很有勢力的人，並不真正瞧得起官吏。而平民出身的東亞士大夫，他們本來就不是豪強，而是平民，本來就沒有官可做，讀書做官是他們唯一的出路，所以他們願意不惜一切代價頭懸梁、錐刺骨，用內卷化的方式戕害自己的身體，把自己變成一個羸弱書生，好取得一個好成績，將來去做官。所以，豪強如果去和這些頭懸梁、錐刺骨的書生競爭科舉的話，他們還很可能考不過書生。

他們覺得自己的出身比書生更高貴，本事比書生更大，和書生一起平等競爭已經是很不公平了，而且還競爭不過書生，那就太不公平了。哪怕是宋徽宗的政權給他們實行高考傾斜政策，高考加一百二十分或者一百分，他們都覺得不公平。加了這個分以後，他們仍然考不過范進。而從范進的角度來看，你們這些維族人、哈族人、藏族人什麼的在高考已經加了一百分，你們還不滿意，還要一天到晚鬧獨立，還要一天到晚勾引八個大大入關，是可忍孰不可忍，我們已經讓你們一百分，你們還不滿意。

他們忘記了，政權的根本基礎是武力，那些四書五經、《人民日報》什麼的，正如唐太宗所說的，是欺騙天下英雄入我囊中[45]的一種手段，目的就是為了解除你們的武裝。你們如果不讀書，都去練武了，那我這個皇帝就當得很不放心。等你們看到科舉制度的好處，自己把自己的武裝解除了，自己頭懸梁、錐刺骨去了，這樣的人我要殺就殺、要宰就宰，那麼我就能安心地當皇帝。但是當我面臨境外蠻族的時候，我怎麼可能靠你們這些書生？你們能打什麼仗。

43 參見陳寅恪《李德裕貶死年月及歸葬傳說辯證》。
44 清初吳偉業《臨淮老妓行》：「羊侃侍兒能走馬，李波小妹解彎弓。」「李波小妹歌」是北魏鮮卑民歌，反映其女性的矯健與尚武風氣。
45 五代王定保《唐摭言・卷一》：「私幸端門，見新進士綴行而出，喜曰：『天下英雄入吾彀中矣！』」

結果就是，燕國和晉國的豪強對於宋徽宗慷慨賜予他們的「政協會議」[46]和慷慨賜予他們的加一百二十分一點都不滿意，面不改色地投奔了女真人和蒙古人，把宋國給徹底毀了。在女真人和蒙古人的統治之下，晉國的封建制度得到了部分的恢復，那就是女真人實施的封建九公制度和蒙古人實施的世侯制度。

46 「政協會議」是指中共領導的多黨合作及政治協商制度，被視為是中共一黨專制制度的妝點。作者用來比喻宋徽宗對燕國和晉國地方勢力的收買和統戰。

# 四、內亞衰微時代的反恐建國鬥爭

## 蒙古帝國：最後的內亞征服者

蒙古帝國和滿洲帝國爭奪「晉蘭」（Jinland）[1]高地的鬥爭，給晉蘭的封建制度帶來了再次復興的機會。金、元、宋三國政治體制的不同，在這一方面表現得非常清楚，特別明顯地體現於土豪地位的不同。宋軍基本上是純粹中央集權和吏治國家的軍隊，是拿工資的雇傭兵，儘管他們在淮西和巴蜀都非常依賴土豪軍隊的助力，但他們普遍歧視土豪。這些為宋軍賣命的土豪，大多數都落到了傳說中楊家將的下場，不是被宋人逼死，就是像大多數的實際情況一樣最終叛宋歸蒙了。

金人正處在部落封建制度和吏治國家轉型的中間階段。傳統的、具有半封建性的、比較接近鮮卑帝國府兵制的「猛安謀克」制度[2]，在國家壟斷的貨幣金融制度的驅使下正趨於破產。原有的封建領地因為受不了中央財政部大規模的紙幣發行，無法忍受節節上升的開支，漸漸地失去了自己身為封建騎士的特點，最終變得跟原先只作為輔助部隊的徵兵和雇傭兵沒什麼區別了。雖然他們原來是女真人，使用武器的經驗可能比原先的順民要多一點，但是隨著經濟政治制度的改變，自身漸漸變成了常備軍和雇傭兵以後，原有的優勢正在迅速縮小。但是，為了應付北方邊境進一步的壓力，汴梁（今開封市）的流亡朝廷（指南宋）還是採取了所謂的「封建九公」制度[3]。主要實施封建九公制度的地方就在今天的晉地高原。

其實從階級出身和行為模式來說，「九公」和宋人所謂的土豪（即金庸作品《射鵰英雄傳》中的郭靖這批土豪）是一樣的。只不過，郭靖無論是在真實的歷史當中還是在金庸的小說當中，替中央集權賣命的下場都是非常慘的，而他們的階級兄弟在金國得到的待遇就稍微好一些。郭靖如果為金國效勞的話，雖然最後仍很有可能死在戰場上，或者被蒙古人打死，但是在他犧牲以前必然已經被封上公爵，有自己的大片領地和私家軍隊。金人能夠做這件事情，是因為金國的封建性還有一定程度的殘餘，吏治國家的程度也還沒有發展到像宋人那樣深的程度。

蒙古人是以部落體制為主，才剛開始進行封建化的過程，所以對他們來說，實施封建

1 指晉國故地，即今日的山西省。「晉蘭」一詞為支持晉國獨立者所使用，其目標在於脫離中國統治，建立一獨立自主的晉蘭共和國。

2 猛安謀克是金代女真族社會的基本組織，完顏阿骨打規定三百戶為一謀克，十謀克為一猛安；猛安謀克既是行政單位，也有服兵役的義務，是兵農合一的社會機制。

3 金國末年為了對抗南下的蒙古，在河北冊封了九名地方武裝首領為「公」，希望這些人能協助阻擋蒙軍的入侵，但實際上效果不彰。

制度是最恰當的。郭靖如果不是生在四川，也不是生在金國，而是生在蒙古，那麼他的地位確實很有可能像小說中的金刀駙馬一樣得意。像張柔、汪德臣以及後來的王保保[4]這些人，他們的出身是千奇百怪的，但是只要他能夠拉起自己的武裝力量，在語言文化上有一定程度的蒙古化，在戰鬥力方面能夠得到蒙古騎兵的敬佩，那麼幾乎可以肯定他們會得到元史稱之為「世侯」[5]的待遇，進而得到大片的封建領地，他們的地位比金人的封建九公要好得多。九公雖然也有封建的爵位，但是他們在很多方面仍然是朝廷的大臣，可以說是一種半封建、半專制的體制；而蒙古人的世侯體制基本上就是一種準封建體制了。

蒙古人統治下的東亞，從木華黎[6]開始，就是各種多重封建關係的一個巨大的鑲嵌結構，像七巧板一樣鑲嵌在一起。比較大的封地可以達到鮮卑帝國時期天平節度使或者盧龍節度使那樣的規模，整個封地就是一個節度使轄區，而比較小的封地可能就只有幾個縣。大的封地可能會得到大汗本人的青睞，因為英勇作戰，被蒙哥汗或者他的某一個王子看中，它的宗藩關係就是直接針對窩闊台家族、拖雷家族[7]的某一個支系，至於封地比較小的土豪，只有幾個縣甚至更小塊地方的土豪，就有多種不同的依附方式。他可能依附於一個比較大的封臣，像是張氏家族（張柔）或者汪氏家族（汪德臣）這樣的大封臣，當他們手下的一個小封臣，也可以直接依附於某一個蒙古貴族或者蒙古貴族的某一個代理人，把自己的封地獻給他們，進而取得蒙古某一個后妃或者是后妃派來的某一個維吾爾商人的特殊保護，向他們供奉一些絲綢產品之類的物品，就能免於正式賦稅和地方官府的管轄了。

在耶律楚材[8]這種家臣的堅持之下模仿金國體系而殘留下來的編戶齊民體制，在金國統治的核心地區——也就是蒙古人原本打算作為河南王的封地並封給金國的那些地方（今天的河南省）是特別多的。雖然編戶齊民也有封建領地，但是其中的富裕土地是特別多的。在今天的山西境內，編戶齊民的土地很少，大多數都是封建領地。有些是依附於蒙古的二級封臣的領地，有些是蒙古貴族的代理人穿插進來的各種小片的、具有經濟性質的特

4 擴廓帖木兒（約1315—1375），漢名王保保，元帝國末期的重要將領，是元帝國大將察罕帖木兒的養子，在察罕帖木兒死後接收其軍隊。曾多次與明軍交戰，互有勝負，被明太祖朱元璋稱為「當世奇男子」，朱元璋多次試圖招降擴廓帖木兒，但始終未能成功。

5 蒙古初征服華北地區的時候，封擁兵來歸的漢人武裝領袖為侯，按其實力和占領區域分別授予官職，並准予世襲；這些人因為在其境內享有自治及收取賦稅等權力，所以稱為世侯。

6 木華黎（1170—1223），成吉思汗的「四傑」之一，隨成吉思汗東征西討，戰功彪炳。蒙古軍進入中國後，他負責華北地區的經略，是故金人稱其為「權皇帝」。

7 拖雷（1191—1232），成吉思汗第四子，和正妻唆魯禾帖尼生有四子：蒙哥、忽必烈、旭烈兀、阿里不哥。其中，忽必烈建立了元帝國，旭烈兀則建立了伊兒汗國，兩者皆使蒙古帝國的領土大幅擴張。

8 耶律楚材（1190—1244），輔佐成吉思汗、窩闊台兩代的契丹裔大臣，極力改革蒙古的「部落陋習」，推行漢禮漢制，對蒙古帝國的體制化具有深遠影響。

殊封地。住在這些地方的手工業者，往往也有一片土地作為他自己的特殊保護地。由於蒙古人特別重視工程師和將領，一般來說具有特殊技能的將領在他們的村社和保護地上就會有比較高級的蒙古貴族充當他們的保護人。

結果，在晉地上就形成了一種層級差異很大、政治地位的高低差異也很大、無論從橫向和縱向來看都具有七巧板結構的封建鑲嵌模式。這個模式是在蒙古殖民者撤退、席捲東亞的大洪水時期，晉地的人口基本上沒有受到損失的主要原因。編戶齊民的土地，以及原先雖然不一定是編戶齊民，但是被流寇和邪教的洪水掃過的那些地方，或者是被朱元璋和常遇春[9]的軍隊用他們殘忍的總體戰掃過的地方，當地人口基本上滅絕了。蒙古殖民統治時期對於晉國的重要意義就是，他們的種族結構基本上是在蒙古帝國統治時期所形成的。也就是說，在王保保時期以後，晉國人口的延續性基本上沒有中斷過。和中國相比，晉國人口延續性的時間比較長，中國一般來說是六百年，晉國至少是八百年，中間這兩百年的差異就是蒙古所帶來的。

蒙古時期的晉人，是在原先沙陀殖民者時期的各個內亞種族被宋人編戶齊民化以後，在蒙古統治時期新加入的一撥內亞種族。這一次除了伊朗人以外，還有大批的阿蘭人[10]、高加索人、亞美尼亞人等。根據馬可波羅的記載，他們的通用語言主要是波斯語。鮮卑人和沙陀人統治時期所留下來的織錦產業、絲綢產業和葡萄酒產業，在蒙古統治時期仍然相當繁榮。但是，蒙古統治時期已經是內亞黃金時期的落日餘暉了。我們要注意，蒙古作為歷屆內亞征服者的最後一屆，它征服的土地面積確實是比之前的內亞征服者所征服的土地面積都還要大，但從文化上來說，它代表了內亞黃金時代的謝幕。基本上所有的文明在它最繁榮昌盛的時期，在政治上都不是特別的強大，例如希臘城邦和義大利城邦那種格局，只有在它自身的秩序生產接近衰弱的時候，才會形成像羅馬帝國那樣的結構。也就是說，當它在軍事擴張達到最高峰的時候，實際上它的文明生命力已經是接近秋季了。

對於內亞來說，它的黃金時代無疑是五、六世紀。五、六世紀的內亞不容易引起歷史學家的注目，因為它在政治和軍事上像早期的希臘城邦和義大利城邦那樣並不強大。內亞勢力以河中地帶為核心，布滿了各種城邦國家。這些城邦國家的後裔，也就是後來招待玄奘、為唐太宗和唐玄宗提供軍事、政治和財政服務的那些人的祖先。他們在鮮卑帝國的宮

9 常遇春（1330—1369），明帝國初期將領，深受朱元璋重用，除了奉命北伐元帝國，還征討與朱元璋爭奪中國統治權的陳友諒、張士誠。

10 古代中亞印歐語系的遊牧民族，鹹海西北至裏海北部的草原地帶遊牧，後西遷至伏爾加河與頓河之間的地區，以及高加索一帶。曾於五世紀中期隨著匈王阿提拉西征歐洲，並曾於北高加索建立阿蘭王國，後代為今日的奧塞提亞人。

廷中所發揮的作用，就像是義大利的商團在英格蘭和法蘭西的宮廷中、在奧斯曼帝國和俄羅斯帝國的宮廷中發揮的那種特殊作用一樣。他們的人數很少，但是你不能用人數來衡量他們的重要性。工部局[11]的人數並不多，但它毫無疑問比整個江蘇省和整個浙江省龐大的人口都還重要得多，如果沒有工部局，那麼從北洋政府到蔣介石政府的財政收入都沒有辦法維持。同樣地，沒有這些伊朗人的商團，那麼整個唐帝國的財政和軍事都無法維持。

五世紀到七世紀才是內亞的黃金時代。穆斯林的薩曼王朝[12]建立起來的時候，是內亞在政治上進入開明專制[13]的時代，是它在政治上開始有規模的時代。但實際上，對於內亞人來說，已經是伯里克里斯[14]時代的結束和亞歷山大時代的開始。等到突厥人的軍事兄弟會和幕府制度普遍實施的時代（先在內亞實施，然後透過沙陀王朝普及到東亞），就已經是內亞征服者的羅馬時代了。對他們來說，這是他們的創造力從文化逐步轉移到政治和軍事方面的轉型時代。幕府制度起源於內亞，後來走遍了大半個世界，像羅馬軍團一樣的重要。等到蒙古人崛起，雖然它也繼承了傳統的突厥人和河中人商團的聯盟形式，在蒙古時代體現為蒙古貴族武士和色目人穆斯林商團之間的結合，而且武力超過了前代，但是對他們來說，這就相當於戴克里先和君士坦丁的偉業和伯里克里斯時代的關係了。在版圖和政治上的聲勢已達到最高峰，但是從文化和文明的創造力的角度來說，已經是在吃前代的老本了。

晉蒙走廊和滇蜀緬走廊一樣，是內亞垂到東亞和東南亞的兩個乳房，它代表著內亞最東部的邊區。歷史上，它的生命力和種族一直都是從內亞方向來的，無論是在朱開溝文化和李家崖文化的時代，在趙武靈王和秦始皇的時代，在劉淵和石勒的時代，在魏孝文帝和唐太宗的時代，在王保保的時代，它的種族結構一直是：內亞人就像近代的英國人，從遙遠的西方帶著先進技術一波一波地輸入晉國。這就是為什麼小小的一個晉國，有的時候它是龐大中國的對手（像李克用時代或者楊家將時代那樣），有的時候更變成全中國的征服

11 即市政委員會（Municipal Council）之意，是近代中國租界裡的代議制自治市政機構，也是最高議政和行政機關；其董事會由租界居民組成的納稅人會議自下而上選舉產生，有自己的一套法律、警務、監獄等政府體系，可發揮市政建設、治安管理，甚至徵稅、軍事等功能，簡言之，工部局擔任了租界自治政府的角色。

12 西元九世紀左右在中亞（河中地區）興起的伊朗人王朝，在他們統治下，波斯文化有著長足的發展與復興，但後來因為大量雇用突厥人為兵，結果反被突厥人滅亡。

13 又稱啟蒙專制（Enlightened Despotism），是十八世紀歐洲啟蒙運動思想家所提倡的一種政治思想，指出民眾可享有一定程度的自由和私有財產權力，但仍須服從君王的命令與法律。代表的君主有普魯士國王腓特烈二世，和俄羅斯女皇凱薩琳二世。

14 伯里克里斯（Pericles，前495—前429），雅典重要的政治家，於前四三三年至前四二九年期間擔任首席將軍並推行改革，例如鼓勵公民參加公共活動、確立公民大會享有最高的行政和立法權，並且完成雅典奴隸主的民主憲法，促進了雅典民主政治的發展。

者（在魏太武帝的時代或者李世民的時代就是這樣）。這就像是，英國人和它為數不多的幾艘軍艦占住了上海和香港，然而龐大的大清帝國根本惹不起它。如果說誰要征服誰，那必然是上海和香港的幾千個英國人可以橫行整個大清帝國，從來沒有大清帝國的幾十萬大軍能夠打進上海和香港的道理。如果有所謂征服的話，那麼必定是晉國征服中國，不然就是雙方勢均力敵，形成長期對弈的局面。

## 明帝國：導致晉國社會全面倒退

這個局面也是在蒙古帝國解體以後才顛倒過來的。王保保的失敗和朱元璋、常遇春對晉國的征服，是東亞第一次逆轉了過往的局勢，東亞第一次征服了內亞的一角。以前，晉國一直是內亞的一個前哨基地，正如上海和香港是英國的前哨基地一樣。他們得到內亞的強大武士團體和先進技術以後，要麼就是征服中國，建立像唐政權或者像汴梁沙陀政權那樣的征服王朝，要麼就是在征服不了的時候，像香港一樣跟龐大的中國平起平坐，這一向都是不成問題的。而蒙古解體以後，這個秩序輸出的局面才在歷史上第一次顛倒過來。當然，這並不是晉國本身的問題。可以說，英國人為什麼會撤出上海和香港呢？那當然是因為，不僅在上海和香港這些遠東地方，同樣在新加坡、桑吉巴和馬爾他，大英帝國的殖民主義正從全世界退潮。蒙古帝國的沒落是內亞秩序退潮的整個趨勢的一部分，而晉國的衰落是蒙古殖民主義和內亞殖民主義退出歷史舞台的一個波瀾。

對於遠東來說，有文字記載的文明跟內亞征服是同義詞。開啟東亞歷史的殷人、商人和秦人，都是內亞人不同的分支。在駕著馬車、騎著戰馬、有先進交通工具的內亞人出現在東亞以前，東亞大部分是從南方來的「印度—馬來人種」，是百越人和與它有親屬關係的人，他們是坐獨木舟的人。可以說，內亞人代表著開啟文明時代的一次技術革命。但是到了近代，到了蒙古帝國的時代，儘管蒙古帝國是內亞文明的落日餘暉和迴光返照，但就在這個時候，地中海的大帆船航行到印度洋，在技術上來說已經比蒙古人所依賴的戰馬更先進了。在鮮卑人李世民的時代，他們還是最先進的，南洋和地中海那些簡陋的船隻不是他們的對手。但這時十字軍東征已經結束，熱那亞人和威尼斯人的航海技術已經超過了陸地騎士騎馬和造車的技術。穆斯林商人把地中海的技術搬到印度洋，實際上印度洋和南洋居民的航海技術已經超過了中亞商人（雖然中亞商人裡也有很多人是穆斯林，當然還有基督徒和拜火教徒）運用馬車的技術。中亞商人依靠蒙古人的政治保護，暫時還能夠在卡法和布達佩斯跟熱那亞商人接觸，開啟了內亞交通線的迴光返照時代。然後隨著蒙古人的沒落和帖木兒帝國[15]的興起，內亞交通線徹底破碎。即使再有像成吉思汗那樣的人物來打通這條交通線，他們在技術上的落伍已經無可救藥，這條交通線已經不可能再跟海上交通線競爭了，海路再次取代了陸路。

我們要注意，人類文明的起點，海路就是優於陸路的。那時人類只能在陸路上用兩隻腳走，而在海路上你至少有獨木舟可以用。在這個時代，「印度－馬來人種」揚帆東下，開闢了爪哇、吳越、台灣、日本和太平洋各島。他們的餘波在今天中國河南洛陽一帶的沼澤地（那裡是離文明中心最遠的地方）上建立了一些簡陋的定居點。然後西台人[16]和巴比倫人的技術革命沿著內亞交通線傳到東方以後，產生了殷人、周人和秦人的新式文明。這些文明把「印度－馬來人種」建立起來的諸邦國不斷地向南方排擠，把他們趕進了山裡，趕到了海島上。有文字記載的時代的大多數王朝和統治者，都是某一撥或者某幾撥內亞人的後代。在蒙古時期，雙方的秩序再一次顛倒過來。陸路取代了海路，型塑了我們所知道的三千年東亞文明。不過，一四〇〇年以後，海路又再次超過陸路，顛覆內亞征服者建立起來的最後幾個帝國。

晉國作為內亞文明的最遠、最東部的邊區，是這次變局最大的犧牲者。它直觀地體現於朱元璋和常遇春的部隊擊敗了王保保、把晉國的大部分土地納入了明帝國的編戶齊民之下。朱元璋以他自己無產階級的見識，認為晉人原本擁有的各種工藝和商業無非是使晉人與遠方的、他沒有能力征服的內亞保持聯繫的方式，只會危害他的國家安全，所以最好的辦法就是徹底鏟平，因此他做出了比宋人鏟平晉陽城和拜火教神廟更加超乎尋常的做法。宋人鏟平晉陽城和拜火教神廟，可以說是在政治上和軍事上壓迫晉人，但是還沒有壓迫到普通人民的經濟生活方面，但朱元璋竟然不准晉人種葡萄[17]。他對晉國的土地進行重新分配，製造魚鱗冊[18]，把所有的人和所有的土地都扁平化地納入官僚管理體系。晉國在蒙古殖民時期曾經有過多層級的土地所有制度，蒙古的王公貴族、各種層次的藩鎮和世侯、各種層次的投充戶（指奴僕）、各種宗教的寺廟等，有多種不同的產權，全都被朱元璋一刀

15 帖木兒帝國由出身自蒙古巴魯剌思氏的帖木兒（Timur，1336—1405）所建立，領土橫跨高加索、伊朗、中亞等地，並與奧斯曼帝國交戰。帖木兒企圖復興蒙古帝國，但在東征明帝國途中逝世而被迫中斷，其後裔巴布爾入侵印度並建立蒙兀兒帝國。

16 西台人被視為最早懂得冶鐵術和使用鐵器的民族，其製作的鐵兵器和馬拉戰車讓他們在戰場上占據優勢；曾於安納托力亞地區建立帝國，是埃及、兩河流域、愛琴海等文明交流的樞紐。

17 《安邑縣誌》：「明朝洪武六年前，太原歲進葡萄酒。至六年間，太祖謂省臣曰：『朕飲酒不多，太原歲進葡萄酒，自今令其勿進。國家以養民為務，豈宜口腹累人哉？嘗聞宋太祖家法，子孫不得於遠方取珍味，甚得貽謀之道也。』」

18 魚鱗圖冊是明代戶籍體制的一部分，明代以黃冊記載人丁戶口，以魚鱗圖冊記載每戶擁有的田地，從而對丁口與土地做出細密的控制。

鏟平，統統寫進魚鱗冊，變成編戶齊民。而且他還要指定這些農民只能種糧食，不能種葡萄或者其他的經濟作物。

要知道，無論是在晉國還是在高昌，葡萄種植和糧食種植代表了兩種不同的經濟體制，代表了兩種不同的經濟水準。直截了當地說就是，種葡萄、喝葡萄酒的人很有錢[19]，而且還經常有洋糖和洋貨；種糧食的人則是窮困潦倒，而且經常受到官府的壓迫。當然，前一種人就像是英國人撤出上海和香港以後留在上海和香港的那些買辦一樣，在接管上海和香港的山東老幹部看來，那就是殖民主義的餘孽，實在是看他們不順眼，必欲除之而後快了。當然，你們在政治上的抵抗力比較強，在經濟上又比較富裕，文化上又比山東老幹部高明，那自然就是更加看他們不順眼了。不把他們除掉、把所有人都變成愚蠢的貧下中農，貧下中農出身的豬皇帝（諷刺朱元璋）在他的寶座上就會感到很不舒服。晉國在明帝國統治和宋帝國統治之下經歷了非常嚴重的社會倒退。今天的上海人和香港人回顧他們在英國人統治之下和在共產黨統治之下的經歷，自然就會很容易理解這是怎樣的一個過程。兩相比較的話，明帝國又比宋帝國更加苛刻、更加殘暴一些。

當然，晉人作為蠻族血統很重、同時又善於經商的河中人的後代，當然不會是那種坐以待斃的人。他們在政治上無法反抗的時候，就用偷渡和走私的方式來反抗。晉人最大規模的出塞逃亡，就發生在明帝國時期。今天在共產黨的戶口本上被登記為蒙古人的很多人（甚至有可能占了內蒙古居民的多數），實際上是在明帝國統治時期偷渡到蒙古可汗轄區的晉國難民。在他們之中有很多人是白蓮教徒，而白蓮教其實原先也是中亞的宗教。同時，還有許多晉國商人在明帝國的統治區發揮不了才能，於是不得不跑到口外，在口外建立商號，利用蒙古人和明帝國之間的統治差異，把財產寄存在邊界之外的同時，自己進入明帝國境內做食鹽、糧食和各種走私生意。而明帝國最終發現它擺脫不了這些人，因為它自己的政治經濟體制是極其愚蠢的，連它自己的邊鎮口糧都不能順利供應。最後它發現，儘管朱元璋設立了嚴厲的國家社會主義體制，但為了解決邊鎮的糧餉問題，它還是不得不跟原先被它打成走私販的晉國商人發展一定的關係。只有從那些商人的手裡，它才能夠買到便宜、充足、及時的貨物。這樣一來，就有很多晉國商人從這種有些是官方允許但是要受官方壟斷機構監測、更多則是半走私和純走私性質的貿易當中發財致富。當然，對於晉

19 法國學者童丕（Eric Trombert）在《中國北方的粟特遺存》中說：「葡萄種植區的產生，與其說是農業事務，不如說是文化事務，對它的發展，不能從土壤和氣候的研究中去尋找，而應從歷史及風俗、信仰和人們的遷徙當中去尋找。」「除唯一一個地區山西以外，它一直作為某種外來稀奇植物來種植，種在漢武帝或唐太宗的御苑裡。」「每次葡萄園的發展，都對應於向西方世界實行政治和文化開放的時期。」

國來說，這就是他們的傳統。晉國作為內亞和東亞之間的邊界地帶，向來的做法就是，當東亞人或者中國人的統治勢力前進的時候，就有一大撥人像他們在漢帝國時期那樣，逃到陰山去，變成匈奴人或者樓煩人，以這種形式保全他們的財產和自由。對他們來說，明帝國的壓迫只不過是促使他們啟動原先既有的生存模式。

## 打造白銀帝國：富可敵國的晉國商人

晉國商人一向頭腦靈活，隨著蒙古人的衰落和滿洲人的興起，晉國商人看出滿洲人比正在衰落的蒙古貴族更適合充當他們新的保護人，因此他們投入了盛京（今瀋陽市）的滿洲政權，做了一個非常聰明的政治投機：他們變成了內務府特許的「御商」[20]。在滿洲帝國入關以後，他們這次資助滿洲人的行動收到了豐厚的政治報償，滿洲朝廷不僅把十八省的許多壟斷貿易事業授予他們，更加重要的是，授予晉商從事內亞、蒙古和俄羅斯貿易的特權。這個特權是日後三百年晉商發財致富的根本。可以說，儘管這時的晉商在明帝國的壓迫之下受到了很大的經濟損失，但是他們最根本的財物並不是無產階級和社會主義者所強調的那些有形的物質財富，而是他們的眼光和見識。他們知道誰在政治上會上升，所以在滿洲人還很弱小的時候，就用寶貴的火藥和物資去支援他們，從滿洲人手裡買到了在當時看來還很不值錢的貿易特許權。這種做法就像是，一些很有眼光的日本商人在日本剛剛開港的時候，就到橫濱去買下一些不值幾個錢的農地，然後開港以後，橫濱變成大都市，這些土地的價格自然像火箭一樣上升。

從明帝國的角度來看，晉國人當然都是漢奸。當年俺答汗[21]率軍攻打北京城、長驅直入的時候，就是由晉國商人帶路的。儘管正史羞於承認，但是一般來說，所謂的「倭寇」其實主要是吳越的商人，所謂的「套寇」主要是晉國的商人，蒙古武士和日本武士其實是晉國商人、吳越商人拉來助陣的。正如宋國史家羞於承認的那樣，靖康恥、徽欽二帝的北狩[22]其實主要不是女真人想要消滅他們，而是燕雲十六州的豪強為了報復宋人在占領燕國時期對他們的虐待，以及希望他們的子弟獲得更多的做官機會。編戶齊民的郡縣土地越

20 參見佐伯富著、邱添生譯，《清代的山西商人》，《歷史學報》，國立台灣師範大學歷史研究所，1977。

21 俺答汗是明帝國中期蒙古土默特部（位在河套地區）的首領，驅逐了原本的大汗達賚遜，自己掌握實權，曾經一度圍攻北京，後來接受明廷招撫，雙方親善互市，交易城市庫庫和屯（呼和浩特）也成為草原上的重要據點。

22 北狩，皇帝被外族軍隊俘虜的委婉說詞。此處指南宋學者王明清在《揮麈錄》第四卷以「逮二聖北狩」形容徽宗、欽宗被金軍俘虜一事。

多，他們做官的機會就越多。如果女真人只是滿足於燕雲十六州和草原領地的話，那他們就只能在燕雲十六州這個小地區做官了，他們是插不進草原上的部落或者封建領地的，只有征服宋國，他們才會有更多做官的機會。對於女真人、滿洲人和內亞其他部落和商人來說，有沒有汴梁城對他們來說是無關緊要的。主要是燕雲十六州的豪強誘惑甚至是強迫女真人出兵南下滅了宋國，而不是像《說岳全傳》或者宋國的民間藝人所說的那樣，女真人本身就是狼子野心，貪戀南方的花花江山。

其實對於大部分內亞人來說，南方費拉順民眼裡的所謂花花江山，在他們眼中看來是一片充滿了傳染病和垃圾堆的貧民窟。英國人就是這樣從大吉嶺和蘇格蘭高地的避暑勝地看待印度的，他們其實也不是很願意征服印度的，是印度的輔助部隊希望利用英國人的勢力替他們消滅他們在印度的敵人，才勉勉強強地保護了印度。但即使在征服印度以後，英國人仍然是要喝威士卡、白蘭地、要吃火腿的歐洲人，他們受不了印度的飲食和氣候，特別受不了印度密集的人口、大量的霍亂傳染病和沒完沒了、連綿不絕的貧民區。蒙古人那種想要把中國清空、全部變成牧場的感覺[23]，也是英國人對印度的感覺。但他們不能這麼做，沒辦法，只好找幾個人少的地方，例如像大吉嶺以及中國與不丹和印度發生衝突的那些地方，也就是靠近喜馬拉雅山的人口稀少的高地。在那些高地上，他們才能夠找回自己在蘇格蘭高原或者是在約克郡的感覺。要他們下山到人口稠密的孟加拉去與那些渾身發著惡臭的費拉居民住在一起，他們實在是沒法忍受。而費拉順民還以為孟加拉就是印度的蘇州，是印度最繁榮的地方，你們這些中亞的韃子或者海上的韃子一定是羨慕我們孟加拉加爾各答[24]的花花江山，才會來侵略我們加爾各答的。其實呢，加爾各答無論是在蒙兀兒帝國的蒙古人眼裡，還是在海上的英國人眼裡，都是個充滿傳染病和貧民窟的可怕地方。他們要是完全自己做主的話，其實是不願意來的，主要是拗不過帶路黨才勉勉強強來的。來了以後，很多人都感到後悔。

從明帝國的角度來說，俺答汗那批人圍攻北京以及滿洲人入關，很大程度上是這撥漢奸慫恿出來的。他們痛恨這些漢奸的程度，甚至超過痛恨那些蠻族，也是有相當道理的。但是從另一方面來說，如果沒有他們自己愚蠢的社會主義政策和貿易封鎖政策的話，晉國人的慫恿其實也不會發揮什麼作用。俺答汗之所以願意得到一個「套寇」的名聲，跟著

23 據《元史》記載，一二三〇年，有近臣別迭等人向窩闊台上奏，認為「漢人無補於國，可悉空其人以為牧地。」

24 一七五七年普拉西戰役之後，孟加拉成為英國的殖民地；一七六五年英國以加爾各答為中心建立孟加拉管轄區。今日，孟加拉已成為獨立主權國家，加爾各答則為印度西孟加拉邦首府。

晉國走私貿易商人南下，也是因為明帝國在楊繼盛[25]這些皇漢憤青的慫恿之下下令閉關絕貢、停止貿易。這樣做會讓晉國商人破產，所以他們首先就不答應；而蒙古貴族因為他們自己經常是從晉國商人發的財當中抽取利潤的，所以也間接地感到不滿意，但是他們不滿意的程度不及晉國商人。明帝國政府在朱紈[26]這些大臣的慫恿之下，在吳越沿海推行海禁政策後造成的格局也是這樣的。日本人有一點點不滿意，但是最不滿意的、眼看就要傾家蕩產的是汪直、徐海這些吳越商人。所以，倭寇主要是他們這些吳越商人，日本人倒是半心半意，只扮演第二流角色，這和他們的利害關係是一致的。推行海禁使吳越商人破產，日本人只是吃虧。用倭寇的方式武裝走私，是吳越商人發大財，日本人也可以分一點紅。晉國商人與蒙古貴族的關係，和吳越商人與日本武士的關係是一樣的。

滿洲人入關的時候，情況同樣如此。皇太極時代的滿洲人其實是不願意入關的，只想建立類似「澶淵之盟」[27]的關係。多爾袞[28]入關其實也是帶有實驗性的，走兩步看兩步。最積極嚷嚷著要入關的是兩種人：第一種人就是洪承疇這些降官，他們在盛京只能當個顧問，一旦入了關的話，就可以輕鬆當上總督巡撫，再來個貪汙，按照明帝國那一套，很快就可以發大財，而盛京那個小地方既貪不了多少錢，還有滿洲人和蒙古人在旁邊監視著他們。能夠做大官、發大財，是他們的利益，不是滿洲貴族的利益。對於入關，滿洲貴族多多少少還有點猶豫。而且，比較有政治遠見的人，包括像皇太極這樣的人，都害怕他們入關以後也像金章宗一樣漸漸腐化、費拉化，漸漸變成不是滿洲人。第二種就是晉人。晉人當然看到了，滿洲人一旦變成了內亞霸主，作為供應火藥報酬而送給他們的貿易權可以為他們帶來幾百年吃穿不盡的發達機會，這一點他們是完全料中了。

晉人在聖彼得堡賣茶葉的商號[29]，一直到布爾什維克革命的時候才被暴民搶劫一空。直到那時候，他們的錢還是比普通的俄羅斯人多。這就是滿洲人和俄羅斯人在恰克圖[30]和其他地方長期通商的結果。長期通商表面上是滿洲帝國和俄羅斯帝國之間的事情，但是真

25 楊繼盛（1516—1555），明代政治人物，任兵部員外郎時，韃靼數次入寇，咸寧侯仇鸞請開馬市以和之，楊繼盛上書《請罷馬市疏》，力言仇鸞之舉有「十不可五謬」。後因彈劾權臣嚴嵩而死。

26 朱紈（1494—1549），明代派任到東南沿海的浙閩提督，因為極力剷除海盜（私人海商）而遭到當地權貴與商人不滿，最後被迫自殺。

27 宋真宗與遼人簽訂的合約，規定宋提供「歲幣」（主要是銀、絹），和遼結為兄弟之國；此後遼宋邊境大致維持和平，直到金國崛起，宋國背棄盟約，雙方才又產生激烈衝突。

28 多爾袞（1612—1650），滿洲愛新覺羅氏，努爾哈赤第十四子，皇太極之弟，曾於年幼的順治帝在位期間擔任攝政，對於清軍入關、征服中國扮演關鍵角色。

29 參見李今芸《恰克圖茶葉貿易與晉商（1862—1917）》漢學研究第28卷第3期（民國99年9月）(2010)28:3 頁167—196。

30 一七二七年，清帝國與俄羅斯帝國在此簽訂《恰克圖界約》，確立兩國以恰克圖河為國界，恰克圖（位於今俄羅斯布里亞特共和國）被劃歸給俄國，清帝國則另建阿勒坦布拉格（清代時稱「買賣城」，位於今蒙古）作為兩國的貿易地。

正發財致富的是俄羅斯帝國的布哈拉商人和滿洲帝國的晉國商人。同時，滿洲帝國征服東亞和東南亞，對各邦的政治意義是不一樣的。在有些地方，它趕走了流寇，救民於水火；但是在另外一些地方，例如在閩越和南粵，它就是把原先本地人的商團與東南亞人、葡萄牙人和荷蘭人做得很好的生意給掐斷了，並且把它們交到晉國人的手裡。所以，從閩越和南粵的角度來說，滿洲人無疑是萬惡的敵人。今天頒布遷海令，明天斷絕貿易，原先在鄭芝龍、劉香那個時代發的財，現在全都沒有了。在原先的茶葉貿易中，閩越是茶葉的重要產區，是由本地的商團賣到巴達維亞、然後再賣到歐洲。滿洲人一來，就把這個特

**貫穿歐亞大草原的清俄貿易**　一七二七年，清國與俄國簽訂《恰克圖界約》，雙方以恰克圖河為界，位於河流北邊的恰克圖歸俄國所有，清國則於河流南邊另建貿易城，並開放雙方互市（左圖為一八八〇年的恰克圖）。由於晉商占有地利之便，且擁有發達的金融體系，再加上自清國建國以來便與皇室關係密切，所以當時的貿易（茶葉又占大宗）大多被晉商所壟斷（右圖為晉商創辦的票號「日昇昌」，憑藉其發達的金融體系而得名「匯通天下」）。

權也交給了晉國商人[31]。這對閩越本地人來說顯然是很不方便，因為閩越本來就是靠海的地方，而且閩越人在種族上來說也與馬來半島和東印度群島的馬來人是一致的，他們自古以來就是長期從事貿易的。滿洲人一來，閩越人必須把他們的貿易特權讓給千里之外的晉國人，他們生產的茶葉不能就近賣到巴達維亞和馬尼拉去，反而必須交給千里迢迢跑過來的晉國商人，然後由晉國商人運到大同去，然後再運到庫倫和恰克圖，賣給俄國人和穆斯林。對他們來說這當然是絕對吃虧的事情，但對晉人和滿洲人來說卻是絕對占便宜的事情。

晉國人在滿洲帝國統治時期依靠「皇商」的地位度過了一段小康的日子。但是在這段小康的時間內，海商的貿易和海軍勢力越來越強大。最終，半內亞的俄羅斯帝國和基本上屬內亞帝國的奧斯曼帝國、蒙兀兒帝國和滿洲帝國一個接著一個倒在西洋人的鐵蹄之下，船堅炮利的西洋人和他們的海路銳不可擋。隨著五口通商的開啟，閩越商人和南粵商人又得意了。他們過去與荷蘭人、馬來人、西班牙人和葡萄牙人的關係，現在又透過英國人、法國人和日本人而得到了恢復。相較之下，晉國商人的地位從此日薄西山。英國人依靠武

31 參見陶德臣《晉商與清代新疆茶葉貿易——新疆茶葉貿易史研究之二》，中國社會經濟史研究，2015（4）：頁55—65。

力維護自由貿易體制，滿洲人無法繼續再堅持他們的內亞壟斷貿易體制。而作為他們主要合夥人的晉國商人，勢力也就一落千丈。這個一落千丈就體現在：李鴻章時代，晉國出現了以前經常出現在中國的大饑荒[32]。大饑荒的出現從來都不是偶然的，在大饑荒出現以前，必然會有原本比較複雜的社會結構發生高度退化的現象。只有社會結構退化到扁平化的狀態，發生大饑荒時才會死人。如果一個地方還有立體的社會結構的話，那麼是根本不可能發生大饑荒的。所以社會結構的扁平化是一個轉捩點，預示著你的子孫後代在秩序海拔上將會大幅降低，將會面臨大饑荒，但是你自己還不會。等真的發生大饑荒的時候，早就為時已晚。

這時的晉國人將會和他們所有的內亞兄弟國家以及東北亞的滿洲人一樣，必須重新思考，他們在海洋為王、百越各民族興旺發達的時代，怎樣重新調整自己的地位。如果調整不好，那就會像他們在歷史上曾經多次征服、也曾經給他們帶來巨大災害的中國人一樣，淪為菜人和兩腳羊（指被當作食物吃的人）。李鴻章時代的饑荒已經預示了，他們將來很有可能落到這樣的下場。這時他們的精英階級發現，只有日本的明治維新可以替他們提供適當的樣板。顯然地，過去來自內亞各國、曾是晉國主要技術和財富輸入者的布哈拉人和撒馬爾罕人，這時都已經不行了，離他們最近的、還能夠維持近代國家門面的東方人也就只有日本人了。因此，隨著滿洲帝國的衰亡，晉人的精英階級紛紛前往日本留學。在他們之中出了閻錫山[33]和他的新晉人。他們正好在日本趕上了十九世紀末期日本泛亞主義者開啟的新一波遠東民族發明的浪潮。這個浪潮是西亞的奧斯曼帝國在十九世紀中葉就已經領會過的，但是對於遠東來說，還要到十九世紀末期日本明治維新以後才廣泛地開啟。東京可以說是東亞、東南亞各民族的民族發明家的一個大本營。暹羅、越南、台灣、馬來、印尼的發明家都是在東京學到了他們的第一門民族發明學，從而建立了現在我們所看到的東南亞各國。

## 近乎晉國之父：閻錫山

閻錫山他們在東京主要學到的，就是日本人後來在朝鮮和台灣推行的那種透過軍國民

32 指發生於一八七七年至一八八八年的「丁戊奇荒」，山西居民在此次饑荒中餓死約五百五十萬人，占總人口三分之一。

33 閻錫山（1883—1960），北洋軍閥「晉系」領袖，早年曾赴日本留學，後加入中國同盟會，並於辛亥革命時領導山西新軍起義，革命成功後出任山西都督並宣布山西獨立。起初雖支持北洋政府，但為了抗衡馮玉祥而加入蔣介石的國民革命軍。之後歷經中原大戰、中日戰爭始終屹立不倒，最後隨國軍撤退到台灣，於一九六〇年在台北病逝。

主義重建地方自治體制的方式。這種體制，其實就是明治維新時期長州藩已經在它自己的本藩實行過很長一段時間，然後又透過明治維新在日本全國推行的制度。舊時代的日本武士在改組為新軍的過程中服過兵役，透過服兵役的過程，接受了西洋文化和西洋的軍事技術。然後他退休還鄉以後又變成當地的小學教師，對當地的中、小學學生實施軍訓。然後中、小學學生在經過軍訓以後，畢業以後無論他當不當兵，都不同於舊式的儒家士紳，而是擁有一定新式知識的社區凝結核[34]。有了圍繞著這些人和他們所組成的自衛隊，社區就可以組織出來。台灣的二二八事件之所以會有雄中事件[35]，或者諸如此類的事件，朝鮮戰爭的時候之所以會有韓國中學生武裝起來抵抗共產國際侵略者的情形[36]，就是因為在日本人創造的這種體制之下，地方的中學生和中學就是它的凝結核，取代了過去儒家社會的祠堂和宗族長老的地位。

一個中學生對於一個鄉的農民來說，就是當地最高級的知識分子。當時的大學比現在還要少得多。一般來說，中學生就是當地最有學問的人。他在中學裡面不僅學到了數學、物理、化學的知識，而且還學到了動員和軍事訓練的知識。所以他在中學畢業以後，對當地的治安和公共事務必定是有發言權的。需要使用武力的時候，必然是由中學生來組織自衛隊，中學生就是預備役軍官。圍繞著中學生，民兵就會組織起來。國民黨軍隊開始殺台灣本省人的時候，當然就是雄中的中學生起來組織，作為當地自衛隊的核心。他們拒守中學，用日本人教給他們的軍事技術，居然一度把國民黨的正規軍打得落花流水。韓國那些中學生和台灣那些中學生屬於同類，他們是同一個日本老師教出來的。也就是他們，迎擊了中國和蘇聯訓練出來的朝鮮軍隊，大幅推遲了朝鮮軍隊南下的速度，替聯合國軍隊的登陸創造了條件；他們是韓國民族和台灣民族真正的種子。閻錫山在日本學到並帶回晉國的也就是這種體制。

當然，滿洲帝國晚期的開明政策為他發明晉國民族提供了很大的方便。本來駐紮在晉

34 劉仲敬術語，指社會上具有凝聚民眾向心力的領導人物。

35 二二八事件發生後，台灣民眾在高雄省立第一中學組織了台灣革命軍高雄支隊，學生軍二千人，市民武裝二千人，共計四千人，並有二百餘支步槍和十餘支機槍。學生軍發表《告親愛的同胞書》，稱「光復以來台灣的行政不是民主政治」，「為了台灣，為了中國」，「我們的行動是表示世紀以來民主躍進。」三月六日，國民黨南部防衛司令彭孟緝派二十一師何軍章團第三營進攻省立一中，被打退。七日晨，國民黨軍兩個營再攻省立一中，使用迫擊炮轟擊，將學校占領。當時台灣民間傳言，高雄省立一中和市內其他各處的死傷人數達數千人。褚靜濤：《二二八事件實錄》（下卷），海峽學術出版社2007年版，第371—372頁

36 一九五〇年，由於嚴重的人力短缺，韓國國軍指揮官遂下令徵召學徒兵戍守浦項女子高校，以期拖延朝鮮人民軍的攻勢。八月十一日，學徒兵隊伍堅守陣地，對抗數量數倍於己的朝鮮人民軍部隊。在最初總數七十一名學徒兵中，四十八人在戰鬥中陣亡。二〇一〇年韓國電影《走進炮火中》描述的即是這場戰鬥。

國的舊軍主要是滿洲的八旗軍以及後來的綠營軍，在當時已經沒有什麼戰鬥力了。閻錫山用他學到的日本軍事知識，向滿洲人派來的巡撫建議，如果我們要學習日本明治維新，軍事制度是不可少的一環，特別要學習日本式的徵兵制度。在晉國全境，所有體格健全的成年男子都要做登記；其中，身體健康、文化程度較高的那些人，就是我們建立新軍的兵源。根據《閻錫山早年回憶錄》[37]，他得意地說，辛亥獨立戰爭之所以能夠成功，就是因為滿洲人的巡撫聽取了這個建議。在他執行這個建議以前，滿洲帝國山西行省的軍隊有百分之八十不是本地人，而是滿洲人、蒙古人或外省人。在這種情況下，晉國是不可能獲得獨立的。接受了他的建議、重新修改兵役制度以後，重建的山西新軍有百分之八十以上都是本地的子弟，這些人就是晉國的子弟兵。經過閻錫山訓練以後，

**日治時期接受軍事訓練的高雄中學學生**　一九四七年二二八事件期間，高雄中學、高雄女中、高雄高工、高雄高商等校的學生自發組成「高雄中學自衛隊」，透過日治時期留下的軍事資產（如作戰技巧和槍枝），維持學校周邊秩序。

他們的認同指向晉國，而不是指向滿洲帝國、中國或者其他省分。原有的舊軍經過裁汰以後，只剩下百分之二十，而且隨著新陳代謝、隨著老兵的退役和退休人員的死亡，將來遲早要消失殆盡的。

今天的台灣軍隊中還有極少一部分跟馬英九一樣年齡的人是國民黨從中國帶來的，但是大多數中下級軍官和士兵已經是台灣本地人了。如果再過二十年的話，台灣軍隊就會完全是由台灣本地人所組成的了。如果現在台灣發生革命的話，那麼殘餘的那一小部分、中國難民出身的軍官是根本鬥不過占絕大多數的台灣本土軍官的。閻錫山的情況也是這樣，他本來也像今天的許多台灣愛國者一樣，希望透過自然淘汰，等到馬英九那一撥人死了以後，所有的軍隊都是我們本土人，那麼我們可以自然而然地獲得獨立。但是政治形勢比他原先的計畫發展得更快，辛亥獨立戰爭提前爆發了，舊軍還沒有被裁汰殆盡，於是鬥爭還

37 《閻錫山早年回憶錄》：「那時山西軍中的山西籍人不過十分之二，且多是所謂『老營混子』。我於就任標統後，為使新軍易於掌握，且易成為有朝氣有團力之革命武力，於是提倡徵兵，山西巡撫丁寶銓與新軍協統姚鴻發咸表贊同。而此事之得以迅速成為事實，則尤應特別歸功於山西諮議局局長梁善濟的支持。徵兵制度實行之年，新軍步兵兩標中十分之六以上的兵員即皆成為山西籍的勞動農工。其明年，新兵與舊兵就成為八與二之比了。」傳記文學出版社，1968，14-15頁

是得透過流血的方式來解決。滿洲帝國巡撫依靠的舊軍，最終還是被占絕大多數、而且接受日本新式訓練的新軍給解決了。在這個過程中，身為滿洲人的巡撫父子兩人都為滿洲帝國殉國[38]。閻錫山很有騎士精神地表示，我們只是政見不同，他們願意為滿洲帝國壯烈犧牲，說明他們還是英雄好漢，我們應該給他們體面的葬禮[39]。這一件事情可以說是閻錫山很有土豪德性的表現。如果換成共產黨的話，必然會把失敗的對手打成反革命分子，然後誅連他們的九族。

在辛亥獨立戰爭當中，晉國與內亞、東亞和東南亞的大多數邦國一樣，都贏得了事實上的獨立。他們新建立起來的軍紳政權，都是本地地主資產階級和本地軍官的聯合政權。但是之後的政權能不能磨合得很好，就要看他們的政治德性了。在大多數情況下，軍官團的政治立場比士紳和資產階級的政治立場更激進一些，因此隨後就發生了拉美國家很常見的軍事雅各賓主義[40]政變。占少數的軍官團聲稱自己代表人民，但無論是在有產階級的選舉制還是普選制度當中，他們都不指望自己能夠在任何一種選舉中取勝。他們知道他們是激進的少數派，因此他們必須推翻政治態度比較保守、但是比較有把握在選舉中贏得多數的地主資產階級，進而建立自己的軍事專制政權，然後透過軍事專制政權，實施加快歷史進程的社會改革。在有些地方，比較保守的地主資產階級又能勝利反攻，壓制軍方的勢力，以國家在外交上受到損失為代價，減緩社會改革的速度。辛亥以後的二十年，東亞和東南亞普遍就處於這種狀態。大多數東亞和東南亞國家，包括滇（雲南）、黔（貴州）、蜀（四川）這些剛剛獨立的國家，都面臨著激進軍人和保守地主、保守資本家之間的衝突。

晉國可以說是一個罕見的例外，議會和都督府能夠通力合作，透過地方自治和軍國民教育的方式，使文武雙方能夠合作，保守派和激進派能夠不生事故，省議會和都督府能夠和諧共濟。這一點可以說是，不僅閻錫山本人，乃至晉國的整個地主資產階級，都有較高的政治德性，比起蜀國和滇國來說顯然是更勝一籌。這就是為什麼閻錫山的政權能夠連續

38 指山西巡撫陸鍾琦及其子陸光熙。

39 《閻錫山早年回憶錄》：「辛亥（清宣統三年西曆一九一一年）九月初八日（西曆十月二十九日，後定為山西光復紀念日，適為公之生日）領導三晉軍民，首舉義旗，回應武歎，光復山西，奠定華北革命基礎，時年二十九歲。公原以起義後，必攻撫署，本擬對巡撫陸鍾琦只可拘留，不制死命。唯時撫署破，陸氏正衣冠，立三堂，其子光熙侍側，謀解危。陸則拍胸大聲曰：『我陸鍾琦也，君等必欲起事，可先照我打。』父子遂死於亂槍中。公謂：『清政府雖失領導，而封疆大吏，仍多能保持節義，如陸氏父死其君，子死其父，以其職位言，可稱忠孝。立場雖不同，人格無二致。』命妥為收葬之。」傳記文學出版社，1968，第72頁。

40 原指法國大革命期間在政治上極具影響力、實施恐怖統治的雅各賓黨。今天，雅各賓主義被用來指稱激進主義、暴力鎮壓與左派革命政治。

穩定二十年的原因，而滇、黔、蜀等國都不斷地發生軍事政變。軍事政變不僅僅是一個內政問題，還會引起嚴重的外交糾紛，會引起外來的干涉，會導致「中國奧斯曼主義者」[41]利用激進主義或保守主義一派的支持來顛覆他們的獨立政權。而晉國政權之所以很難被外部顛覆，也是因為晉國內部的團結和協調做得比較好的緣故。當然，閻錫山本人是有一整套政治思想的，這套政治思想和政治構架主要是從日本學來的，但是也增加了很多地方特色，也就是他那一套晉國人都很熟悉的「主張公道團」[42]、鄉治主義、節儉經濟學等諸如此類的特色，這些都是晉國本土的老一輩土豪津津樂道的。在他們經歷了

**太原兵工廠與消費證**　閻錫山重視晉軍軍火自給自足，他設立的太原兵工廠和山西火藥廠，規模可與當時最大的漢陽兵工廠、瀋陽兵工廠並列（上圖）。雖然兵工廠內發行的工友消費證並不流通於市，只限於工廠內部交易，但足以證明太原兵工廠規模之大、員工人數之多（左圖、右圖）。

國民黨和共產黨的國家壟斷資本主義和中央集權以後，對閻錫山時代的地方自治和精打細算的財政保守主義感到格外的懷念。

內政上了軌道以後，外交問題就比較好解決了。晉國大多數的鄰邦都陷入沒完沒了的軍事政變當中，而北京的獨聯體[43]政權經常會出現企圖重建東亞奧斯曼主義的野心家。但是直到共產國際干預東亞以前，他們都不敢打晉國的主意，主要就是因為他們已經看到了晉國的團結。袁世凱和曹錕在維護滿洲帝國的最後一次戰役中曾經一度打進太原城，但是最後在土豪的抵制之下還是站不住腳，只得乖乖撤退，使退到口外的閻錫山能夠成功復辟。他們在其他地方就沒有遇上如此團結的土豪階級，所以之後他們就不再冒同樣的風險了。

同時，閻錫山在外交上也是十分靈活而謹慎的。只要不違反晉國本身的獨立和利益，不論北京的政治家在玩什麼花樣，他在表面上都是願意支持的。例如，他和蔡松坡（蔡

41 為了防止歐洲的民族主義激勵奧斯曼帝國境內的多元民族爭取獨立、導致帝國瓦解，奧斯曼主義指出，所有人民不論宗教，在法律面前一律平等，擁有相同的權利和義務；不過，此主義並未被人民廣泛接受。此處作者以「中國奧斯曼主義者」來形容如袁世凱、段祺瑞等反對地方政權獨立、支持國家維持大一統的政治人物。

42 參見關偉，〈閻錫山特殊組織「主張公道團」的多面相〉，《求索》，湖南省社會科學院，2016（11）：頁160—165。

43 此處以蘇聯解體後所成立的獨立國家國協來比喻以北京為首都的北洋政府和中華民國。

鍔）將軍的政治觀點其實基本是一致的，但他就沒有像蔡松坡那樣去打頭陣，讓滇國作為反對中國帝國主義復活的先鋒。你袁世凱要稱帝嗎？很好，只要你不來侵略我們晉國的領土，我願意通電贊同你袁世凱稱帝；你袁世凱不稱帝嗎？很好，我也願意參加九省聯盟或者其他什麼聯盟，擴大晉國的外交空間。但有一個基本原則是：無論是鄰邦也好，還是北京政權或者南京政權也好，你千萬不要來侵略我們晉國的領土。我們晉國可以引入歐洲和日本的技術員與工程師，建立新的鋼鐵企業，利用晉國和平安定的政治環境，發展我們本身的經濟。只要你不來惹我，我也不去惹你。

這種政策一直執行到共產國際全面入侵東亞，透過馮玉祥和蔣介石這兩個代理人，使晉國本土的安全面臨嚴重的威脅。這時，晉國在第一次世界大戰以前推行得很成功的武裝中立政策就不再適用了。主要還是因為在第一次世界大戰以後，西方列強（特別是英國人）開始在遠東推行撤退政策。撤退的結果就是留下了政治真空，而這個政治真空就被共產國際利用了。在蔣介石和馮玉祥咄咄逼人的壓力之下，閻錫山不得不放棄他自己的中立政策，轉而與滿洲國的張作霖結盟[44]，形成一個東亞的保守主義聯合陣線，抵制馮玉祥和蔣介石的侵略。但是，隨著蔣介石軍隊的北伐成功以及滿洲國部隊的出關，最後滿洲國內部的激進派透過張學良和閻寶航推翻了張作霖時代的老臣，而老臣又對張學良政權聯合國民黨和共產黨的政策表示不滿，於是企圖聯合日本人發動政變，恢復滿洲的傳統政策。這樣一來，原本二十世紀最初二十年在東亞的政治平衡中扮演亞歷山大一世[45]這個神聖同盟[46]式作用的張氏幕府和滿洲政權就變得自身難保了，滿洲自己就陷入了政治動盪當中，不可能再發揮像俄羅斯帝國干涉中歐那樣的穩定作用了。這時，晉國陷入了孤立無援的狀態當中。

閻錫山在無奈之際考慮，他的主要敵人應該是靠近蒙古的馮玉祥，馮玉祥有吞併晉國本土的野心和能力。如果他繼續在蘇聯的支持之下從潼關東下，占領中國本部，從綏遠東下，占領平津，那就會完全包圍晉國，晉國就有被一口吞下的可能性。而蔣介石雖然也是

44 張文俊、岳謙厚，〈一九二七年閻錫山易幟的政治考量〉一文指出：「閻雖和南方聯繫，但仍推崇奉張組織安國軍政府，並緊隨孫傳芳、張宗昌號召，列名第四，共推張作霖為安國軍總司令。（一九二六年）十二月一日，張作霖在北京就任安國軍總司令，派顧問日人士肥原到山西，力勸閻出任副司令，得到閻同意。閻於二十日就安國軍副司令職。」《江西社會科學》，2014（1）：頁123—128。

45 亞歷山大一世（Alexander I，1777—1825），羅曼諾夫王朝第十四任沙皇，在拿破崙戰爭中擊敗拿破崙，並且復興歐洲各國王室、歸還其領土，因此被歐洲各國稱為「歐洲的救世主」。在其統治下，俄羅斯帝國在經濟、軍事、政治、文化等方面都十分強盛，使俄國成為當時歐洲大陸的強權國家。

46 神聖同盟（Holy Alliance）是在拿破崙帝國瓦解後，由俄羅斯沙皇亞歷山大一世首先發起的政治聯盟，目的在於維持歐洲的君主制以及當時的國家體系。除了大英帝國、奧斯曼帝國和教皇國，幾乎所有的歐洲國家都參與了這個同盟。

蘇聯的另外一個傀儡，但是他的大本營既然是在南京，對於中國、平津或者晉國都是鞭長莫及。兩害相權取其輕，他認為，站在蔣介石一方至少比站在馮玉祥一方還要好。因此，他就利用他在東京留學的時候跟同盟會要員有關係的事實，把自己重新發明為辛亥元老，把辛亥獨立戰爭重新解釋為國民黨的反滿戰爭。這樣一來，他就可以名正言順地加入國民黨，變成國民黨內部的一派勢力，使蔣介石和馮玉祥不能夠名正言順地消滅他。同時，他還可以利用蔣介石的力量來反對馮玉祥，填補張作霖撤退以後所留下

**近乎晉國之父的閻錫山**　一九一一年，閻錫山領導新軍起義，並於辛亥革命後出任都督。在統治山西／晉的三十八年期間，他推動「六政三事」，投入水利、農業與畜牧活動，並發展教育和軍工業，使山西／晉邁向富強，被稱為民國（中華聯邦）的「模範省」（右上）；一九三〇年閻錫山甚至登上美國《時代雜誌》的封面（左圖）；他奉行「中的哲學」，巧妙平衡馮玉祥和蔣介石不同的政治意圖（右下）。

的真空地帶。這樣一來，蔣介石為了打擊占據河南和安徽一帶、對他威脅更大的馮玉祥，就會覺得沒有野心的閻錫山還是個比較好的盟友。於是在瓜分領地的時候，把非常重要的平津地區和天津海關交給了閻錫山，利用閻錫山來平衡馮玉祥的勢力。

## 晉國陷入東亞政治漩渦的開始

從短期來看，晉國開疆拓土，取得了很大成就。天津海關的收入很豐厚，使晉國變得更加富裕了。他挫敗馮玉祥、拉攏蔣介石的政策取得了很大的成功，但這是從短期看的。從長期來看，他終究背叛了他在執政初期的武裝中立政策，把晉國拉進了東亞的國際糾紛當中，尤其是拉進了國民黨的糾紛當中。在那之後，晉國無法再置身事外了。因為他已利用了蔣介石的勢力，結果在蔣介石發動對日戰爭的時候，他就不得不出兵援助蔣介石；早期的成功正是他後來失敗的根本原因。但是，如果你處在他所在的位置，可能也很難有更好的選擇。追根究柢，晉國的地緣形勢在「內亞海洋」稱雄的時代，是內亞深入東亞的上海，是進可攻、退可守的優越地帶；但是在「真實海洋」稱雄的時代，它就很難與中國和內亞區別開來。在「真實海洋」稱雄的時代，百越倒是重新發達起來了，而東亞和內亞都變成了貧困落後的地區。夾在東亞和內亞之間的晉國，地緣形勢就變得非常不利。它所做的一切，都是在這種地緣退化的狀態中盡可能地延緩危機來臨時所做的不得已的經營，你很難說當時他還能有什麼更好的選擇。如果他在一九二八年拒絕了蔣介石，那就要同時面臨蔣介石和馮玉祥的兩面夾攻，這樣的結局不一定會比他在中日戰爭爆發以後同時面臨國民黨和共產黨的兩面夾攻來得更好。從他的角度來看，他替晉國多爭取到了十年的小康時間。但最終，整體大環境的惡化迫使他在一九三八年不得不面臨他在一九二八年透過巧妙的外交手腕勉強推遲的命運。

對於晉國而言，蔣介石對日本的戰爭主要不是體現在外交和軍事方面，而是政治體制方面。閻錫山與蔣介石結盟對付馮玉祥所造成的一個附帶後果就是，國民黨推行的黨化（也就是列寧主義化的政治經濟政策）止步於晉國國門之外，閻錫山名義上加入國民黨，還在太原搞了一個政治分會[47]，但他在國內的政策仍然是日本傳統的軍國民主義和地方自治；但是當戰爭一爆發，在國民黨軍隊和共產黨軍隊喊出的「人不分老幼，地不分南北」[48]這句蔣介石的口頭禪傳進晉國以後，這種局面就無法保全了。蔣介石強調「地不分南北」，當然就是要摧毀諸夏聯盟、獨聯體的中華民國原有的五族共和體制。在這個體制之下，諸夏和諸亞各邦仍然擁有實質的獨立，這是他絕對不能容忍的。蔣介石發動對日戰爭，並不是因為他能打贏日本。很顯然地，三歲小孩都知道他不可能打贏日本。他真正想要侵略的是滇國、蜀國、晉國這些仗著舊獨聯體的聯盟協議、不肯向他稱臣的勢力。利用抗日戰爭的名號，蔣介石就可以把國民黨軍隊和共產黨軍隊派到這些地方，打破這些地方傳統的獨立。這樣一來，雖然他打不贏日本人，但至少他侵略這些鄰邦仍是綽綽有餘，這就是他的如意算盤；而閻錫山在一九三八年就落入了這個陷阱之中。既然是全民抗戰，那就必須進行各階級的總動員，既然是「地不分南北」，那麼延安的軍隊和南京的軍隊要打著「援助晉國」的旗號進駐晉國，閻錫山也沒有辦法反對。最後的結果就是，晉國境內進駐了大批來自南京和重慶國民政府的中央軍以及延安派來的共產黨八路軍，而晉軍在這些軍隊當中只占了三分之一的名額，等於是三分天下只剩其一。

更加重要的是，抗戰的民眾動員完全破壞了閻錫山苦心經營的地方自治體系。什麼叫群眾動員？就是蘇聯那一套，派政委來實行總體戰。理論上來說，他們是來做抗戰宣傳和民眾動員的，但是他們卻也享有欽差大臣的權力。晉國全境被分為七個動員區，每一個區

47 一九二八年二月二十八日，國民政府任命閻錫山為國民革命軍第三集團軍總司令，三月七日國民黨中央政治會議任命閻錫山為太原政治分會主席，三月九日國民政府又任命閻為山西省政府主席。

48 出自蔣介石於一九三七年七月十七日發表的《廬山聲明》。

都要派任一個政治委員；後來政治委員又被改為監督委員，但是沒有關係，重要的是，這些監督委員是國民黨和共產黨派來的，而且共產黨占了多數。在靠近內亞邊界的北方，國民黨的勢力是不如共產黨的，而共產黨透過加入國民黨的方式，獲得了國民黨的身分；而蔣介石痛恨閻錫山和龍雲這樣的勢力，超過他對共產黨的痛恨。他在共產黨「長征」或者西竄的過程中，就是利用共產黨來削平這些諸夏各邦的殘餘勢力。現在抗戰爆發以後，他更加積極地推行這種政策，利用八路軍作為中央軍入境的藉口。

在蔣介石任命的七位政治委員當中，有五位是共產黨。理論上，他們只是做戰爭宣傳和民眾動員的，但根據國民黨的五權憲法[49]，他們也享有監察權，也就是說他們有彈劾地方縣長的權力。這就意味著，閻錫山時代的縣長如果得不到他們的支持就會不安於位。於是，不到兩年時間，到了一九三九年，晉國一百零五個縣當中就有七十個縣落入共產黨的掌控[50]，這些都是國民黨批准的政治委員所做的好事。

你不妨想像一下，假如馬英九賣台成功，變成了台灣的張學良，把台灣變成了一國兩制下的一個特區，那麼共產黨會派什麼人到台灣呢？必然就是監察委員。他們會說，一國兩制，台灣人民繼續享有民主自由，你們原先選出的市長和縣長繼續掌權，但是我也要派一些政治委員過來。這些政治委員必然會像當年蔣介石派出去的那些共產黨員一樣，是中央的欽差大臣。你柯文哲不是很能拉票嗎？你當選了台北市市長，但是你不要以為當上台北市市長就了不起了。我們派一個北台灣監察專員或者北台灣政治委員，駐在新北市而不是台北市，但是他同時可以彈劾新北市、台北市和基隆市的市長。請問，你柯文哲願不願意乖乖服從呢？如果你知趣的話，你就乖乖到上海來投靠我們，以後你還可以多當兩屆市長；如果你不乖的話，我們先彈劾你，你馬上就當不成市長了。然後這樣折騰個幾年，台灣的縣市長不就都變成共產黨能夠接受的人了嗎？然後一國兩制還能剩下什麼？蔣介石在一九三七年對付晉國的手段就是這一套。

閻錫山發現事情不對，於是召開了秋林會議[51]。秋林會議就相當於克倫斯基在垂死掙

49 孫文提倡五權憲法，在原本的三權之外增設監察、考試兩權，認為這樣可以仿古代政治遺風，以匡正三權分立之不足，但實際而言卻是效果不彰。

50 《閻錫山統治山西史實》：「日軍來勢洶洶，而閻錫山的晉綏軍損失潰散不少，各級文官多已棄職，閻錫山遂寄望犧盟會和決死隊支撐他扭轉危急局面。通過閻錫山的支持，到一九三九年夏，新軍已發展到四個決死縱隊、一個工兵旅和一個暫編師，共達五十個團約五萬多人；山西七個行政區中的五個及其所屬縣政權由犧盟會掌握，一百零五個縣中已經有七十個縣長為犧盟特派員（中國共產黨黨員）擔任。」山西省政協文史資料研究委員會，山西人民出版社，第278頁。

51 李茂盛、雒春普、楊建中，《閻錫山全傳（下）》：「一九三九年三月二十五日至四月二十二日，閻錫山在陝西省宜川縣秋林鎮召開了秋林會議（軍、政、民高級幹部會議），與會者有師長及獨立旅長以上軍官、各區專員及保安司令以上的行政區幹部、公道團骨幹、犧盟會各中心區及部分縣特派員等一百六十餘人，彙集了新舊兩派的重要人物。犧盟會和

扎的階段在莫斯科召開的那一次國事會議（Moscow State Conference）[52]。與會人員包括地方上的縣長、市長之類的官員，包括駐在晉國境內的軍隊將官，還包括晉國境內的主要社團、政黨和宗教領袖；這等於是一個晉國版的名流會議，比正規的議會和參議會的包容性更大，包容了一些本身沒有議員身分、但是在社會上很有影響力的人，其實主要就是晉國舊勢力和國民黨、共產黨代理人的聯合會議。

閻錫山在這次的聯合會議上要求國民黨和共產黨收斂一點，尊重晉國原有的自治體系。但在共產黨的史書當中，這件事就被描繪成閻錫山的反動企圖和閻錫山企圖消滅新派勢力的罪惡意圖。但實際上，如果閻錫山要消滅你們的話，他必然會關門開自己的小會，不會把你們這一大批的共產黨員，包括薄一波在內，都請來開會。結果是，閻錫山最後一次表現出紳士風度，卻把他自己不滿的態度洩露給了共產黨人。由於共產黨人也參加了這次會議，所以這次會議就像克倫斯基當年的會議一樣，達不到任何效果，還使共產黨提高了警惕性，知道了晉國舊勢力對他們很不滿意，因此他們必須先下手為強。於是，當年十二月就發生了犧盟會的政變[53]。犧盟會就是薄一波根據毛澤東他們的指令所執行的，把派到晉國各級政府和軍隊機構中的人動員起來，劫持晉軍和晉國當局並把他們趕出去。

## 「沒有祖國，你什麼都不是」

經過十二月事變以後，晉國曾一度有三分之二的土地落到共產黨系統手中。但是閻錫山深根晉國二十年，遺愛於地方父老，他所留下來的影響力並不是這樣粗暴的政變手段就能夠推翻得了的。共軍雖然利用他們的監察系統占據了絕大多數縣長的職位，又派了大量的八路軍來支持他們的勢力，但只要閻錫山從退隱當中復出並且一聲號召，呼籲晉國的父老團結起來擊退共產黨的進攻，那麼那些雖然沒有蘇聯先進武器和國民黨先進武器、但是深得地方父老信任的土豪和青年軍就紛紛團結在閻錫山的旗幟之下，向共產黨發動反攻。儘管他們的武器和實力遠遠不如共產黨，但是他們卻在不到兩個星期的時間內，從共產黨

---

新軍領導人薄一波、續范廷、牛蔭冠、雷任民等出席。閻錫山在會上說：『武漢失守後，抗戰越來越困難，二戰區削弱了，只有共產黨、八路軍壯大了。現在，我們要自謀生存之道。』他還提出：『現在天要下大雨，應該準備雨傘。』北京：當代中國出版社，1997年，第875頁。

52 克倫斯基於一九一七年召集了兩千五百位代表舉行國事會議，包括了國家杜馬、工農蘇維埃、海陸軍、社會名流、工商業代表等，企圖營造出一種全國大團結的印象，但最終仍歸於失敗。

53 犧盟會政變，又稱晉西事變，指一九三九年十一月二十八日，閻錫山與中共八路軍之間的摩擦事件。中共指控閻錫山「背信棄義、發動內戰與日軍聯合夾擊共軍」，但國民政府認為中共策動叛變、兼併國軍。閻錫山曾說自己「我不亡於共，亦要亡於蔣」，所以想「用共產黨的辦法削弱共產黨」。但最終閻錫山的晉軍敗於中共的滲透和政變。

的手裡把大部分被侵占的土地重新奪回去。毛澤東見情勢不妙，覺得現在還不是和晉國徹底決裂的時候，於是要求閻錫山展開談判。閻錫山知道他自己的軍隊像中世紀末期的波蘭一樣沒有出海口，處在極其不利的地位，不像是國民黨和共產黨那樣能夠從蒙古和迪化的交通線獲得蘇聯的新式武器，打久了以後自然對他不利，也就同意妥協了。雙方各讓一步，於是重新劃分領地，共產黨得到了一部分，閻錫山得到了一部分。當然，日本人仍然占領了太原和幾個重要的中心城市。於是，晉國的政治形勢又重新恢復到三分天下的局面。

當然，共產黨暫時讓了一步，並不會就此罷休。它首先在它控制的、閻錫山同意給它的那些地方，也就是我們今天所知道的晉察冀邊區和晉綏邊區，重新推行社會組合。社會組合主要就是把群眾團結起來，對地主資產階級施加壓力，實施減租退押。這時它還沒有推行沒收土地和重分土地的改革，而是實施減租退押。減租退押的意義就是違反過去的市場價格，把強制性的低價強加於業主。比如說，根據當地的市場價格，你一個月的房租應該是一千塊錢，然後政府出面，召集房東和房客，召開聯席會議，接著政府的民兵和流氓無產者給房客撐一撐腰，強迫你把房租降低到五百塊錢，因此你和房客的交易就變得不划算了。比如說，你花六萬買的房子，你每個月需要有一千塊錢的房租才能在五年之內回收成本。但房租一下子降低到五百塊錢，你就需要十年才能回收成本。而十年之後，房子又舊了，你的維修成本又變得很高。這樣一來，你原先花六萬買的房子就變得不划算了。你會說，如果早知道這個房子只能租五百塊錢的話，當初我買房子的時候就只會出三萬的價錢。我願意出六萬的價錢，就是因為我預期能夠租到一千塊錢。但是你這話不能說，說了以後就把你打成反動地主了。於是你沒有辦法，只有忍氣吞聲，首先接受了五百塊錢的租價，然後你就賣房、賣地。

按照共產黨自己的統計資料，他們推行減租退押——也就是用行政手段干預市場以後，有三分之二的地主和富農出售了他們自己的土地，並且逃走了。他們大多數都是逃到了日本統治區和閻錫山統治區，到城裡生活去了。於是，有一大批貧下中農就透過這種方式得到了這些土地。然後在接下來一九四六年的土地改革當中，他們就變成了共產黨打擊的地主。而且這一次，共產黨不再容許他們帶著自己的財產離開共產黨的統治區，而是把你留在原地，一直批鬥至死，甚至讓你交出根本不存在的財寶。在一九四六年的土地改革中，這些被批鬥的地主和富農其實多半就是一九四〇年的貧下中農。他們之所以能夠買得起土地，主要就是因為共產黨壓低了土地價格，擠走了原來的地主富農。結果，他們歡天喜地地做上幾天地主之後，就遭到嚴刑拷打，被逼交出根本不存在的財寶。請問，如果他們原先有財寶的話，他們還會在一九四〇年時被歸為貧下中農嗎？這就是你支持共產黨的必然結果。你支持共產黨擠走了原來的地主資本家以後，你在共產黨手裡必然會遭到比原來的地主資本家遭到更加殘酷的待遇。

在這種三分天下的局面當中，三方勢力為了爭奪地盤，都發生了一系列的衝突，但是日本人的軍事素質比較強，晉軍和共軍都打不贏。他們雖然採取揠苗助長的方式推動晉國的經濟建設，但其實是做了很多工作的。例如，井陘煤礦[54]主要依賴的就是日本和滿洲國的資本和技術人員。從日本自己的角度來看，其實這是一個揠苗助長的犧牲舉動。滿洲國的建設雖然有一定的成績，但畢竟才只有十年時間。按照經濟發展的正常順序，可以說，滿洲國至少要建設三十年以後才應該輸出經濟成果。但是日本人既然來到了晉國，他們就按照自己一貫的急性子，希望能夠在十年之內建設出一個新的晉國出來。於是，滿洲國的資本家和日本的資本家就在政府的壓力之下強制投資，建立井陘煤礦和其他的新式企業。這些投資實際上也是違反市場規律的，有點像法國對於摩洛哥的投資。摩洛哥的蘇丹、貴族之類的人，過去在中世紀還好，雖然收入不大，但是開支也不大；但是到了近代，他們有機會到巴黎花天酒地、有資格去蒙地卡羅的賭場以後，一個個都欠下了一大筆債，他們其實是沒有償還能力的。但是法國政府害怕他們倒向德國人，萬一德國皇帝威廉給他們一筆貸款，那麼摩洛哥就不再是法國的保護國了。於是政府半勸半強迫地要求巴黎的銀行家籌一大筆錢來解救這些酋長和貴族的財政危機，以便確保摩洛哥的上層人士繼續支持法國。當然，這些投資到了摩洛哥也做了一些經濟建設。日本人在晉國和中國各地推行的經濟建設也是這樣的，其實是日本資本家自己剜肉補瘡，用日本老百姓儲蓄的血汗錢到這些其實沒有多少利益可圖的地方從事近代化投資。

八路軍的主要工作就是，第一是打擊所謂的偽軍，也就是日本人培養起來的地方自治系統，他們的戰鬥力也就是地方民兵的戰鬥力水準。至於真正的日本軍隊，一般來說八路軍是不敢打的。所謂的「百團大戰」[55]和共產黨講述的大部分戰績，其實都是襲擊民用設施。例如，他們襲擊特別多的是日本人蓋起來的鐵路和公路建設。晉國雖然原先有些路網，但是經過日本人的大量建設之後，路網密度因此大幅增加；另外，還有像井陘煤礦這

54 七七事變後，日本占領河北的井陘等地的煤礦。為了加強對華北地區煤礦的統制，在日本軍方、日本政府大藏省、外務省、興亞院華北聯絡部等的推動下，聯合組建了北支那開發株式會社（亦稱華北開發株式會社），其性質與滿鐵無異。

55 由國民革命軍第八路軍（中國人民解放軍的主要前身之一）於一九四〇年八月至十月間自行發動的戰役，企圖破壞華北日軍占領下的交通路線和礦區。起初中國共產黨中央只命令二十二個團參戰，但最後有不少團自行加入戰鬥，形成一百零五個團的規模，故稱「百團大戰」；該戰役迫使日軍不得不重視位於敵後地區的武裝抗日活動。

樣由日本投資的現代化企業。這些企業本質上來說是民用設施，只有資本家雇用的一般性保安在負責維安，所以打起來就很容易。然後共產黨打進煤礦廠以後，就把機器給破壞掉了，接著放水淹沒煤礦，造成了很大的破壞。至於鐵路這些地方，當然就是買幾個地雷或去施加破壞，那些都是很簡單的事。它只需要像義和團一樣，殺一些工程師或者半軍事化、但其實戰鬥力跟員警差不多的護路員就行了。然後，在共產黨的紀錄當中，它就可以大肆吹噓它取得了多少多少的戰績了。在陳賡主持太嶽軍區的那幾年內，實際上他真正打死的偽軍也就是這些自衛隊保安隊員，有時候半年加起來才幾十個[56]。而且，在打這些保安隊的過程中，他還使用了後來共產黨在孟良崮所使用的卑鄙手段，也就是把這些保安隊員的家屬全部抓起來，把他們的老婆、孩子全部抓

**百團大戰**　一九四〇年八月至十月，八路軍發動了以破壞華北日軍控制的交通線、礦場為目標的攻擊。該圖為被編組為國民革命軍第十八集團軍（即八路軍）的中共軍隊，攻下娘子關，並高舉中華民國國旗。中共命名此戰為百團大戰。

起來，在共軍即將攻打之際，讓他們在附近的山頭上喊話，讓這些保安隊員不敢開槍，因為開槍以後你們的老婆、孩子就保不住了。

這些資料是我在共產黨於一九五三年、在人民出版社所出版的一本宣揚革命豐功偉業的書中所找到的。這本書的名字有點不對勁，它的名字叫作《抗日戰爭時期的中國人民解放軍》，但照理說中日戰爭時期還沒有「人民解放軍」這個名詞，但倒也無關緊要了，畢竟這是共產黨自己出版的書。我建議大家趕緊去買這本書，因為自從我上次把陳賡先生在太岳軍區的那些戰績拿出來發表在豆瓣網以後，那本書就從所有的圖書館裡消失了。當時大概是二〇一二年左右，現在你到圖書館去找都找不到這本書了。我現在說出這句話以後，估計我剛才提到的那本書很快地又要從中國境內所有的圖書館之中消失了。當然，這是共產黨的傳統做法。他們這種人質戰術，列寧早在一九〇五年、一九一七年就已經使用過了。毛澤東和張聞天早在一九三〇年代，就在贛南和其他地方普遍使用這種做法。但是，用共產黨自身的資料來證明它自身的罪行，對於它來說應該還是一個特別難堪的事情。

56〈一九四二年一月十二日太嶽軍區反掃蕩鬥爭報告〉，《陳賡軍事文選》：「第一軍分區……秋季反掃蕩，大小戰鬥三十四次，斃傷敵偽五人，俘敵軍一人、偽軍三人……第二軍分區八月攻勢未完成任務，毀壞公路八十里……第三軍分區……十二月攻勢，爭取偽軍反正二十三名。」，北京：解放軍出版社，2007。

日本如果能夠在晉國多留個三十年，老實說，晉國可能就會被建設得跟滿洲國差不多，變成一個工業化地區了，但是它沒有這三十年。日本投降以後，日本遺留下來的巨額資產和武器變成了共產黨覬覦的目標。然後共產黨違反停戰協定，企圖在幾個月之內接管晉國全境的所有資源。與此同時，閻錫山從晉南北上，傅作義從綏遠東進，也想搶在共產黨之前、至少是首先開進太原城。這時，雙方的衝突就不可避免了。晉國跟共軍的戰爭是遠東冷戰的第一槍，甚至比國民黨軍隊和共產黨軍隊在滿洲的衝突來得更早。之所以是這樣，是因為儘管晉國在名義上已經被國民黨統治了，但其實還保留了一定的本土性，當地土豪知道落入共產黨手裡的下場，因此就有足夠的積極動機來搶占資源；而滿洲國的土豪則已經被蘇聯占領軍摧毀了，在國民黨和共產黨的爭奪之下表現得相當消極，他們只有在共產黨最終占領了滿洲全境、全面推行土改、國有化和各種暴政之後，看到自己連老命都保不住的時候，才紛紛逃進山裡，掀起了反恐戰爭的高潮。儘管晉國在大多數時候的政治組織是不如滿洲國的，但是在這個時候它至少還有閻錫山；而且雖然受到很大損失、但是畢竟還是有占據晉國三分之一領土的軍事和政治機構，所以他們的反應比滿洲國的土豪來得更加積極；至於滿洲國的土豪就只剩下謝文東[57]那些人各自為戰、分散作戰的局面了。因此，晉國在反恐戰爭中得以堅持到最後，一直到南京都已經陷落了，太原都還沒有陷落。

所謂的「太原五百完人」[58]雖然並不是真正的五百人，但是他們都是閻錫山所培養出來的晉國土豪，根本不是國民黨的中央軍。國民黨的中央軍一旦發現蔣介石沒有能力統一中國以後，就自然而然地向毛澤東投降，變成了毛澤東統一中國的新一批武力。最後在南京陷落以後還能夠堅持抵抗的，都是諸夏和諸亞各邦原有的土豪勢力。只有他們離不開自己的鄉土，也只有他們才會對共產黨抵抗到底。所以，共產黨之所以在晉國的土改和鎮反特別徹底、特別殘酷，為的就是清除這些人的勢力。經過減租減息以後，實際上如果只從經濟上來說，晉國其實已經沒有什麼真正的地主了。晉國這一批經濟意義上的地主，恰好就是毛澤東鼓勵的勞動能手和新富農。他們曾經是毛澤東聲稱要依靠的貧下中農，然後利用舊地主出逃的機會買下了土地。打他們，在經濟上和政治上其實都是無利可圖的；但之所以要做得特別狠毒，就是因為要斷絕閻錫山所留下來的土豪勢力。這個目的主要是政治

57 謝文東（1887—1946），滿人，土匪出身，東北抗日聯軍將領，一九三九年，彈盡援絕後投降於日本；國民政府到來後又投靠國民黨，最後被林彪捕獲處決。

58 一九四七年共軍派遣徐向前進攻太原，閻錫山搭飛機逃亡台北，代理主席梁敦厚等人自殺殉難，後來閻錫山在圓山立了一塊碑，表彰這些殉難人士，稱之為「太原五百完人」。

上而不是經濟上的，因為土豪主要是社會關係多，而不一定是錢多，所以為了根除土豪勢力，你就必須把鬥地主的標準定得特別低。為了消滅他們，就必須下「捨不得孩子套不著狼」的決心，必須把自己培養起來的很多新富農和勞動模範都歸類成地主。結果，為了清除一個閻錫山留下來的土豪，往往必須同時活活打死或者活埋幾十個原先在晉綏根據地自己培養起來的勞動能手。但即使如此，毛澤東和薄一波還是心狠手辣地做到了這件事情。

圍攻太原的戰役可以說是東亞反恐戰爭中最悲壯的戰役。本來華北共軍是最不能打的，但在得到滿洲共軍和蘇聯武器的支持以後，用蘇軍圍攻史達林格勒（今伏爾加格勒）的那種戰術，用絕對優勢的火炮把太原城夷為平地了。蔣介石軍隊所據守的城市全都是不戰而潰的；也只有土豪據守的太原城，才會拿出史

**解放軍攻陷山西太原**　一九四八年十月至一九四九年四月，解放軍進攻晉國（左圖）；在徐向前、彭德懷等將領的帶領下擊敗閻錫山領導的晉軍，攻入山西督軍府（太原綏靖公署）（右圖）；閻錫山則於事後搭機來台。至此，山西乃至整個華北地區皆由中國共產黨所占領。

達林格勒這種背水一戰的決心，像德軍據守史達林格勒一樣，每一寸土地都被共軍給夷平了。當然，毛澤東、薄一波還有我們都熟悉的少年恐怖分子胡耀邦進了城以後，搜捕晉國傳統土豪的徹底程度，也只有蘇聯軍隊在波蘭搜捕波蘭國家軍和波蘭地下天主教神父的徹底程度可以相比。晉國經此摧毀以後，可以說是元氣大傷，而且在往後的幾十年之內，黃俄侵略者一直對晉國土豪深表忌憚，在各種經濟政策當中都對晉國特別歧視。晉國的主要資源都被收為國有，而且在定價體系當中故意被定了一個特別低的價格，就是生怕你稍微有一點錢以後又會復活起來。這就是一種軟刀子殺人不見血的方式。而改革開放以後允許跟西方國家重新做買賣進而發達起來的地區又是百越和沿海地區。晉國因為靠近北京、同時擁有很多戰略資源和軍事基地的緣故，晉國本身的資源絕不允許晉國自己使用，始終被保留在國家計畫的經濟體系之下，而軍事統治那一部分當然是更不能動。

因此，晉國在毛澤東掌權的那三十年是主要的被迫害對象，在鄧小平掌權的三十年也沒有撈到好處，可以說是諸夏和諸亞各邦中受到最重壓迫的一個邦國。與晉國在歷史上作為東亞文明乳房和內亞文明前哨的光榮和輝煌的地位相比，與它在李世民的鮮卑帝國和忽必烈的蒙古帝國時期、甚至是近世的滿洲帝國時期所享有的特權地位相比，也是極不相稱的。這幾個因素就決定了，晉國人民在將來必然是反抗中國侵略者和國際恐怖主義的主力軍。他們正像馬克思所說的那樣，「沒有什麼可以失去的，受到的屈辱和傷害卻是最大的」。對於晉國人民來說，「沒有祖國，你什麼都不是」[59]不是一句空洞的口號，而是他們幾代人切身體會的事實。他們在失去了閻錫山以後所遭遇的一切，已經充分地證明了這一點。他們不可能相信，中國民主化或者聯邦化以後，他們就能從中國人手裡得到良好的待遇。歷史已經教育他們，只有晉國自己的土豪才能保護他們；只有晉國獨立，才能夠保護土豪的政治勢力；只有晉國重新恢復與日本的傳統友誼，重新打通與伊朗、蒙古和雅利安世界的交通線，晉國的繁榮和文明才能夠得到充分的保障。

59 出自納粹德國的宣傳口號「Du bist Nichts, Dein Volk ist Alles」，原意是「你什麼都不是，你的民族才是一切」。

# 燕族國家篇

「二十八年，燕國殷富，士卒樂軼輕戰，於是遂以樂毅為上將軍，與秦、楚、三晉合謀以伐齊。」

——西漢．司馬遷，《史記．卷三十四．燕召公世家第四》

# 五、東北亞的邊疆

## 燕：上古時代的理想國

上古時期的東北亞文化區，你可以把它劃分為一個獨特的文化區，也可以把它作為內亞文化區的一個附屬部分。現代之所以強調東北亞文化區，主要是考慮到中古以後東北亞的地位漸漸重要了起來，但其實這主要是在日本和渤海興起以後才有的事情。東北亞文化區在上古時代基本上就是環渤海文化區。松花江以北的地方，在上古時期還是一個完全未開發的地帶。這個地帶是在渤海國解體、女真人的海盜貿易集團興起、在圖們江以北和興凱湖以東形成冶鐵基地以後，才具有歷史重要性的。上古時代的東北亞文化區和環渤海文化區大致上是同一回事。這時，日本還不是東北亞的一部分，它和台灣、太平洋群島以及東亞沿海各地一樣，是「印度—馬來人種」或者是東南亞文化區的一部分。

最早的東北亞文化區，核心就在今天的遼西[1]一帶，它包括了今天的滿洲、燕、齊和朝鮮半島。在舊石器時代的興隆窪文化以後，燕山山脈和灤河流域一帶的趙寶溝文化[2]經常被劃分為興隆窪文化的一個分支。新石器時代的夏家店文化在滿洲興起以後，燕山山脈一帶的上宅文化[3]及其繼承者又經常被劃分為夏家店文化的一個分支。但是細節上的差別還是存在的，例如滿洲的文化特色是彩繪比較發達，而燕山山脈的文化特色則是之字形圖案、幾何形圖案和獸面紋比較發達。不過從建築的結構來看，它們大致上是同一回事。它們在進入歷史時期以後，主要是在殷商初期，開始與南方的中國和西方的內亞走上不同的道路，這時沿著太行山東麓南下的殷商先民已經開始大規模地使用人祭，但是拒馬河以北基本上沒有出現同樣的現象。同時，燕山山脈和灤河流域一帶的居民仍然部分地繼承了在滿洲和內亞非常流行的那種用石牆和石屋作為建築材料和防禦工事的習俗。同時，不知道是出於什麼原因，東北亞居民的居住面積普遍比中國居民的居住面積要大得多。相對於強大的內亞，和沿著鄂爾多斯高原南下、沿著太行八陘[4]向漳河流域建立新的殖民地點的晉國相比，東北亞系統這時還是默默無聞，沒有產生大的方國。

它第一次進入歷史，是隨著殷商衰亡發生了兩件事情，也就是所謂的箕子朝鮮[5]和姬

1 遼河以西的廣大區域為東北亞文化的核心，戰國時期燕國在此設置遼西郡，自古即為重兵駐屯之地。

2 趙寶溝文化是指位於內蒙古敖漢旗的新石器時代文化，年代距今約七千兩百年到六千四百年左右。當地居民生活方式主要是農業與狩獵並重，且有濃烈的宗教信仰（特別是生殖崇拜），在社會分工上已有顯著的發展。

3 上宅文化是指發現於北京平谷地區的新石器時代文化，距今約七千到六千年。以紅陶為主，陶、石器的出土數量相當豐富，為早期北京地區文化考古的重要遺跡。

4 從山西高原通過太行山前往華北平原的八個重要隘口，由南到北分別是軹關陘、太行陘、白陘、滏口陘、井陘、飛狐陘、蒲陰陘、軍都陘。

5 相傳商滅亡之後，貴族箕子帶著舊商遺民移居朝鮮；今日朝鮮人愛穿白衣，據説便是商代遺民留傳的風俗。

氏封燕，[6]「燕」這個名字進入歷史就是從此開始的。但是，這兩件事情都是神話傳說的性質多於史實。如果按照《史記》的記載，基本上燕國在它存在以後長達兩百年的時間內默默無聞，沒有參加鎬京（位於今西安市）和洛邑（位於今洛陽市）的政治活動。一直要到春秋時期的齊桓公時代，在需要援助的時候，他們才突然冒出來。令人懷疑的是，這個封國到底是不是正統的姬周封國，或者他們只是像後來吳人發明的吳太伯[7]傳說一樣，只是為了加入諸夏的外交體系，特別是獲得像齊、魯這樣高度文明的大國的承認，才把自己的君主系譜延伸到周天子身上。至於朝鮮半島那方面，找不到可以與傳說相對應的考古資料，所以很可能也是在春秋晚期，當時的諸夏作家和歷史學家根據他們自己對東夷普遍風俗的理解和嚮往，為他們認為風俗相近的整個環渤海文化圈尋找一個歷史上的理由，按照當時習慣的政治術語和文學術語，他們認為

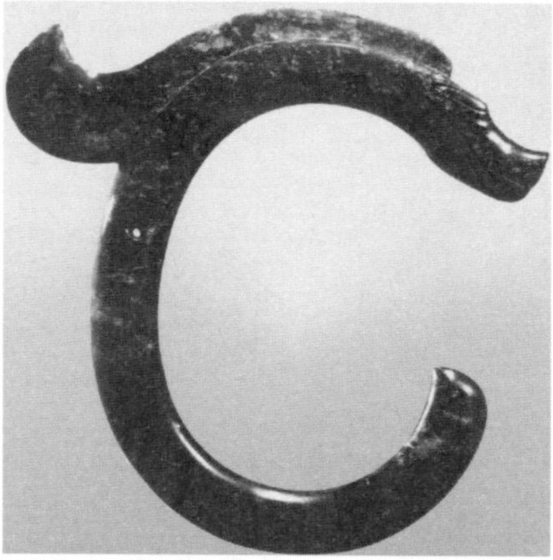

**紅山文化龍形玉環**　上古時期的東北亞文化圈核心位於今天的遼西（遼河以西）一帶，代表文化有興隆窪文化、趙寶溝文化與紅山文化等。所出土的石器、陶器甚至玉器，擁有極高的工藝水準。紅山文化的龍形玉環，被認為是中國地區龍型崇拜文化的起源。

這種相似性當然是具有共同祖先的緣故，然後又把這個共同祖先重新發明到殷商晚期的賢王頭上。

按照現代的考古學紀錄來看，萊夷和朝鮮所在的地方在當時還沒有出現規模可以和春秋時期的燕國相比較的方國。他們的居民點的數目仍是很少的，光是在一個很小的地方，大概比後世的新羅還要小的地方，就有幾百個國王。這些國王的實際力量和後來所謂的渠帥[8]、酋長其實是差不多的。這就說明了，整個環渤海地區還沒有受到巨大的軍事壓力，而軍事壓力則是產生殷商式的、帶有濃厚殖民色彩的國家組織的主要原因。那麼，歷史上的燕國之所以在這個時期出現，可能真的是周人派了一個封國去，但這個封國必然沒有很大的武裝力量，只是把內亞斯基泰文化的一部分引進這些地方，再透過和當地酋長的部落聯盟和其他方式整合了當地的外交形勢，使周人在洛陽的據點免受東北方面的威脅。也有可能這個封國並非是真正正統的周人的封國，而是類似朝鮮半島和滿洲那些酋長、渠帥的

6 姬奭輔佐周武王滅商後，受封於薊（今北京），建立臣屬西周的諸侯國燕國（北燕）。

7 據司馬遷《史記》記載，太伯是周始祖古公亶父的長子，因為古公想傳位給三子季歷，於是自願避居至江南而紋身斷髮，自號句吳。

8 渠帥通常是指邊疆地區擁有私兵的豪強，這些豪強往往不服地方官員的統領，甚至引起動亂，是地方政府頭痛的對象。

一個聯盟，然後這個聯盟在受到來自內亞、從太行山上下來的那些白狄、赤狄等部落的強大壓力時，他們認為敵人的敵人就是朋友，在有必要向齊桓公這樣的諸侯求救時，覺得把自己聯繫到周天子的頭上會更為明智一些，於是就發明了自己的一套家譜。

無論如何，真正的燕國是在齊桓公西伐大夏[9]的時候才真正進入歷史的。然後隨著齊桓公的撤退，它又從有文字記載的歷史上消失了，與秦國和楚國一樣，不加入諸夏之間的外交活動。可以設想，在齊桓公解除了他們的軍事壓力的同時，他們也透過齊桓公重新發明了諸夏。也就是說，在中州趨於衰落以後把殷商和姬羌兩系的不同封國在外交上和文化上整合起來的歷史發明推行時，替他們提供了相當多的秩序輸入。尤其是，齊人本身也是具有二元性的，具有所謂「齊—萊」二元性，而且本身又繼承了東萊文化的一部分。對於燕人來說，齊人與朝鮮人和滿洲人一樣，具有共同的環渤海文化圈的親和力，因此更容易接受其輸入。這可能對他們的憲法形式造成了重大的影響，這種影響大概就類似於美國黑人把美國的憲法形式輸入賴比瑞亞、英國黑人把英國的憲法形式輸入獅子山那樣，使得後來的燕國有了一系列的公卿制度和禮儀制度，包括以青銅器為國之重器的祭祀制度。

東北亞文化區在春秋時代的作家看來，最明顯的特點就是，他們並不像內亞文化區和中國文化區的居民那樣好戰，因此經常被孔子和他的同時代人當作理想國。根據他們的記載，這些地方沒有強大的軍隊，也沒有鮮明和殘酷的刑罰，而是依靠良善的風俗自我治理，很少有人犯罪，只用很輕微的刑罰就能使大家自動服從，所以完全稱得上是一個理想國。當然，這一點從歷史學的角度來看恰好說明了，他們相對於強大的內亞人——例如晉、趙和秦所接觸的內亞人來說，國家組織和社會的發展還處在比較低的階段，與光芒四射、把整個東亞當作殖民地的內亞相比，他們還是一塊處女地。在當時的中國人和內亞人的心目中，他們就像是歐洲人和西亞人心目中的美洲大陸一樣：一方面懷著羨慕之情，覺得這些地方簡直是一個現成的桃花源；另一方面又帶著輕蔑態度，覺得這些地方的戰鬥力可能還不如保加利亞和羅馬尼亞，幸好沒有與歐洲和西亞相接觸，要不然他們很容易就會被征服。

太行山沿線的內亞各部落是燕人向齊人求救的主要原因，也是他們與諸夏和內亞隔絕的主要原因。在上古時代，東亞或者中國和內亞的真正邊界就是太行山，而燕山作為遼河

9 《史記・齊太公世家》：「桓公稱曰：『寡人南伐至召陵，望熊山；北伐山戎、離枝、孤竹；西伐大夏，涉流沙；束馬懸車登太行，至卑耳山而還。諸侯莫違寡人。』」

和滿洲的一個延伸，提供了一個破碎性的地帶，它既有小片的平原地帶，又有大片的山巒地帶，因此很適合鬆散的君合國[10]的統治。進入戰國時期以後，燕國隨著中山國的滅亡，正式進入了諸夏的交聘體系[11]。這時的燕國才開始真正像一個國家，引入郡縣制和軍國主義的動員體制，然後客卿才有用武之地，同時像子之[12]這樣的政治家和燕昭王[13]這樣的絕對主義君主才有發揮的空間。戰國早期的燕國跟中山國大概處在政治發展的同一個時間點上，與西漢初期的匈奴差不多，剛好發展到禮樂文化和儒家思想比較流行的地步，所以才會出現子之禪讓這樣的儒家式的理想國實驗。這次理想國實驗的結果就是產生了燕昭王和樂毅[14]的絕對主義國家，這個絕對主義國家進攻齊國事小，開拓燕山背後的郡縣事大，燕國的領土也因此深入了滿洲和遼東半島。

儘管樂毅對齊國的進攻被諸夏作家描繪成一次單純的復仇行動，但實際上很可能是燕國人作為東北亞文化區的主力，感到了一種責任感，這就像是拿破崙一世提出萊茵河天然邊界、拿破崙三世提出從萊茵河到復活節島的拉丁世界一樣。燕國人感覺到，東北亞文化區相對於內亞文化區和中國文化區處於弱勢地位，因此滅齊之舉可以把從滿洲到朝鮮的整個東北亞環渤海文化區整合起來，構成一股和諸夏平起平坐的力量。當然，這次嘗試失敗了，之後燕國又退回到自己的孤立主義狀態當中，一直到趙國滅亡為止，燕代聯軍才不情願地面對來自秦國的軍事壓力。

秦人滅燕以後，燕國的流亡者在衛滿[15]的領導下遷到朝鮮半島。這一次的故事和殷商滅亡的故事非常相似，就像是傳說中夏桀的暴行和商紂王的暴行非常相似那樣，因此很有可能，朝鮮半島的傳說有很多是西漢儒家在發明黃帝傳說的時候才發明的。一般認為，夏王朝是虛構的朝代，夏王朝的暴政是根據商紂王真實的暴政為藍本所重新創作出來的。那麼最早的朝鮮，箕子朝鮮的傳說，也很可能是根據燕人衛滿真正東遷到朝鮮的真實故事再

10 古代指不同的部落因共同擁戴一位領導人而形成特殊的結盟關係。用現代的概念看就是指共主邦聯體制，兩個或兩個以上被國際承認的主權國家，因為共同擁戴同一位國家元首而組成的特殊國與國關係，例如今日的大英國協王國，內部成員如英國、加拿大、澳洲等主權國家均以英國女王伊麗莎白二世作為國家元首。

11 指國與國之間遣使往來的外交體制。

12 燕王姬噲年老，決定仿效堯舜禪讓給宰相子之；子之意圖改革既有的政治體系，結果引發貴族不滿，國家動亂，最後被齊國攻破，燕國也短暫亡國。

13 燕王姬噲之子，子之之亂時在趙國做人質，被趙國送回繼承王位；任用樂毅、郭隗等賢才，國家大治，又擊敗齊國，國威一時大振。

14 樂毅，生卒年不詳，燕國軍事家，輔佐燕昭王，與輔佐齊桓公的管仲齊名，是法家的代表人物之一；於西元前二八四年成功率領燕、秦、韓、趙、魏五國之兵伐齊，並於接下來的五年攻下齊國七十餘城，使燕國版圖向齊地擴張。

15 衛滿是漢諸侯燕王盧綰的部下，盧綰為劉邦所疑，逃亡匈奴，衛滿則率領千人，改換蠻夷服裝進入朝鮮，定都王險城（位於今日平壤附近），是衛氏朝鮮的開始。

創作所產生的，因為它們的基本結構非常相似。因此，衛滿時代的朝鮮，在某種意義上來說可以看成是燕國的一個海外分支或是一個翻版。

秦人對燕的征服，使過去在方國時代、城邦時代和君合國聯盟時代分化仍不明顯的平原地帶以及灤河流域、山巒地帶的燕國高地和低地之間的差異正式被凸顯出來，正如同秦國對趙國的征服使得郡縣制居民與河套以北的匈奴人之間的差別變得明顯起來。在李牧以前的時代，他們基本上是同一撥人。在帝國征服以後，願意接受郡縣制的居民與留戀傳統部落和封建自由的居民從此一分為二。漢帝國重建的燕國為時不久，因為封國制的矛盾和郡縣制的矛盾始終存在。漢人最終不能容忍在東北亞方面仍然存留一個哪怕只是傀儡性質的燕國，於是他們在燕國故地設立了漁陽、右北平諸郡，也就把燕國分成了高地和低地兩個部分，而隨著這些東北諸郡的設置，東北邊境線上的烏丸、鮮卑各部落也就跟著出現了。

可以想像，這些部落與低地燕人的關係，和匈奴部落跟低地趙人、晉人的關係是一樣的。他們在帝國征服以前是同一撥人。在帝國征服以後，不願屈服的山地人和願意屈服的平地人，儘管血統上基本相似，但從此走上了不同的道路，也就是今天低地的湘人和高地的苗人、今天低地的台灣平埔族原住民和高地的原住民之間的關係。自然而然地，郡縣制能夠統治的就是比較軟弱的居民，因為他們如果夠強大的話，就不會接受郡縣制；而強大的居民既然看到了他們鄰居的軟弱，自然而然要把後者作為掠奪的對象。因此，橫貫整個上古和中古時期，高地山民（也就是鮮卑、烏丸之類的胡人以及後來的奚人、契丹人）與郡縣居民之間的矛盾就變得不可調和了。

## 東北亞版《三國志》：宇文氏、段氏、慕容氏

秦漢帝國推行軍國主義和編戶齊民的高峰期並不長久。這種統治就相當於古代世界的布爾什維克主義。史達林時代能夠掌權的時間是很短的，這種政治機器給當時和後世的人留下了可怕、高效和殘忍的印象，因為它在摧毀原有的地方共同體時表現了巨大的威力。但是一旦摧毀了這些共同體、留下了真空以後，它用來填補這些真空的官僚制度又是驚人的無能，而伴隨著這些官僚制度，又會迅速地重新產生新的離心力量，體現在東漢就是門第世家的興起。從社會的角度來說，強硬執行軍國主義和郡縣制的時間也就只是到漢武帝為止，漢宣帝以後就漸漸成為強弩之末了。

帝國的機器失去了原有的銳氣以後，豪門大族首先在邊緣地帶興起，以重新改造之後

的宗族儒家學說為護身符，為自己爭取合法地位，因此就產生以彭寵[16]這些人為代表的北方豪族。北方豪族處在與烏丸、鮮卑這些原先的山地燕人交界的邊緣地帶，一面是帝國，另一面是邊界的蠻族。他們一方面要利用這種邊緣地帶為自己謀利，例如從事貿易，積累內地官吏難以想像的財富；另一方面又利用邊界地帶的寬鬆，招納亡命之徒，建立自己的私兵力量。雖然力量不足以打敗邊界外的蠻族，但是相對於內地的郡縣來說已經取得了極大的優勢。因此，在西漢帝國最終解體的時候，這些豪強能夠稱王、稱帝，先與邯鄲的王郎政權[17]對抗，再與洛陽的劉秀政權作對，首次展示了他們的力量。

相較於秦始皇和漢武帝來說，洛陽的東漢帝國是極大地被弱化了，正如布里茲涅夫[18]的蘇聯完全不能與列寧和史達林的蘇聯相比一樣。它在很多方面都必須向南陽、汝南的世家大族做出妥協，因此在遙遠的邊疆地帶就更無法充分地貫徹自己的意志。因此，終東漢一朝，東漢在東北方面的郡縣一直是在不斷衰弱的過程之中，體現在官方記載當中就是人口不斷的流失。人口不斷的流失有多種解釋，在邊疆地帶，最合理的解釋就是，實際上有沒有發生真正的人口減少，不好說，但編戶齊民能夠有效管轄的人口確實正在迅速減少當中。這些人口有一部分流入了烏丸和鮮卑，變成了蠻族，另一部分流入了像彭寵、公孫瓚[19]這樣的世家大族手中，變成了三國時代和魏晉南北朝時代的部曲或者私兵，兩者都導致了帝國官僚制度和郡縣編戶齊民體系的迅速衰弱。

最終在董卓之亂以後，儒家大臣劉虞[20]因為無法控制局勢，而被公孫瓚這樣的豪強篡奪了政權。公孫瓚的勝利就相當於，他在彭寵失敗的地方重新獲得了勝利。彭寵和朱浮[21]的鬥爭以公孫瓚和劉虞的鬥爭形式重新體現了出來，只不過結局剛好相反。這說明了，在東漢早期，豪強的勢力還比較弱，但在東漢晚期，豪強的勢力已經非常強大了。但即使是像公孫瓚這樣的豪強，在進攻烏丸和鮮卑的時候始終是失敗的。烏丸和鮮卑像後來的契丹人一樣，接納了大批流亡的平原人口，變得更加強大了。最後曹操看到烏丸騎兵的善戰，

16 東漢初年投奔劉秀的軍閥，在漁陽一帶擁有極大的勢力，但後來因為居功自傲與東漢朝廷產生摩擦，最後起兵造反，兵敗被殺。

17 王郎（前一世紀？—24），新朝末期於河北邯鄲自立為帝的政治人物，佯稱是漢成帝之子，企圖與劉秀（即東漢光武帝）爭奪中國的統治權，最後兵敗被殺。

18 列昂尼德·伊里奇·布里茲涅夫（Leonid Brezhnev，1906—1982），前蘇聯共產黨中央委員會總書記、蘇聯第四代領導人，在他任內雖然提高了軍備建設和社會福利的水準，但經濟發展被西德、日本超越，科技水準也被美國拉開差距，使得蘇聯整體而言停滯不前，被稱為「布里茲涅夫停滯」。

19 公孫瓚（？—199）東漢末年將領，出身幽州豪族，曾師事大儒盧植，文武雙全。黃巾之亂後割據幽州，雄霸一方，但敗給袁紹，舉火自焚。

20 漢朝宗室出身的重臣，黃巾之亂後被派往幽州擔任州牧，但不敵公孫瓚的攻擊，遭到處死。

21 劉秀派往幽州的州牧，與彭寵之間發生爭執，於是向朝廷激烈詆毀彭寵，導致彭寵起兵反叛，漢明帝時因罪被處死。

就把他們收編了一部分，用他們作為對付吳、蜀政權的武器，結果使烏丸的勢力範圍進一步擴大了。

烏丸其實就是山地的燕人，正如哥薩克人包括了大量逃亡的俄羅斯農奴一樣。你逃到了哥薩克那邊就不再是農奴了，而是變成了武裝的自由人。沙皇俄國沒有辦法對這些哥薩克團體實施統治，只能夠對烏克蘭的農奴實施統治，於是就只能順水推舟，承認哥薩克人選舉自己的軍事首領，在象徵性地效忠於俄國沙皇的同時，允許他們有大量的自治權。曹操對於烏丸和鮮卑的政策也是這樣的，如果你是一個幽州監察區的居民，逃入烏丸和鮮卑以後，你實際上就獲得了自治權，照當地的酋長制度，你就可以以一個小酋長的身分加入他們的部落聯盟。或者，假如你是一位商人的話，那麼你就可以在自己的領袖的率領下建立一個自治市鎮了。而曹操把你們遷移到內地，就必須給你們不同於編戶齊民的特殊待遇，這也就是後來賈胡堡[22]之類的結構所體現的治外法權體系。也就是說，讓胡人以屬國的方式按照自己的傳統習俗自治。

這樣一來，從當時的政治軍事角度來看，曹操好像比漢獻帝、劉虞甚至光武帝都更加強大，因為他能夠有效地大量運用燕人的胡騎為自己服務，但是從長遠的角度和社會的角度來看，實際上曹操的做法是為後來所謂的五胡亂華做了準備。他給予了包括燕人、晉人在內的各種胡人更大的自治權，並且為了利用他們的政治和軍事力量，把他們的殖民區擴大到了更廣泛的內地，而他的繼承人一旦不像曹操那樣雄才大略，自然而然就會出現太阿倒持的局面，沒有辦法約束這些胡騎。

隨著司馬氏取代曹魏，這種局面果然就出現了。張華[23]和劉虞相比，是一個更徹底的表演藝術家。劉虞至少像東漢儒家那樣，雖然沒有什麼戰鬥力，但還是企圖用恩德綏服燕地彪悍的豪強和胡人，而張華則根本放棄了這種企圖。作為一個優秀的詩人和藝術家，他的做法就是把當地各部族向他進貢的各種奇珍異寶送往洛陽，同時替自己編造一些很美麗的故事，說當地部落對他們是多麼地擁護，但實際上是完全放棄了對幽州的統治。所以他一走，他的繼承人——依靠幽州豪強所建立的王浚政權，在和劉琨、石勒這些人作戰的時候就發現，他們唯一可以依賴的就是鮮卑人的武力。當鮮卑人的武力在王浚率領之下向成都王司馬穎統治的鄴城進軍時，司馬氏的軍隊甚至還沒有正式進入戰場就已經聞風而潰了。

王浚和成都王之間的衝突，實質上就是晉國匈奴王朝和鮮卑段氏王朝之間的衝突。這

22 位於山西省靈石縣，李淵起兵時曾駐軍於此；賈胡即「經商的胡人」，因此這座塢堡應該是胡人居住的堡壘。

23 西晉著名文學家兼學者，曾被朝廷派遣都督幽州諸軍事，號稱「戎夏懷之，遠夷賓服」；後來捲入八王之亂，遭到處死。

時，中國皇帝的統治已經像是羅馬帝國晚期羅馬皇帝的統治一樣，只留下了一層薄薄的名分。無論是哪個皇帝、親王或守刺[24]，他們反而成為自己手下的蠻族軍團的傀儡。蠻族軍團像在斯提里科（Flavius Stilicho）[25]和亞拉里克一世（Alaric I）[26]時代一樣，還要扶持一個傀儡性質的羅馬皇帝，但等到了下一代的羅穆盧斯（Romulus Augustulus）[27]時代，蠻族軍團乾脆就一腳踢開這些皇帝，自己稱王了；燕國和晉國的情況都是這樣的。在成都王和王氏家族交戰的時代，晉國的匈奴王朝和燕國的鮮卑王朝還願意擁戴一個司馬家的親王或刺史作為名義上的領袖，但到了下一代，他們就把這些名義上的領袖一腳踢開，公然地在平陽和上谷[28]建立自己的政權。

永嘉之亂解放了內亞和東北亞，但是也將內亞和東北亞從上古時代送進了中古時代。對於燕國來說，中古時代和上古時代的主要區別就是，上古時代的燕國是環渤海文化圈真正的中心，只有齊國才能和它競爭；但是進入中古時代以後，開發比較晚、但空間更加廣闊、資源更加豐富的滿洲開始後來居上，逐漸淩駕於燕國之上，這主要就體現為慕容氏王朝對段氏王朝的征服和勝利。這次的征服和勝利，預示了中古以後滿洲漸漸在東北亞取得統治地位，最後等到渤海王時代以後，滿洲就變成了東北亞的化身，而燕、齊反而變得非常不重要了（儘管在整個上古和中古時代，雙方的人口交流都是非常密切的）。有些人認為滿洲國建立以後，從膠東半島引進的那些移民是老倒子[29]，而不是真正的滿洲人，但實際上，中古時代的滿洲人，也就是構成女真和渤海的這些基本居民，也有很多人是從上古和中古時代的膠東半島和燕山山脈、從兩個平盧節度使那裡移居過去的。東北亞文化區被中國割裂成山海關外的滿洲和山海關內的燕與齊，這還是非常晚近、直到近世以來才有的事情，並不符合上古和中古時期的歷史規律和人口結構。

建康的歷史學家的地位，大概就相當於記錄歐洲歷史和西亞歷史的拜占庭歷史學家，把這一時期的東北亞文化區描寫成關於慕容氏家族、宇文氏家族和段氏家族的三國演義。當然，這是根據他們自己對王朝政治的理解所寫出來的，他們簡單地把這三國的人民都稱

24 太守與刺史的簡稱，泛指地方長官。
25 羅馬名將，出身汪達爾部落；屢屢擊敗來犯的蠻族，卻因功高震主遭到皇帝霍諾留嫉妒，結果遭到處死。
26 西哥德王，在斯提里柯被處死後進軍羅馬，並於四一〇年將羅馬洗劫一空。
27 西羅馬最後一任皇帝，四七六年被日耳曼軍隊統帥鄂圖廢位，西羅馬帝國就此滅亡。由於羅馬創始者的名字也叫「羅穆盧斯」，所以有人說「羅馬以羅穆盧斯始，以羅穆盧斯終」。
28 上谷位於今河北省一帶，戰國時期燕國最早於此地設置上谷郡，日後被其他政權如秦、漢、晉等所沿用，至隋文帝時始廢除。
29 老倒子是一九七〇年代滿洲人對下列三種人的俗稱：（一）遊手好閒之人、（二）素質低劣的外來人口、（三）不為故鄉利益著想的當地人。

為鮮卑人，但這個說法並沒有什麼意義。首先，鮮卑本身就是一個種族和文化的巨大混合體，建康的大臣和皇帝經常把黃頭髮的人稱為鮮卑人。可以看出來的是，在鮮卑人當中是有白種人的，但是墓葬很清楚地顯示，當地也有很多西伯利亞人種和蒙古人種。所以從人種的角度來說，平城的政權和龍城[30]的政權雖然都被稱為鮮卑人，但是他們之間並不是完全相同的部落聯盟，只是當權的某一個家族自稱或被稱為鮮卑人，那麼他底下的所有人也都被外國人稱為鮮卑人了。這種現象在中古和上古時代是很常見的，例如，假如你的王朝來自於撒克遜這一系，那麼整個地方的居民都會被稱為撒克遜人，儘管他們之中其實有很多是丹麥人或者不列顛人，但那都沒有關係。平城的所謂鮮卑政權，其實包含了非常龐大的雅利安人口，而龍城的鮮卑政權，人種則是更加混雜的。他們之間的真正差異不能單純用名稱和人種來判斷，而要從他們的政治傳統和政治淵源上來判斷。

從宇文氏、慕容氏和段氏在之後的幾百年、一直到隋唐以後的表現來看，可以大致上認為，宇文氏代表了中古時期即將對東北亞實施強烈殖民影響的伊朗文化區，他們的後裔出了許多畫家、工程師、橋梁建築師和其他中古意義上的高技術人才。他們所控制的地盤，也是最接近於平城政權、最接近於後來耶律大石西征的鎮州或者可敦城[31]、對於東北亞人來說是一個西北通道的地區。後來在慕容氏和宇文氏交戰的過程中，曾經有慕容氏的流亡王子逃到宇文氏，在得到宇文氏的政治庇護以後，盡得宇文氏的虛實和技術，然後把這些東西帶回慕容氏的領地，使慕容氏得以反敗為勝，最終擊敗宇文氏。這個故事雖然大部分是和《世說新語》與《晉書》一樣的文學創造，但是也以詩意的形式體現出中古時期的正常狀態，也就是在中古時期，東北亞的文化和技術是普遍不如內亞的，至少東北亞人自己是這麼認為的。他們認為，戰勝內亞化比較徹底的競爭對手的最適當辦法就是，派人以各種方式，包括以假投降、假避難、假庇護的方式，到他們那裡去「留學」，獲得他們的政治利益和技術利益。一般來說，居於強勢一方的文明或者政治體不會採取這樣的策略，採取這樣的策略就說明了，慕容氏統治的滿洲自認為他們是不如宇文氏所統治的內亞的。

而段氏則大致上代表了低地燕國的本土勢力。他們和低地豪族，也就是漢魏以來當地的豪族世家，就是後來田疇[32]他們那些人的階級兄弟，有非常密切的聯姻關係。所以，一

30 龍城指今遼寧朝陽，曾為前燕、後燕、北燕首都，有三燕龍城遺址，是東北亞各族進出中國的樞紐之地。

31 可敦城是位在外蒙古高原上的軍事重鎮，遼國在此設立鎮州。遼國覆滅後，耶律大石率領殘部逃往此地重振旗鼓，並率軍西征，建立西遼。

32 東漢末年的豪族，率領人民在徐無山躬耕自讀，短短幾年聚集了五千多戶人家。他在當地設立禮制、訂立法律，自成一

旦他們遇到危險的時候，不是像宇文氏那樣直截了當地投靠了陰山山脈一帶內亞色彩非常濃厚的代人或者魏人，然後在六鎮集團統治的各個王朝當中為他們充當技術人員，差不多就像後來的穆斯林商人和技術人員在蒙古帝國的角色。他們習慣的作法是，隨著這些儒化很深的士大夫南遷到青州或者彭城各地，在那裡經常形成自己的豪族勢力。從這些跡象就可以看出，由於你逃跑的方向必然是你最信得過的自己人的方向，從這個角度來看，我們可以認為，段務目塵[33]形成的段氏王朝，從他們和王氏家族所形成的緊密聯盟、與成都王作戰的那個方式，就是能夠代表低地燕人勢力的政治豪門。

至於慕容氏，不僅是他們的根據地在滿洲興隆窪文化的起源地遼西，而且從他們和高句麗人的密切關係、從他們墓葬的形式、從他們與內亞人和燕人之間的關係、從他們在中國皇帝和建康朝廷的外交選擇方面，都可以看出，他們代表了和燕人在文化上有親密關係、但是在政治上處於敵對地位的滿洲勢力。而這個時候，滿洲勢力剛剛成長起來，與樂毅時代的燕國不同，他們已經能夠首先和段氏統治的燕國平起平坐，然後在擊敗宇文氏、打通內亞交通線以後，取得了對段氏的優勢，最終透過擊敗並俘虜段龕的戰役[34]，打通了南下的道路，建立起金庸在《天龍八部》中所描繪的那個慕容氏王朝。小說中的慕容復念念不忘、想要復辟的那個慕容氏王朝，就是滿洲人長驅入關、摧毀燕國段氏家族的結果。

## 在安史之亂中重建燕國

滿洲人對燕國的統治是相當牢固的，因為從上古和中古時期的東北亞文化共同體的角度來看，燕、齊、滿洲和朝鮮其實都是一體的。不論是燕國的霸權也好，齊國的霸權也好，還是滿洲國的霸權也好，它們內部的人都是統一在一起的，都比接受晉國匈奴王朝的統治或者洛陽王朝和長安王朝的統治要順理成章得多。但是，在中古晚期以前的東北亞本身就是內亞技術輸出的一個附庸，他們在各方面的文化水準和技術水準都不能跟占據陰山和鄂爾多斯通道的內亞人相比。因此，隨著平城的鮮卑王朝逐步站穩腳跟，沿著太行八陘南下，慕容氏對燕國的統治就變得曇花一現了。

晉人依靠從薩珊波斯取得的技術，輕而易舉地擊敗了慕容氏，把他們趕回了自己的滿洲老家，把燕國納入了自己的統治體系當中。當慕容氏企圖透過他們在遼西的基地反攻燕

個天地。

33 鮮卑段部的領袖，和王浚（太原王氏）結親，隨王浚東征西討，被封為遼西公、大單于。

34 三五五年，段龕指責前燕慕容儁稱帝的行為，慕容儁大怒，遂命慕容恪攻擊段龕，次年（三五六年），廣固城陷，段龕投降，被前燕任命為伏順將軍。再次年（三五七年），段龕及降卒三千人皆被前燕所殺。

國時，他們連這個基地都被高句麗人和平城鮮卑政權給聯合鏟平了。之後的滿洲歷史，就要轉移到高句麗和渤海那一邊了。殘餘的慕容氏滿洲人，有一部分被俘虜、帶到平城去，另一部分就逃到了高句麗，變成了高句麗建國的重要力量。他們在高句麗的歷史中所發揮的作用，大致上就像被征服者威廉打敗以後逃亡到蘇格蘭去的那些撒克遜貴族一樣。蘇格蘭王朝之所以能夠建立正規的國家體系，正是多虧了這些撒克遜王朝的流亡者，但是如果這些撒克遜貴族留在自己的祖國，他們是打不過威廉所率領的諾曼第人的。

北魏統治燕國的初期尚實行豪族、渠帥享有巨大自治權的「宗主督護制」[35]。隨著具有軍事保護色彩的宗主督護制向郡縣制轉化（亦即文明太后和魏孝文帝的改革），秦始皇和漢武帝遇到的問題就再一次出現了。在軍事監護制之下，它能夠容納多種不同的統治形式，無論你是山地的酋長，草原上的遊牧部落，還是低地的豪門大族，只要在軍事上和外交上接受朝廷派來的都督的保護，那麼你內部的統治形式都是不成問題的。一旦改成郡縣，那麼徵稅的必要性就迫使你們做出選擇：你們是一步一步地走向編戶齊民呢？還是拒絕加入編戶齊民，因此無法被納入這個體系，最終被朝廷視為化外之民呢？於是，同樣的分化情形在北魏王朝統治時期又再次出現了。

中古時期燕國的山地居民，也就是後來折磨武則天和狄仁傑的奚人和契丹人，之所以在北魏時期開始出現並非偶然。北魏時期是東亞再度編戶齊民化的時期，也自然而然像是你照鏡子的時候會看到自己的影子一樣，把拒絕接受或者無法透過編戶齊民管制的居民，從身分不明的蠻族變成了肆無忌憚的反賊。因此在這一時期，在低地燕國再次實現編戶齊民的時期，高地燕國重新變成了自由人或者哥薩克人的天下。哥薩克這個名詞是波蘭人和俄國人首先叫出來的，與那些在波蘭和俄羅斯貴族保護和管制下、被馴服的農奴形成對比。契丹人和奚人的名字也是魏人、齊人、隋人和唐人叫出來的，並不是他們替自己取的詞。他們並沒有中央集權的管制形式，各部落的酋長和大人物行使高度的自治權。但是，在他們的自由面臨威脅的情況下，帝國軍隊從山下的低地發動進攻的時候，他們就會像瑞士諸州的民兵一樣，儘管平時互不從屬甚至相互殘殺，但是在戰爭時期就會團結起來，聯合打擊這些帝國的力量，表現出與他們為數不多的人口和不大的領地完全不相稱的巨大戰鬥力。無論是儒家化和吏治化的北魏帝國，還是繼承它的北齊、北周和隋唐帝國，都拿這些人沒有辦法。

事實上，這些帝國本身是屬於內亞鮮卑人的晉國征服中國之後的產物，而這些晉國鮮

35《魏書・卷五十三》：「舊無三長，惟立宗主督護，所以民多隱冒，五十、三十家方為一戶。」

卑王朝在征服中國以後不只一點一點地儒家化和郡縣化，同時也一點一點地失去了原來的伊朗文化的滋潤，郡縣制越發達，他們在東北邊疆的戰鬥力就越差。因此，出現了非常矛盾的現象：看上去比較簡陋的北魏，綏靖幽州邊境的努力還比較成功；被儒家歷史學者和後來的中華民族發明家歌頌為盛世的隋唐，在東北邊境的戰績卻是一塌糊塗。貞觀之治和開元盛世是唐帝國在東北邊境上一敗塗地的時代，奚人和契丹人的勢力發展到了難以抵禦的地步，以至於鮮卑人後裔的王朝就像乾隆以後的滿洲王朝一樣，不得不承認自己已經完全墮落為中國人，如果想要鎮壓東北亞人的反抗，只有回過頭去依靠內亞雇傭兵了，因此他們求助於安祿山和他的伊朗雇傭兵。

安祿山是一個現實主義政治家，並不是制度和技術的創新者。後來被宋人和新儒家罵成是毀滅鮮卑帝國罪魁禍首的幕府制度，實際上是已經在中亞河中地區各王朝實施了上百年的軍事兄弟會制度，安祿山只是把這種制度拿到東亞來複製一下。同時，他在盧龍節度使任內的建樹，主要也是借助了阿拉伯人大規模入侵河中地帶的這場東風[36]。這次入侵使原先在撒馬爾罕、布哈拉這些商業城邦居於統治地位的河中人（也就是外伊朗人）感到，他們在內亞老家的日子還不如在東亞殖民地的日子過得舒服，於是他們大批地集結在安祿山麾下。後來安祿山重建的燕國，可以說是河中伊朗人在自己的老家被阿拉伯人攻陷以後企圖在東北亞復國的一次嘗試。他們主要是一個伊朗人的王朝，因此在本地得到的評價和在唐帝國得到的評價是截然相反的。唐人和宋人儘管一貫污蔑安祿山和史思明是亂臣賊子，但是他們也不得不承認，河朔人對安祿山和史思明是非常崇拜的。甚至在安史兩人去世一百多年以後，河朔人還在當地為他們立廟紀念，號稱四聖祠[37]。也就是說在他們的心目中，安祿山簡直是他們的民族英雄。

這些歷史學家記載的河朔人反抗安史兩人的勢力，實際上是他們反抗安史兩人的帝國主義，不希望燕人的子弟長驅直入到洛陽和長安這些炎熱的地方去冒險，但這並不能說明這些豪門和軍事世家不支持他們搞獨立。實際上，在後來的河朔三鎮[38]和長安朝廷的長期博弈中就可以看出，他們的做法是很清楚的：他們希望盧龍節度使在禮儀上臣服於長安朝廷，但是不准長安朝廷管他們的事情，如果長安朝廷管他們的事情，他們就要發動叛變，

36 指阿拉伯帝國的倭瑪亞王朝於七世紀開始對河中地區的入侵和征服。

37 《新唐書．卷一二七．列傳第五十二．張源裴》：「河朔舊將與士卒均寒暑，無障蓋安輿，弘靖素貴，肩輿而行，人駭異。俗謂祿山、思明為『二聖』，弘靖懲始亂，欲變其俗，乃發墓毀棺，眾滋不悅。」《資治通鑑．卷二二四》：「魏博節度使田承嗣為安、史父子立祠堂，謂之四聖，且求為相；上令內侍孫知古因奉使諷令毀之。」

38 指安史之亂後盤踞河北的三個重要藩鎮：魏博、成德、盧龍。這三鎮其實是安史軍隊的延伸，節度使也都是自相繼承，中央政令往往不能通達，只能虛以委蛇。

把親長安的節度使流放或者殺掉；反過來說，如果他們的節度使反唐反得太厲害，不僅驅逐了唐軍，而且還要長驅直入，打到長安和洛陽去，他們也會反對，因為這樣不符合他們本地、本國的利益。

**安祿山與大燕國** 父親是昭武九姓的粟特人，母親則為突厥人。他通曉六國語言，熟悉燕地不同遊牧族群的文化和權力結構，同時擔任平盧節度使、范陽節度使、河東節度使，實際上掌握了河北、遼西、山西的軍事、財政、民政大權。七五五年，安祿山聯合史思明起兵反唐，先後攻下洛陽、長安，甚至自立為帝、建大燕國。最後雖然因內部政治分歧、唐和柔然的聯合反攻而失敗，但唐帝國也從此由盛轉衰。

河中人的流亡政權，在這一時期逐步演化為阿爾及爾式的軍事民主制政權[39]。在變成一個類似於晚期羅馬軍團和法國外籍軍團那樣的以中亞武士為主的軍事共和政權以後，這種傾向變得日益明顯。他們已經不像在安祿山和史思明時代那樣，認為自己還有希望復活古典時代外伊朗的帝國統治，而是已經安於他們自己的政權——也就是用自己的戰刀投票的各路武士對沒有軍事動員能力的其他人實施專制這樣一個陸上海盜政權的自我定位了。這樣一來，他們就必須非常珍惜自己的資源，不再有重建帝國、把內亞黃金時代的伊朗文化普及到東亞的這個歷史使命了。因此，他們的野心也就變得非常有節制，不再企圖重現薩珊波斯時代、撒馬爾罕—布哈拉時代、薩曼時代和安祿山時代的輝煌了。安祿山這個人在燕人後來為他編造的神話傳奇中是完全襲用了中亞拜火教徒的神話，是光明神投胎到他母親的懷抱中，所以一出生就注定是胸有大志，是要復興拜火教文化和伊朗文化的一位大英雄，是以帝國創建者為範本來設計的[40]。而後來繼承他的各路節度使就比較安分守己，願意當一個小小的軍事共和國的領袖，不再在燕人的天然邊界之外謀求發展了。

軍事民主制本身就是一種極不穩定的政治形式。第一，它像阿爾及爾海盜國和羅馬軍團那樣，它的主要選民或者投票人來自境外，也就是從內亞或者東北亞輸入的各種武士。這些武士憑他們的戰鬥技能發家致富、取得統治資格；在加入軍事兄弟會以後，跟軍事兄弟會的其他成員之間沒有血緣上和文化上的天然聯繫，只有一個共同的事業和願景。因此，它必然會成為一個以政績為合法性唯一基礎的政權，就像馬穆魯克政權[41]、羅馬軍團政權和阿爾及爾海盜國一樣，只有能打勝仗的將軍才能坐穩他的節度使位子，打了敗仗的

39 指一六七一至一八三〇年以阿爾及爾的德伊（Dey of Algiers）為統治者的北非海盜政權。德伊是阿爾及爾統治者的稱號。

40 《安祿山事蹟》：「安祿山，營州雜種胡也，小名軋犖山。母阿史德氏，為突厥巫，無子，禱軋犖山，神應而生焉。是夜赤光傍照，群獸四鳴，望氣者見妖星芒熾落其穹廬。時張韓公使人搜其廬，不獲，長幼並殺之。祿山為人藏匿，得免。」

41 馬穆魯克（Mamluk），九世紀至十六世紀盛行於中東的奴隸兵，起初為阿拉伯哈里發和阿尤布王朝蘇丹提供軍事服務，但自十三世紀中期開始，這群奴隸兵團取代了原本的雇主，起而建立自己的王朝並統治埃及、敘利亞等地長達三百年。

將軍或者做了不討人喜歡的事情的將軍必然會被手下的小將們從節度使的位子上拉下來。因此，相對於其他各鎮，盧龍節度使的憲制一直是格外不穩定的，每一次新的選舉都有可能引起政變或者內戰。儘管他們引進武士的能力非常強，使他們能夠打敗沒落時期的回鶻人和吉爾吉斯人，作為一個小邦，創造了軍事史上的奇蹟，但是政治傳統的不穩定也使得它在河朔三鎮當中變成了第一個遭到覆滅的集團。

軍事共和制使得本土的燕人豪族世家得不到發揮，他們在以伊朗人為主的軍事兄弟會的統治之下，像是阿爾及爾攝政國的阿拉伯人一樣，完全得不到那些以義大利人和希臘人為主的軍事冒險家統治集團的重視，實際上處在二等公民的地位。因此，從他們的角度來看，由安祿山開創、到劉仁恭[42]結束的這個長達數百年的盧龍節度使的燕人政權，從本質上來說是一個伊朗人的殖民政權，而不是燕人的本土政權。當然，這一點並不僅僅是由於安祿山及其繼承者的政策所造成的，追根究柢是因為中古時代本來就是內亞文化相對於東北亞文化和東亞文化處於優勢最大的一個時代，內亞的光芒照耀了整個遠東大陸。而東北亞新興的國家，包括律令制時代[43]的日本和滿洲的渤海國，都還處在牙牙學語的襁褓中，他們錯誤地模仿了鮮卑帝國從薩珊王朝學來的官僚制度，這種制度對於他們剛剛從部落轉型出來的封建制度是極不合適的。在他們透過武家的革命和女真人的革命尋找到適合自己的封建制度、重新打開內亞交通線以前，還需要幾百年的時間。在這段時間，可以這麼說，東北亞的任何政治勢力都鬥不過內亞的政治勢力，所以他們暫時屈服於內亞殖民政權也是有一定道理的。

燕人既然在安祿山及其繼承政權——盧龍節度使政權的本土上是二等公民，那麼他們就只有兩種選擇：第一就是像他們在北魏隋唐時期的祖先一樣，如果他們有武德和尚武精神，他們必然要出關進山，投奔山裡面的奚人和契丹人，這些人是他們上古時代燕人同胞的近親，在這些人身上，他們可以找到他們比較晚近的祖先由於接受郡縣制而失去的傳統自由；第二，他們可以暫時滿足於軍事兄弟會統治下的豪強的自由，這種自由像李德裕的祖先所處的地位一樣，他們至少不受科舉文化的浸染，儘管在政治上處於二流的地位，但還是可以放鷹走馬，處理鄉里事務，對地方官採取不聞不問的態度，仍然比後來像宋國的

42 唐末范陽（盧龍）節度使，靠著兵變登上節度使之位；周旋於朱溫、李克用之間，但最後被其子劉守光背叛，遭到幽禁；劉守光後為後唐所滅，劉仁恭也被一同處死。

43 日本自聖德太子以來，便致力建立起仿唐制的律令國家；到了大化革新，律令國家的形式更進一步獲得發展。但後來隨著地方豪族的興起，以及中央貴族的腐敗，政權遂落入武人之手，開啟了武家時代。

那些范進[44]式的、科舉產生的士大夫階級所擁有的自由還大得多。

在這種情況下，隨著李克用的晉國政權的強大，在以沙陀人和雅利安人為基礎的晉國政權建立了比軍事兄弟會更加穩定的傳承形式以後，燕晉之間的博弈又一次向不利於燕國的方向發展。中古時代的燕國即將被近世的奚－契丹聯合王國所取代，進而再次開闢滿洲人入關、重新建立新燕國的道路。

44 諷刺小說《儒林外史》裡的虛構人物，是明代一位熱衷於科舉功名的貧窮書生，從二十歲開始參加考試，直到五十四歲之後才考上秀才、舉人。作者吳敬梓藉此揭露、嘲諷明代科舉對讀書人的戕害，以及當時的炎涼世態。

# 六、帝國詛咒和民族構建

## 內亞勢力在中國：盧龍節度使

中古時代是伊朗文化的全盛時期，盧龍節度使的核心集團基本上是伊朗人在東方的一個復國主義政權。但是這時的東北亞文化已經開始從上古時期的方國逐步向中古時期的帝國轉化，開始漸露崢嶸，即將在近世蓋過內亞和伊朗系的光芒，恢復東北亞的帝國地位。在最初的兩次跡象中，第一次就是安祿山時代平盧節度使和盧龍節度使的衝突。本來燕地一直是以右北平、上谷為中心的。安祿山集團的崛起意味著，具有世界帝國眼光的唐皇室認為，東北亞這一塊最好還是交給伊朗人。唐帝國一方面在中亞聯合伊朗人對付崛起的阿拉伯人，另一方面依靠伊朗人的勢力壓制歷經隋唐兩代仍然桀驁不馴的高句麗與渤海勢力。渤海人繼高句麗而起，在日本人和唐人面前都自稱為「後高句麗」。用它的海軍，從遼東半島南下寇掠登州，使滿洲方面的邊患極其緊張，不亞於隋煬帝楊廣和唐太宗李世民出兵滿洲的時代。因此，安祿山的伊朗武士集團對唐皇室來說是極其寶貴的。

當安祿山起兵反唐的時候，東北亞系和內亞系的分歧就變得很明顯了。東北亞一系主要是高句麗和北海的武士，連同一些慕容氏、段氏時代就留下來的燕地本地豪族，占領了燕地東北部平州一帶、靠近今天遼西走廊的地方，反過來打擊安祿山，然後在被史思明打敗以後浮海南下，在山東半島登陸，建立了平盧節度使。這次軍事行動實際上是在渤海（後高句麗）的支持下進行的[1]，而長安和成都的鮮卑朝廷為了對付更加強大、更加危險的安祿山的燕國，不得不承認他們私相授受的軍事行動具有合法性。這次行動，實際上是把殷商以前就已經存在的古老的環渤海文化區、東北亞文化區重新統一起來，統一到高句麗人和渤海人的手中。所謂的「押兩蕃使」——新、舊兩平盧節度使，舊平盧就是燕地東北部以平州為核心的地區，新平盧就是指膠東半島，以及占據了滿洲核心地區的渤海，基本上恢復了燕國全盛時期由燕、齊和滿洲構成的這個環渤海圈體系。

第二次則是在劉氏政權敗亡、同樣由外伊朗人所組成的李克用集團的晉國吞併了燕國平原地區（包括幽州的核心區）的情況下。這時，盧文進[2]率領著幽州本地的土豪。他們在劉氏政權和平盧節度使的伊朗武士統治時期屈居次要地位，現在他們的統治者覆亡了，

1 安史之亂後，平盧軍軍力嚴重受損，中唐以後藩鎮割據，淄青（平盧）為李正己占據。李正己即為高句麗人。在之後的五十四年間傳給其子李納，孫李師古、李師道。

2 盧文進（九世紀—944），出身范陽的將領，爵封范陽郡王，身為燕人，在五代十國的政權更迭期，先後服務過燕、晉、後唐、契丹，最後在石敬瑭建立後晉時，不肯屈身事後晉，而棄官逃到南方的吳國。《十國春秋》評論他折節禮賢，善保功名。

他們就撤退到東北部，就是過去的平州，也就是安祿山出兵反唐時從盧龍節度使獨立出來的舊平盧節度使轄區，並且在那裡向契丹人求援。隨著契丹人南下，燕地的歷史也進入了一個新的階段。晉國把它的主攻指向汴梁，所以對東北方採取退縮政策，因此盧龍節度使的轄區實際上被一分為二了。本土的次要家族在盧文進的領導下倒向了契丹人，開啟了之後長達六百年的燕人作為滿洲人次要合作者的新的政治傳統。

這個政治傳統跟安祿山時代以來盧龍節度使的政治傳統有很大的關係。雖然外來的伊朗人確實是整個中古時期最先進的政治集團，但如果不是他們壟斷了盧龍節度使的政權、使本土的土族家族已經習慣充當二流角色的話，那麼傳統上來說，身為滿洲統治者而不是滿洲附屬國的燕人不見得願意在之後的契丹人時代、女真人時代甘心在契丹帝國和女真帝國充當統治者之下的二流角色。在這以前，上古時期的歷史，環渤海圈的中心不是在燕國就是在齊國。如果說燕、齊兩國像歐洲的英、法，那麼滿洲就像是美洲這塊待開發的地方。要麼就是燕人統治滿洲，要麼就是齊人主導燕人和整個滿洲，從來沒有反過來由滿洲人主導燕人和齊人的案例。但是經過伊朗人的統治，燕人已經習慣充當第二流的角色，等到滿洲人再次捲土重來的時候，燕人也就不會為此感到痛苦了。相反地，相對於伊朗人的統治，滿洲人對他們來說還是更親的親邦。至少他們過去是第二流人物，現在還是第二流人物。但是，過去的統治者是西方的伊朗人，而且經常是白種人，現在的統治者至少是變成了他們自己的親、表兄弟，相對而言還是有很大的進步。這個變化是之後東北亞和東亞六百年政治變化的關鍵。

盧文進率領燕人的本土派家族投靠契丹人，結果是，周德威[3]率領的晉國沙陀軍隊陷入一種被圍困的狀態。從理論上來說，幽州城被掌握在沙陀人的手中，掌握了幽州城應該就能夠統治整個燕國，但實際上，由於本土派的各個家族都不和他合作，他待在幽州城裡反而像是被圍困。盧龍節度使在安祿山以後的幾百年一直是自給有餘，無論是南下攻唐還是北上攻擊回鶻人或者吉爾吉斯人，都是綽綽有餘的，從來沒有出現過資源不足的現象。而在周德威的統治時期，卻變成了一個需要沙陀人從河北鄴城千里迢迢運糧進來的地方。幽州城外都是本土家族的游擊區，而這些本土家族一旦被沙陀人打敗了，就會向更加強大的契丹人求援，契丹人一來以後，出城追擊的沙陀人又會被迫逃回城內，這種狀態當然不可能長期維持。隨著石敬瑭的政變，晉陽的沙陀人最終看出燕雲十六州是無法守住了，只

3 周德威（？—918），九一三年，受李存勗命令進攻幽州，消滅「大燕」劉氏父子；但之後就只能困守幽州，難以再有進展。

好把這一片孤城割讓給契丹人。

後來宋人把這次割讓解釋成北宋貧弱以及靖康之恥、衣冠南渡的主要原因，但實際上，這只是長期歷史中的一個小小的階段，甚至連節點都算不上。從李克用時代到石敬瑭時代，依照沙陀人縮在城裡、對付不了城外的游擊隊的那種狼狽狀態來看，燕雲十六州即使沒有割讓給契丹人，也是晉陽政權和汴梁政權的一個負擔，非但不能增加晉陽沙陀集團的實力，反而大幅地消耗了它的軍力，使它大批的精銳部隊被牽制在東北亞和滿洲邊境，使它在鄴城和汴梁與中國人作戰的時候處在極為被動的狀態。石敬瑭把這個地方割讓出去以後，至少收到了東北方的滿洲邊境可以太平無事、從此可以把主要精力集中在南線的好處。如果沒有這樣的前提條件的話，那麼沙陀人的政權很可能就在李從珂[4]和石敬瑭一代結束，也就不會再有後來的劉知遠和郭威的政權，更不會有北宋政權了。

北宋的趙家政權在這一方面是很像國民黨的。國民黨總是說：「如果沒有蘇聯人給共產黨撐腰，我們怎麼會落到逃到台灣的下場？」這句話是完全正確的，但如果你是火星人的話，那你還得要再質問一句：「如果沒有蘇聯人給你國民黨撐腰的話，廣東還是陳炯明的地盤，北洋政府也還是張作霖的地盤，哪裡有你國民黨的南京政府？」沒有蘇聯，的確不會有共產黨，但是沒有蘇聯同樣也不會有國民黨。兩相比較的話，有了蘇聯，雖然你的江山最後丟給了共產黨，但是好歹在共產黨把你吃掉以前，你還是在蘇聯人的扶持之下，以犧牲陳炯明和張作霖為代價，在南京當了二十年的兒皇帝。

北宋汴梁政權同樣也是如此。他們一天到晚抱怨說：「如果沒有石敬瑭割讓燕國給契丹人，後來女真人就不可能把他們趕出汴梁。」但是問題在於，如果沒有石敬瑭把燕國割讓給契丹人，那麼石敬瑭和沙陀軍事集團根本就進不了洛陽和開封；而沒有洛陽和開封的沙陀軍事集團，郭威也好，柴榮也好，趙匡胤也好，都會像沒有蘇聯的毛澤東和周恩來一樣，也就是本國的幾個小混混而已，哪裡有當皇帝的機會？沒有契丹人，根本就不會有後周和北宋這兩個政權。趙家的北宋政權和南京的國民黨政權一樣，正是因為有契丹人的干涉、滿洲人的干涉和燕雲十六州的割讓，才能夠在靖康之恥發生、狼狽逃往杭州以前還能夠做上一百多年的兒皇帝。如果沒有契丹人和割讓燕雲十六州這一回事的話，他們連這一百多年的兒皇帝都沒得做。

當然，所有的人都是貪心不足的。凡是得到的東西，都說是自己理所當然應得的，完

---

4 李從珂（885—937），後唐末代皇帝，在李嗣源死後殺其子李從厚自立為帝，又跟鎮守北方的石敬瑭產生摩擦，最後被石敬塘引契丹兵擊敗，自焚而死。

全不考慮自己應該付出什麼樣的代價；凡是失去的東西，就都是別人坑我的；人總是這樣的。但是我們分析歷史，如果目的不僅僅是考慮為某一方做宣傳，而是要客觀地分析歷史的教訓，提供一個為所有各方都能夠使用的歷史教訓，那麼我們就不得不承認，石敬瑭、趙匡胤、趙構（宋高宗）和岳飛的故事，無論他們本人的是非曲直怎麼樣，都反映了中古遠東歷史的一個重要節點，那就是東北亞的崛起和內亞的衰微。

東北亞的崛起和內亞的衰微是一個長期進程。自古以來，內亞對東北亞的優勢都是非常明顯的。上古時期的燕國、齊國和朝鮮之所以能夠在內亞伊朗人的勢力範圍之外繼續存在，不是因為他們比內亞人強大，而是他們像印第安人的美洲和維京人的美洲能夠免於英法侵略一樣，僅僅是因為當時歐洲人還沒有發現他們；內亞人和伊朗人同樣也沒有注意到他們。等到中古時期內亞人和伊朗人開始注意到他們以後，無論是燕人、齊人還是滿洲人，都會像美洲的印第安人匍匐在歐洲人的鐵蹄之下一樣，匍匐在內亞人的鐵蹄之下。但是中古後期以來，潮流開始轉化了。日本的繁榮和渤海、高句麗的崛起，預示著東北亞的文化經過了上千年的積累之後已經有了一定的底子，可以和內亞文化一決雌雄了。如果這時有一個火星觀察者來到地球的話，他必然會認為，布哈拉和撒馬爾罕才是東方的中心，長安和洛陽只是布哈拉和撒馬爾罕的附庸，正如北京、南京和延安都不過是莫斯科和聖彼德堡的附庸一樣；但是他也會注意，在這一時期，京都的文化和開城[5]的文化已經開始繁榮起來了，渤海國已經開始有小堯舜的氣象了。

等到契丹人和女真人崛起，儘管蒙古人和穆斯林的聯盟透過他們的反擊又把內亞的霸權時代再延長了三百年，但是火星觀察者仍然可以注意到，在從中古轉變到近代的這個過渡時期，東北亞人已經可以跟內亞人平起平坐了。證據就是，契丹人的遼帝國和女真人的金帝國在很大程度上已經奪取了過去伊朗人征服東亞的殖民者權力。正如二十世紀早期以來，蘇聯人看上去已經奪取了十九世紀以來歐洲人在東亞的殖民者地位，東亞無論在十九世紀還是二十世紀都是被殖民地，但是二十世紀的殖民者由西方的英法變成了東方的蘇聯。中古時期的東亞也一直都是殖民地，但是殖民者從中古前期的伊朗人漸漸變成了中古後期的滿洲人。從東北亞或者環渤海文化區的角度來看，過去東北亞的文明中心——燕國和齊國，像今天的歐洲一樣趨於衰落；而滿洲和日本在上古時期還是未開發的處女地，現在後來居上，即將取代過去燕、齊在東北亞所占據的統治地位。燕人和齊人也漸漸習慣自

5 今開城市，朝鮮第二大城，曾設立並營運開城工業區以吸引外資進駐、設立工廠；在韓國史上曾是高麗王朝（918—1392）的首都，經濟繁榮、商業興盛。

己屈居二流角色的命運了。

## 燕雲十六州＝台灣，遼＝美國，宋＝中國

契丹人的統治號稱是五京制[6]，實際上這就是一種在歐洲非常常見、但是東亞的吏治國家並不熟悉的君合國聯邦制。在這個體制中，不僅耶律氏和蕭氏重演了西周封建時期姬氏和姜氏的那種聯姻家族的地位，而且在契丹人的皇帝之下還同時保留了奚人的國王（奚人就是山地的燕人）[7]。同一個帝國之內既有皇帝又有國王，而國王只是比皇帝低一等，但卻始終保留了自己原有的地位，不會被皇帝廢除。這種政體在僭主政體之下是不可能存在的。這也就表明了，東北亞人保留了比東亞人更多的封建性。當然，五京制就對應著五個不同的區域：核心區域是契丹人的老根據地；西北邊區是內亞各部族的綏靖區；西京是沙陀政權覆滅以後晉國土豪避難的晉語區；南京則是低地燕人的統治地帶，由那些在安祿山時代一直不能得志、現在終於獲得了較大自治權的豪族——也就是後來馬植[8]他們家族所產生的那個階級所統治，高地燕人則由奚王統治，奚王的政權一直維持到契丹帝國滅亡的時代還一直跟契丹人共治；東方則是渤海人的故地。我們所知的遼帝國，就是這樣一個

五元的聯邦國家。

汴京的宋人依靠契丹人的勢力才能在汴京建立政權、並在契丹人的寬容之下才得以征服百越各民族的東南亞國家（也就是所謂的十國）。在那之後宋人又感到不滿足了，於是企圖把伊朗人、唐王朝曾經統治過的地區（包括燕國在內）重新奪回到自己的統治之下。這個

《出獵圖》　九一六年，契丹迭刺部首領耶律阿保機統合各部，建契丹國（漢語稱遼國）。契丹人的風俗習慣與漢人極為不同，例如髡髮、穿左衽長袍和長筒皮靴等以便於騎馬射獵。因為契丹國力強過宋國，聲明遠播內亞，故今日的中亞和東歐各國語言中，仍以契丹（kitai／Kaitay）來稱呼中國。（遼・胡瓌 繪）

6《遼史・卷三十六》：「遼建五京：臨潢，契丹故壤；遼陽，漢之遼東，為渤海故國；中京，漢遼西地，自唐以來契丹有之。三京丁籍可紀者二十二萬六千一百，蕃漢轉戶為多。析津、大同，故漢地，籍丁八十萬六千七百。契丹本戶多隸宮帳、部族，其餘蕃漢戶丁分隸者，皆丁與焉。」

7《遼史・卷三十三》：「奚王府六部五帳分。其先曰時瑟，事東遙里十帳部主哲里。後逐哲里，自立為奚王。……太祖盡降之，號五部奚。天贊二年，有東扒時廝胡損者，恃險堅壁於箭笴山以拒命，椰榆曰：『大軍何能為，我當飲墮瑰門下矣！』太祖滅之，以奚府給役戶，並括諸部隱丁，收合流散，置墮瑰部，因墮瑰門之語為名，遂號六部奚。命勃魯恩主之，仍號奚王。太宗即位，置宰相、常袞各二員。」

8 馬植（？—1126），本為遼國治下的幽州豪族，認同北宋，在宋國童貫出使遼國時，他獻上聯金抗遼之策，以助宋國收復燕雲十六州。但最後金軍南侵時，他反被宋廷處死。

做法的含義就像是現在的中國領導人企圖收回台灣或者收回符拉迪沃斯托克（海參威）一樣。他們完全忘記了，他們的政權之所以能夠存在，正是因為蘇聯替他們建立了政權，蘇聯替他們趕走了國民黨。然後在蘇聯這個太上皇倒台以後，他們之所以沒有和波蘭、羅馬尼亞的共產黨一起可恥地垮台，全靠美國人給他們續了命。但他們卻一方面想拒絕支付為了購買蘇聯的支持和保護所付出的蒙古，又不肯接受為了購買美國的保護而支付的台灣，而是想同時背叛蘇聯和美國這兩個主人，把原先自己已經賣出去的台灣和蒙古重新收回來。

汴梁的趙家政權打的也是這個主意。他們認為，在契丹人的扶持之下，他們現在已經站穩了腳跟；透過入侵東南亞各國，已經獲得了大量的財政資源。現在跟石敬瑭的時代不一樣了，我們已經比契丹主人更富裕了。正如現在習近平認為，和毛澤東當年跪在史達林面前的情況不一樣，現在我已經比蘇聯的繼承者俄羅斯還要富裕了。與當年鄧小平和朱鎔基在里根和柯林頓門前要飯的時代不同，現在我已經是世界上第二號經濟大國了。所以，過去我做的承諾全部無效，我可以重新做收復燕雲十六州的美夢了，然而這個美夢最後完全斷送了趙家政權。他如果不打這個主意，在契丹人的寬容之下侵略南方的東南亞國家，可能還不至於引起內亞太上皇方面的連鎖反應，也許還不至於這麼迅速就遭殃。

當然，趙家在政治上、軍事上和科技上都是非常軟弱的，只有在某一方面是非常強大的，是契丹人、滿洲人、蒙古人、伊朗人都萬萬不能相比的，也是今天的蘇聯人、美國人和日本人都沒有辦法相比的，那就是它執行大外宣的技巧。大外宣表面上是外宣，但是骨子裡真正起作用的還是對內宣傳。大外宣的內容就是這樣的：我們漢人自古以來就是一家，儘管燕雲十六州早在我們趙家依靠契丹人的支持篡奪政權以前就已經屬於契丹人了，但是沒關係，只要他們是用漢字的漢人，就都是一家，都應該歸屬我們趙家天子，而不是屬於契丹人或者女真人的皇帝。儘管燕雲十六州的豪族、門第更願意與滿洲人和契丹人一起玩，而不願意和宋人一起玩，但是沒關係，我們可以發明出很多老華僑的故事，證明無論是美國華人、加拿大華人、馬來西亞華人還是台灣人和香港人，理所當然都應該統一在我們的領導之下。如果他們不這麼想的話，那就是數典忘祖，應該人滾地留。

內地的小粉紅深信這種邏輯，但是說漢語的燕國豪門，也就是遼國五京制之下的那些南京居民，對此有非常不同的看法。原因也很簡單：遼國的統治更接近唐帝國的統治。東北亞人雖然和內亞人不一樣，但是他們和東亞的差別更遠。從整體上來說，東北亞人更像是內亞人的一個偏遠分支，而不是東亞人的分支，所以相較於宋人所代表的那種柔性的秦制，他們更容易接受唐皇室的文化。宋人那種頭懸梁、錐刺骨、窮光蛋讀書以後做官然後再貪汙的模式，對於燕國的豪族來說實在是沒有什麼吸引力，他們還是習慣北魏、北周、隋、唐那種更加豪爽、更加具有伊朗風格的統治方式。

地方上的豪族平時就像陳寅恪先生所考證的李德裕的祖先那樣，就是當地放鷹走馬的豪族，像英國士紳那樣自由自在，在政府派來的官員面前是昂首挺胸、平起平坐的，甚至政府官員都要看他的臉色，他根本不覺得考科舉做官是什麼了不起的事情，做官也不過就那麼一回事。我在民間當一個土豪，土豪的聲望比官員的聲望還要大。甚至可以說，只有貧民階級出身的子弟才會把做官看得很了不起，才會不惜一切代價去做官。而且，國家真正的統治者不是透過科舉、讀那幾本誰也不在乎的書、考記憶力就能勝任的。作為統治階級，真正的義務就是這兩項：第一就是在戰爭時期，動員自己的家丁和鄉下的民兵去為皇帝打仗，通過弓馬嫻熟獲得軍功；第二就是在和平時期，根據當地的習慣法審案判案，維持當地的治安。這兩件事情，豪強都是能夠勝任的。至於科舉出身的官員呢，除了讀書什麼也不會，而且還特別害怕打仗。要說習慣法呢，他在本地又是一個窮人，平民階級出身，跟本地世世代代都是大地主的豪強相比，談不上有什麼威望。

所以，遼國的政治體制與鮮卑人的北魏和隋唐比較相似，是李德裕的祖先比較如魚得水的那種豪強統治。豪強權力很重，讀書人只是起裝飾作用，進進翰林院之類的地方、替皇上寫寫詩、打打廣告就行了，實權是輪不到你的。像武則天革命以後、唐玄宗以後、到宋明兩朝登峰造極的那種科舉英雄的統治，在他們看來是極其變態的。他們根本不願意讓他們的子弟和窮人家的子弟一樣、和范進一樣，馬也不騎，弓也不拉，射箭也不會，只能可憐地去背書、背書、背書，生怕寫一個錯別字就會被剝奪官職。然後好不容易當上官了以後，哪一天不當官，馬上又會變成一個窮光蛋。所以，只要你能夠讓他做官，他什麼事情都肯做。因為害怕皇帝不讓他做官，什麼拍馬屁、壞心眼的事情他都做得出來。相反地，豪強就不一樣了，他不在乎做不做官，做官得到的錢還沒有在家裡做大地主來得多。他平時弓馬嫻熟，也不害怕坐在縣衙門裡的文弱書生。因此，皇帝如果得罪了他，他可以拂袖而去，在皇帝面前是一個很有面子的人，就像英國士紳靠著《大憲章》和封建權利的保佑，在英格蘭國王面前理直氣壯，絕不肯像東方奴顏婢膝的大臣那樣拍馬屁。

宋人的宣傳部把燕雲十六州所謂的漢人說成是在契丹帝國主義的統治之下深受剝削和壓迫、隨時都指望祖國來解放他們的可憐人。這就像今天中國的宣傳家聲稱，台灣人和香港人在英帝國主義、美帝國主義和日本帝國主義的壓迫下時時刻刻都希望祖國像金正恩那樣暴射幾顆原子彈，提高他們的地位，只有極少數的帝國主義走狗才想把他們從祖國分離出去。但實際情況卻是恰好相反，燕雲十六州的豪傑都覺得，自己在契丹人那種類似於唐皇室的統治之下，享有一種類似於英國士紳的崇高地位，比起做官要好多了，他們根本就不願意回去接受宋人的那套科舉體制。當時只有極少數像邱毅這樣的人，也就是像後來搞宋金海上之盟[9]的馬植他們那種人，他們正是因為自己行為卑鄙，所以在台灣社會……我是說在燕國社會裡被當地的世家大族所不齒，根本在當地社會中混不下去，所以才在走投無路的情況下出來唬弄，希望到汴梁城和北京城發展，因為那裡人傻錢多，說幾句「我是一個愛國老華僑」這樣的話，統戰部就會出來給他們很多統戰經費。

然後他回到台灣或者燕國去，拿著中國的統戰經費就可以耀武揚威地說：「我們趙家是世界第二強國，你們可不要眼裡只看著契丹這個世界第一強國，忽略了世界第二強國的可怕哦。我們宋人有的是錢，契丹精兵不過二十萬，我們宋人府庫裡的錢，一個腦袋出二十匹綢緞，就可以把契丹的精兵全都買下來，你們等著瞧吧。你們燕國人和台灣人不要以為靠著契丹人和美國人就可以瞧不起我們，我們早晚要把契丹人或者美國人的總統收買過來，讓他們拋棄你們，那時候你們就要嘗嘗我們這個世界第二強國的厲害了。」當然，這種宣傳並不怎麼管用，因為燕國人心裡很清楚，在契丹人的聯邦制度之下，他們享有的地位是相當安全的，而且比起汴梁的中央宣傳部，他們更清楚上京[10]的政治變化。照他們看來，美國人和契丹人好像沒有放棄燕國的想法，他們根本就沒有必要為了他們瞧不起的「世界第二強國」去拋棄世界第一強國對他們非常實際的保護。

宋人當然沒有能力推翻契丹、把契丹人趕回滿洲，他們只能夠依靠滿洲的新興勢力——也就是金人的崛起，來達到推翻契丹人的目的，希望在這個過程中趁火打劫，能夠把燕國拿回來。金人的崛起主要是滿洲方面的歷史，金人興起的地方，也就是圖們江、松花江流域，在渤海國以前基本上還是像美國總統傑弗遜[11]時代的美洲大陸一樣，大部分還是荒地。但是在渤海國像京都的律

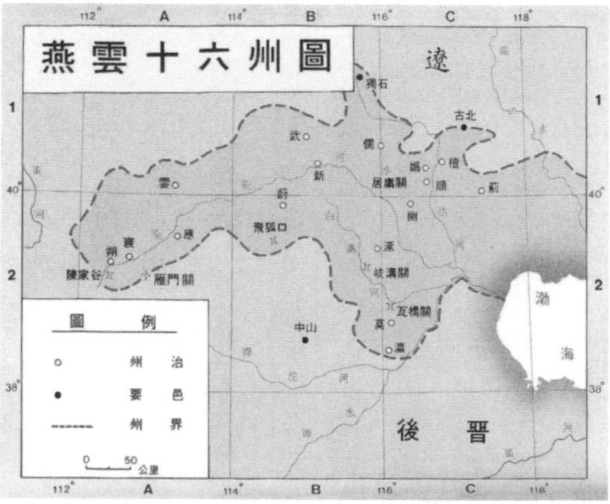


**燕雲十六州**　指曾位於今天北京、天津、河北、山西的十六個州（虛線範圍內）。這些地方大多位於制高點或險要處，形成一道隔絕內亞、東北亞與東亞的天然屏障。故擁有燕雲十六州，就成為內亞勢力掌控進出東亞門戶的關鍵。

9 北宋與金國透過海路祕密往來，最後於一一二〇年達成了共同出兵瓜分遼國的協議：宋取遼南京析津府，金取遼中京大定府，之後宋取回燕雲十六州，原本給遼的歲幣則轉輸給金。

10 上京城遺址位於今天的內蒙古自治區赤峰市巴林左旗。

11 湯馬斯・傑弗遜（Thomas Jefferson，1743—1826），美國第三任總統、《美國獨立宣言》主要起草人、美國開國元勛；秉持共和主義與古典自由主義，制定了《維吉尼亞宗教自由法》（Virginia Statute for Religious Freedom, 1779—1786），日後該法成為「美國憲法第一修正案」創設條文之基礎。

令制國家一樣倒台以後，過去在中央集權帝國壓制下的地方封建勢力開始迅速成長起來。過去類似關東武士的海盜聯盟和酋長聯盟取代了龍泉府派來的律令制公卿和官僚，因此使墾荒者的生產力和武士的戰鬥力得以釋放。就是在這個時期，也就是武家在日本和滿洲興起、顛覆了唐皇室的伊朗式中央集權政權的同時，東北亞的鐵器技術和紡織技術水準第一次超過了內亞和東亞。這是近代以來以日本為核心的東北亞開始崛起的先兆。這次崛起在政治上的主要特點就是，唐皇室的中央集權帝國倒台，而武士聯盟主持的封建勢力——能夠保護地方利益和墾荒者、創業者的新興勢力崛起。契丹帝國的倒台追根究柢也是這次政治變化的結果，但它和燕國的關係不大。

我們需要知道的是，燕國的敗類馬植企圖將宋國和新興的滿洲國撮合在一起，推翻舊的契丹人的統治，然後藉此機會把燕國網羅到宋國的統治之下。燕國原有的世家大族和社會精英在契丹人長期的統治時期，已經與契丹的精英階級磨合得很好，他們並不願意背叛契丹人。所以，當童貫率領的宋軍企圖北伐、拿著中央宣傳部的大喇叭宣稱「我們大家都是中國人，請你們和我們一起驅逐遼國帝國主義，從此回到中國家園」的時候，他們就像今天的中國人在香港和台灣所遭遇到的情況一樣，他們驚訝地發現，他們從小就被愛國主義教育所灌輸的那一套竟然完全是謊言，燕雲十六州的豪族竟然為了保衛契丹人的統治而與他們決一死戰[12]。

最後等到契丹帝國終於倒台、滿洲帝國為了履行他們和宋人的盟約、最後同意把燕國轉讓給宋國的時候，燕國的世家大族紛紛拒絕參加宋人的科舉，寧可隱居到燕山之後等待金人下一步的入侵，也不願意做官[13]。願意做官的，只有馬植、郭藥師[14]這種流氓無產者。你可以把這個情形理解為，中國政府到了台灣以後，只能夠找到邱毅和連戰這樣的人

12 《續資治通鑑長編拾補》，宋欽宗靖康元年二月引《靖康要錄》：「先是，宣和中，河北河東宣撫司謀取燕雲，以燕雲之民置之內地，曰忠勝軍，曰義勝軍，皆山後漢兒也，實勇悍可用。其河東者約十餘萬人，給錢米以贍之，雖請之，不許支用者亦聽之。久之，倉庫不足，以饑而怒，出不遜語。我軍所請皆陳腐，亦怨，道路相逢，我軍即罵辱之曰：『汝蕃人也而食新，我官軍也而食陳，吾不如蕃人乎？我將誅汝！』漢兒聞之懼，其心益貳，俟釁且發。至乙巳冬，金人南犯翔、武之境，翔州守將孫翊者，勇而忠，出兵與之戰，戰未決，漢兒開門獻於金人。」

13 例如時立愛和張通古。《金史》列傳第十六：「時立愛，字昌壽，涿州新城人。……立愛既去平州歸鄉里，太祖以燕、薊與宋，新城入於宋。宋累詔立愛，立愛見宋政日壞，不肯起，戒其宗族不得求仕。及宗望再取燕山，立愛詣幕府上謁，拜同中書門下平章事，任其子侄數人。立愛從宗望軍數年，謀劃居多，封陳國公。」《金史》列傳第二十一：「張通古，字樂之，易州易縣人。讀書過目不忘，該綜經史，善屬文。遼天慶二年進士第，補樞密院令史。丁父憂，起複，懇辭不獲，因遁去，屏居興平。太祖定燕京，割以與宋。宋人欲收人望，召通古。通古辭謝，隱居易州太寧山下。宗望複燕京，侍中劉彥宗與通古素善，知其才，召為樞密院主奏，改兵刑房承旨。」

14 遼末將領，率領由遼東流亡者組成的「怨軍」；後來投奔宋，但因為宋出賣降將張覺而心懷不安，於是在金兵南侵時率師投降，金兵遂得以長驅直入。

替你做官，凡是在台灣社會中真正有影響力的人都只願意服從美國人和日本人，而不願意擁護你們中國。馬植和郭藥師都是赤裸裸的投機分子，他們只是貪圖宋人發給他們的大量統戰經費才叛遼降宋的。一旦宋人內部發生問題，統戰經費發不下來，他們馬上就要會再次背叛了，到時候當宋人感到後悔也已經太晚了。

## 宋帝國短暫統治下的黑暗時期

儘管中國人對燕國的統治為時極短，但是破壞性還是很大的，這也就種下了後來燕國人一定要報復中國人的仇怨種子。首先，在契丹帝國統治下的燕國是一個多元帝國，它包含了各個族群，高地族群和低地族群，分別實行自己的習慣法。宋人宣傳的「我們都是讀孔孟聖賢書」的那一部分低地族群並不是燕國的全部人口，況且也只有他們還能看懂漢字。所以宋人就覺得，連你們這批懂漢字、會讀孔孟之道的人都不肯參加我們的科舉，那麼那些連漢字都不認識、過去在奚王統治下的山地人，還有自中古安祿山時代以來一直留在這裡的很多伊朗人、內亞人的後代，我們該怎麼樣處理呢？連你們都不聽我們的話，那麼他們還會聽我們的話嗎？你們至少還是一個可以教育的對象，而他們就相當於是山地原住民，甚至是日裔台灣人，完全是無可救藥的。我們如果不把他們殺光的話，我們就沒有辦法進行統治。於是，宋徽宗雖然在其他方面是非常軟弱的人，但是一般的中國人很少知道，他是宋代少有的種族屠殺策劃者，而種族屠殺的對象就是自安祿山時代以來在燕國歷史上扮演過非常重要的角色、技術水準和經濟水準比一般燕國人更高的那些伊朗人和中亞人的門第世家[15]。

順帶一提，這個概念不是他個人發明出來的，也不是童貫或者李綱[16]灌輸給他的，而是從安史之亂以來唐國的士大夫集團和宋國的整個士大夫集團共同的看法。他們認為，藩鎮割據本質上是伊朗番兵對東亞士族的殖民主義。這一個判斷倒是沒有錯的，他們認為這個殖民主義的關鍵就是，因為唐皇室太喜歡雇用番將了，所以才有安史之亂。他們說這句話的時候，忘記了唐人自己就是鮮卑人。這就好像，今天王滬寧這些人在給習近平下爛

15　《續資治通鑑長編拾補》，宋欽宗靖康元年二月引《靖康傳信錄》：「義軍者，童貫、張孝純所招雲中人也，分布河東諸郡，名曰『養贍』，積蓄為之一空。及金人入寇，孝純以義軍五萬人守石嶺關。既叛，以從金人矣。至是，諸郡往往殺戮，或逐出之，而平陽府者，破城叛去。」

16　宋大臣，堅定的抗戰派，以清廉剛直著稱；汴京破後他投奔南宋，極力整頓軍備，但不為宋高宗所喜，於是再遭貶官。

藥[17]的時候告訴他，我們要把新疆的維吾爾人全部殺光或者關進集中營，因為他們是非我族類。他說這句話的時候完全忘記了，毛澤東和習近平其實也是黃俄出身，也就是從政治意義上來說，他們是蘇聯人，而不是中國人。同樣地，長安的唐王朝也是鮮卑人和內亞人建立的王朝，根本不是宋國士大夫所想像的中國人的王朝。所以，唐皇室更願意用番將本來就是理所當然的。只有他們的子孫後代退化到一點內亞文化都不剩，就像習近平現在已經把蘇聯人教給他們的本事全部丟光了的時候，他們才願意自認為中國人。但是等到這個時候，他們已經到了快要倒台的時候了，已經沒什麼本事了。

要如何糾正這個歷史錯誤呢？一方面是杯酒釋兵權，把內亞技術官員和軍事顧問所控制的軍隊重新奪回來，從內亞的貴族騎士手裡搶回到東亞的流氓無產者手裡，因此宋軍的戰鬥力立刻就沒有了。唐軍的戰鬥力在哪裡呢？唐軍是番兵番將，是內亞的武裝騎士和軍事兄弟會；安祿山的幕府制度是從中亞幕府制度那裡搬來的，李克用的義兒制度[18]也是從中亞搬來的，宇文泰和李世民的府兵制度則是從薩珊時代的伊朗搬來的。宋人把這些軍事顧問——在中古時代的歷史地位相當於鮑羅廷的楊家將之類的人趕出去或者迫害致死。我們都知道，鮑羅廷這個人在國民黨的綽號叫作「亞父」，也就是說沒有他就沒有國民黨。在共產黨方面，林彪那一類人其實都是傀儡，所有的大仗都是蘇聯顧問和蘇聯鐵道專家替他調度的，許世友[19]這些人也只有梁山好漢的本領。你把這些蘇聯顧問趕走了，你的軍隊還有戰鬥力嗎？你還能招募到軍隊嗎？你只能夠用郭威、柴榮和趙匡胤的那種辦法：在趕走了沙陀人和鮮卑人、趕走了李克用的部下和楊家將以後，你只有到汴梁的街頭去招攬市井流氓。也就是說，招攬一批聯防隊員，招攬一批找不到工作的流氓無產者。

如果是體面人家的子弟，他會做些什麼呢？他會說：「我可以讀書，通過科舉以後去做官。做官一點風險也沒有，讀兩本書就可以高官厚祿。我為什麼要像可憐的楊家將楊老令公那樣、像鮮卑人和內亞武士那樣，傻不唧唧地上前線打仗呢？那樣不只要冒生命危險，還要被奸臣陷害。我還是做官就好了。」窮人則會說：「我可以到商店裡做夥計或者打工，至少沒有生命危險，賺得錢也比較多。」什麼人願意當兵呢？兩種人，一種是刑滿出獄的人，另一種是找不到工作的地痞流氓。這種人當兵，僅僅是因為當兵比坐牢要好一點，除了監獄以外，世界上沒有他立足的地方。

而宋軍對待他們的手段，也就和現在的解放軍對待新兵的手段一樣，是把他們當犯人

---

17 蜀語，意為暗地裡使壞。

18 十三太保，為唐末年節度使李克用的十三位義子（包括親兒子李存勗）。

19 出身少林武僧的中共將領，以勇猛著稱，曾經率軍攻打越南。

一樣的。為什麼狄青他老人家臉上刺了花？你只要看一看《水滸傳》就知道了。《水滸傳》中是什麼人臉上刺了花呢？罪犯。宋江在做公務員的時候，他臉上有沒有刺花？沒有。等他做了強盜、被官兵抓住、流放到江州的時候，官兵就在他臉上刺了花。刺花的內容就是，宋江犯有某某罪，流放到江州。這樣，萬一他當了逃犯，街上的路人都會看到他臉上刺的字，都知道他是個逃犯了。你如果在宋國當兵，那你進了兵營以後，你臉上就要刺幾個字，就和逃犯一樣。這樣即使你當了逃兵，你哪兒也跑不了。狄青這樣一位名將得到的就是這種逃犯般的待遇。哪怕後來他官至樞密使，也就是國防部長，臉上仍然帶著逃犯的恥辱烙印，以至於連皇帝都看不過去了，想給他找個醫生，想辦法替他遮掩一下。狄青就說，算了算了，這麼多年都過去了，讓我們的廣大士兵看到一個臉上刺了字的人都能夠和皇上一起吃飯，這對他們來說應該也是一種鼓勵[20]。

中國人自從把楊家將趕走、把鮮卑人和內亞的軍事兄弟會趕走以後，他們建立起來的就是這樣一支軍隊。其實這和現在的情況是一樣的。現在是什麼樣的人才會當兵呢？就是成績實在是太差了，你想要參加科舉、想要考一個知名大學都是不可能的，這種人才會去當兵。如果你家裡有一個很頑劣的子弟，你也不指望他有什麼出息，而且他在家裡一天到晚搗亂，給父母丟臉，你還能有什麼辦法呢？就只有兩種辦法了。要麼你狠一狠心，把他送到楊永信那裡去，給他用電擊療法治療一下[21]。也許會把他電成十足的傻瓜，但是傻瓜至少不會鬧事，你至少可以放一點心，使他變老實。第二種辦法就是送他去當兵。在當兵的過程中，他被可愛的人民解放軍狠狠地虐待一番以後，也許就變老實了，至少你是眼不見心不煩了。也就是說，只有流氓才會去當兵，這一點正是東亞社會的特點。

這是費拉社會最大的特點，它和全世界的其他地方都不一樣。要知道，無論是歐洲、日本、內亞還是除了東亞以外的世界上大多數的地方，貴族就是承擔軍事責任的角色。在日本，武士是最高貴的人；在歐洲和英國，騎士是最高貴的人。內亞統治東亞的初期，他們還保留原有的武士第一的習慣，只有有面子的人、最高貴的人才能做武士。沒有想到，在東亞的吏治國家和費拉社會當中，武士居然會被改造成地位最低下的人。東亞的費拉社會最歧視兩種人，一種是打仗的武士，一種是從事科學研究的技術員，那麼東亞費拉社會最鼓勵什麼樣的人呢？不勞而獲的、專門讀書的士大夫，以及中央宣傳部的官員；所以這個培養機制自然產生的結果就是瓦房店化。

---

20 《宋史．狄青傳》：「青奮行伍，十餘年而貴，是時面涅猶存。帝嘗敕青傅藥除字，青指其面曰：『陛下以功擢臣，不問門地，臣所以有今日，由此涅爾，臣願留以勸軍中，不敢奉詔。』」

21 楊永信，楊永信網路成癮戒治中心主任，用所謂「電擊療法」治療網路成癮，引起廣大爭議。

內亞傳來的先進技術在五胡亂華的時代仍然是能夠被保留的，因為那時候列強競爭，技術員很搶手，武士很搶手。但是等到大一統帝國建立起來，武士就不值錢了，技術員也不值錢了。現在刀槍入庫、馬放南山，蘇聯留下來的技術員不但是不能給我們幫忙，而且還是我們的恥辱，因為他們會讓所有人都想起來我們其實是兒皇帝，離不開蘇聯的技術員。歐洲留下來的那些技術員，那是帝國主義統治我們的恥辱。我們盡可能地用科舉出來、用政治教育培養出來、讀習近平先進理論、讀三個代表出來的這些偉大的《人民日報》評論員來取代他們，我們現在沒有必要讓林彪上場了，我們讓王滬寧上場。然後經過了這次變化以後，我們都熟悉的費拉社會就開始登場了。這個社會最高貴的人就是做官的人，而做官的人就只會做兩件事情，第一就是背書，第二就是陷害別人。真正要用自己的生命去爭取榮譽的騎士和要用自己的聰明才智去創造技術的研究人員，都是投入勞力和犧牲非常大卻得不到回報的族群，因此他們迅速消失了。哪怕是蘇聯人援建的單位，很快就只剩會做官的人，而會技術的人往往留不下來。日本的滿洲國所留下來的技術，按照瓦房店學的規律一代不如一代。

對唐人和宋人來說就是，在石勒、石虎和慕容垂的時代所留下來的那些匈奴和伊朗技術員，他們建造的玻璃廠也造不出玻璃了，織錦廠也造不出織錦了，連造糖廠所造出來的冰糖也失傳了[22]。而同樣的一批人跑到日本去，儘管日本離內亞的距離更遠，接受這些技術的時間更晚，但他們不但能夠繼續製造這些東西，而且還推陳出新，在西方人來到之前就創造出了更新的紡織品和武器。為什麼呢？就是因為日本是一個多元體系，是類似周天子時代、春秋時代的多元體系。在日本，統治者仍然是武士，社會上最重要的人仍然是技術員。武士離不開商人和工匠，有商人，他才有錢去打仗；有工匠，他才有最精良的鎧甲和武器；所以他們之間的軍備競爭和財政競爭能夠確保日本的技術繼續發展下去。

而大一統帝國和官僚制度一旦建立的話，那麼中古時期伊朗殖民者替他們輸入的這一波技術就會很快地因為瓦房店化而失傳。等到北宋中期，剩下的又只是一批會做官的士大夫，原先殘留的楊家將這批人一個一個都會被欺負、整死。等到他們接管燕國的時候，他們就驚恐地發現，燕國的政治體制正是他們最痛恨的唐玄宗的那種番將體制。在這個社會

22 洪邁《容齋隨筆．卷六》「糖霜譜」：「糖霜之名，唐以前無所見，自古食蔗者始為蔗漿，宋玉《招魂》所謂『胹鱉炮羔有柘漿』是也。其後為蔗餳，孫亮使黃門就中藏吏取交州獻甘蔗餳是也。後又為石蜜，《南中八郡志》云：『笮甘蔗汁，曝成飴，謂之石蜜。』《本草》亦云：『煉糖和乳為石蜜』是也。後又為蔗酒，唐赤土國用甘蔗作酒，雜以紫瓜根是也。唐太宗遣使至摩揭陀國，取熬糖法，即詔揚州上諸蔗，榨沈如其劑，色味愈於西域遠甚，然只是今之沙糖。蔗之技盡於此，不言作霜，然則糖霜非古也。」

當中，說漢語、讀聖賢書的人只居於第二流地位。他們不但不羨慕科舉，反而羨慕那些弓馬嫻熟的蠻族頭領、那些煉鐵打鐵的技術員、以及那些做生意、跑海外貿易的伊朗商人。連這些說漢語、被他們發明成漢人的家族都瞧不起科舉、不願意讀書、不願意效忠皇帝，那麼那些本來從名字看來、從習俗看來就是伊朗人和匈奴人的蠻夷之輩又怎麼可能效忠我們呢？顯然是不可能的。唯一合理的辦法就是把他們殺掉、清理掉。

這個政策的改變本身就說明了季候[23]。我們都知道，唐太宗採取的政策恰好相反。他就是要把突厥人和伊朗人，像安祿山和史思明這種人，盡可能地招攬過來，加入他的軍隊。唐軍之所以能夠打高句麗，打這個、打那個，關鍵就在於這些人的加入。毛澤東那個時代，解放軍打仗全靠蘇聯人。同時，毛澤東在征服各地的時候，對於內亞性比較強的地方，例如像哈薩克的維吾爾人，他是高看一眼的，給予各種各樣的特殊政策。他們的戰鬥力雖然不如蘇聯人和俄羅斯人，但是比起駐馬店人[24]來說還是強得多。所以，駐馬店人無論怎樣嚷嚷說我們是「三等少民四等漢」[25]中的「四等漢」，毛澤東都是不為所動的。毛澤東明白他是蘇聯的兒皇帝，正如李世民非常清楚他是內亞人的兒皇帝。李世民就相當於是八個大大征服東亞以後到了第三代的傳人。第一代就是石勒和石虎那種人，第三代就是李世民那種人，第五代和第六代就變成武則天和唐玄宗那種人，第十代就變成像習近平這樣的人了。然後習近平時代改變政策，他開始重點迫害維吾爾人和藏人，用駐馬店人去迫害他們，強迫他們學漢語、看京劇。這說明他已經失去了共產國際教給他的東西了。

滿洲人也是這樣的。最初入關的幾代滿洲人是優待蒙古人、回民和藏民的，把他們當作國師、盟友，和他們的公主聯姻；至於明帝國十八省的降虜呢，地位是最低的。那時候的滿洲皇帝還記得，我們本來就是內亞人，內亞人比東亞人要強多了。等到慈禧太后和光緒皇帝的時代，入關的滿洲人已經把自己的弓馬嫻熟和內亞人的政治組織全部忘光了。京旗已經變得和蘇州的士大夫沒有任何區別，窮困的旗人和駐馬店的農民也沒有任何區別了。這時候他就會感到，我們滿洲人的戰鬥力和駐馬店人的戰鬥力已經沒有什麼區別了，而留在內亞的那些蒙古人、回民、藏民還保留著我們祖先的戰鬥力，現在我已經打不過他們了。我希望你們也軟弱一點，你們要像蘇州的士大夫一樣懦弱，要像駐馬店的農民一樣

23 引用自德國歷史哲學家斯賓格勒（Oswald Spengler，1880—1936）的「季侯理論」，也就是他在《西方的沒落》（*The Decline of the West*）中以平行對比的方式，闡述了世界上各個文明從興盛到衰亡的規律，因為該規律猶如春夏秋冬般的四季遞嬗，所以又稱為「文明季侯論」。另可參考劉仲敬，《文明更迭的源代碼》，八旗，2020。

24 駐馬店位於河南省，是劉仲敬的東亞文化區概念最核心的地方，被視為中國的代表。而此處的駐馬店人正是指那些雖然漢人血統純正，同時卻也是最虛弱的東亞費拉居民，毫無戰鬥力可言。

25 中國網路上流傳的諷刺性說法：「一等洋人二等官，三等少民四等漢。」「少民」是少數民族的簡稱。

卑微。這樣一來，我這個已經變得軟弱的慈禧太后和光緒皇帝才能鎮得住你們。順治皇帝和康熙皇帝沒有這種擔憂，因為他們與多爾袞、忽必烈和蒙哥汗一樣還是內亞人。他們操心的是帶著內亞的武士去征服東亞那些降虜，他們並不擔心會鎮不住內亞人的問題。

你從習近平和毛澤東的內亞政策的差別就可以看出，共產黨本身已經經歷了從成吉思汗到忽必烈、從順治皇帝到光緒皇帝這樣一個內亞征服者東亞化的過程。這個過程在政治上就體現為封建制度的衰落和官僚制度的興起，在技術上就體現為瓦房店學。過去內亞人和西洋人帶來的技術——總之是外人輸入的技術，正逐步地失傳。這個時候也是內部流寇開始縱橫、開始鎮不住，同時外部的新征服者開始叩門的時代。當然，宋徽宗不會理解這些情況。他只是本能地感覺到，大唐皇帝也許能夠鎮住燕國這些豪強和異族，但是我老人家和我手下的童貫、張叔夜[26]這些科舉英雄實在是鎮不住。鎮不住怎麼辦？就像是現在對付維吾爾人和藏人一樣，儘管毛澤東時代我們要統戰他們，但是現在他們相對於已經變得如此軟弱的我們來說已經太危險了，唯一的辦法就是殺光他們。宋徽宗的短暫統治時期，對於燕國來說就是針對伊朗人和內亞人的大屠殺時代。經過北魏、隋、唐幾百年以來已經高度融入燕國本地社會的這些伊朗和內亞家族，在當地代表著最高經濟水準和最高技術水準的這些家族，就是在這個時期被趕盡殺絕的。那些會說漢語的第二流家族，因為被宋國定義為「我們都是中國人和漢人，你們是可以被教育好的子弟」，因而被留了下來，沒有被殺，並且被宋國允許參加科舉考試。

但是這些人過去像是蒙古時期的朝鮮國王一樣，一天到晚學穿蒙古服裝和說蒙古語，學騎馬射箭，而近代的韓國人又一天到晚學日語，模仿日本文化和歐洲文化，心理上就覺得學漢語、讀漢書的人都是二流人，所以他們書讀得並不好。但他們好歹還懂一點漢語，所以就被認為是可以改造好的對象，可以跟著我們投入科舉。但他們並不滿意，因為他們已經習慣過去受滿洲文化和內亞文化的影響，他們實際上是耐不下性子來頭懸梁、錐刺骨的。而且，儘管皇上給了他們保障名額，但他們在頭懸梁、錐刺骨的考試當中還是考不過駐馬店的范進那類人，因為他們不肯像范進那類人那樣搞內卷化的競爭，不肯辛苦自己，不肯弄壞自己的身體，把眼睛弄成近視眼。然而駐馬店的廣大士大夫就像現在的駐馬店考生一樣憤怒地咆哮說：「你們維吾爾人和藏人在高考的時候比我們多加了一百五十分，你們還不滿意，還一天到晚要鬧獨立，而我們已經吃虧了一百五十分，我們還在這兒一天到晚頭懸梁、錐刺骨，老天啊，世界上還有公理嗎？皇上啊，習近平啊，王滬寧啊，你們要

26 張叔夜（1065—1127），宋末將領，曾剿平宋江等人的盜亂，但於靖康之難中在汴京城破時被金兵俘虜到北方，途中自縊而死。

幫助和拯救我們啊，我們才是漢人啊，事情都是毛澤東那個黃俄和胡耀邦那個叛徒弄出來的，你一定要替我們整一整那些維吾爾人和藏人，讓我們平等啊。」

很好，宋徽宗和童貫就像今天的習近平和王滬寧一樣，聽取了他們的呼聲。聽取他們的呼聲的結果就是，不僅那些波斯裔、匈奴裔和內亞裔的燕國人早已變成宋國不共戴天的死敵，甚至連這些說漢語的燕國人也變成了宋國不共戴天的死敵。他們不惜一切代價投奔到女真人那邊去，要帶領女真人南下，報復他們在宋國的短暫統治時期所承受的無邊無際的屈辱。他們為女真帝國提供的步兵和輜重，是女真人能夠攻陷汴梁城的關鍵。否則的話，女真人的酋長和貴族其實一開始並沒有想要打宋國，即使在宋國背盟、像今天的習近平和劉鶴一樣耍賴、女真人決心懲罰他們以後，也沒有想要打下汴梁城或者留在汴梁城不走，他們也沒有攻陷汴梁城所需的運輸設備和大量的重裝步兵；運輸設備和重裝步兵是燕國的土豪提供給他們的。遊說他們留在汴京不走，不像他們和川普設想的那樣懲罰一下背信棄義的中國人然後就回老家，而是改變主意，留在汴梁城當皇帝，也是燕國人慫恿他們的。燕國人就像清代的晉商和洪承疇、范文程一樣，知道東亞費拉的弱點。他們教育這些不了解東亞人的滿洲征服者：你們可以留下來，如果你們不知道怎樣對付這些奴隸，我們知道，我們可以教你們。

# 七、新舊殖民主義與民族復興

## 燕京：帝國的權力中心

遼金之變[1]是燕人豪族在政治上最大的勝利。可以說，他們以一種不僅是在遠東、更是在世界史上都極其罕見的方式，以小博大，贏得了極為豐厚的收益。但是，他們也因此受到了最大的詛咒。金人滅遼、滅宋，表面上是金人的成功，實際上主要的受益者只有兩個：一是人數很少的金國皇室，二就是燕人的豪族。金國皇室原來不過是各部落酋長當中位置比較顯眼的那一個，和其他的貴族相比並沒有什麼太大的優勢。因為建立帝國的緣故，取得了宋國皇帝繼承人的地位，最終一切榮華富貴都歸金國皇室了。原本平起平坐的貴族，現在變成在他底下尊卑有別的大臣了。而那些作為戰爭主力的貴族和武士，卻因為帝國的建立而吃了最大的虧。他們的防衛範圍，從過去只管自己的一小片土地，到現在擴大到整個龐大的帝國，因此軍事負擔嚴重加大了。而且，一直到金國末期，金國的軍事任務仍然是由這些舊的滿洲貴族和武士來承擔。他們雖然不斷退化，但一直到蒙古人滅金之際，始終沒有放棄他們的主要職責。因此，他們才是最辛苦的一群人。帝國的建立使他們的辛苦程度擴大了幾百倍，而他們得到的往往只是很快就遭到通貨膨脹侵蝕的大批紙幣資產。同時，又因為脫離了自己的貴族和領地體系，相對於皇帝而言，他們的權力比起過去其實是大幅地被削弱了。

燕人豪族在遼國時期只是五京之一，只是地方性質的勢力，但在金國時期卻變成了中央性質的勢力。金國滅遼、滅宋之後，軍事方面需要辛苦冒險的職位，仍然由金國原有的貴族和武士來承擔；文書方面風險不大而油水最多的職位，特別是督撫一級的職位，都由燕人來擔任了；至於宋國的被征服者雖然後來也獲得了科舉的資格，但是他們始終不被金國朝廷所信任，一般來說只能擔任文學詞臣[2]，照現在的話來說就是擔任教育部門的職位。真正的省長、市長或地方上的大官，或者是像財政部長、交通部長這樣的大官，能撈油水的大官，他們是沒有份的。結果，燕人在金國統治時期的角色就很像清帝國時期所謂的漢軍八旗，直到湘軍、淮軍崛起之前，清帝國絕大部分的督撫職位都是由漢軍八旗來擔任的。真正的滿洲貴族，一方面他們還要打仗，一方面他們也不太熟悉殖民地的政治狀況，而漢軍八旗是介於兩者（滿洲人和中國人）之間的存在，他們比真正的滿洲人和蒙古人更熟悉費拉社會的習慣，更熟悉科舉社會的習慣，他們當更適合當這個中間人。結果，

1　即金滅遼之戰（1120—1125）。金國在聯合宋國滅遼的過程中，因為宋違反盟約，便於滅遼之後發兵入侵宋國，最後導致徽、欽二帝被俘，北宋滅亡。

2　《元史‧張德輝傳》：「其內外雜職，以儒進者三十之一，不過閱簿書、聽訟理財而已。」

有油水的大官基本上都由他們擔任了。原先在明帝國時期曾經發揮過更重要作用的東林、復社[3]這些蘇州士大夫，因為政治嫌疑的緣故，長期受到排擠。他們雖然也可以參加科舉而且可以做官，但一般做的都是縣級、府級的小官。如果是在縣一級的話，多半是由這些人擔任的；府一級，擔任的人就更少一些；到了省一級，也就是總督、巡撫這一級，基本上他們完全沒戲唱了；金國的政治狀況也是這樣的。

**善騎射的女真獵人**　一一一五年，女真各部在完顏阿骨打的統領下建立金國，先滅契丹國，再滅宋國，成為東亞新的統治者。女真人善騎射，其基本的社會組織稱作「猛安謀克」，三百戶為一謀克，十謀克為一猛安，平時射獵，戰時則投入戰鬥，形成一種兼具軍事、生產與行政功能的靈活組織。

你可以這麼認為，從某種意義上來說，宋國的失敗和金國的成功簡直就是為了給燕人豪族空出位子來。要是他們真的投入科舉的話，那就和宋徽宗統治時期一樣，他們會發現，他們鬥不過南方那些真正的科舉專家、真正不折不扣的頭懸梁、錐刺骨的考生；如果真的要打仗的話，那麼他們既打不過契丹人，也打不過女真人。但是因為他們在遼、宋、金三者之間做了非常準確而巧妙的投機，拒絕了看上去一度像是要大國崛起、就要統一燕雲十六州的宋國的誘惑；在金國看上去還很弱小、但是潛力無窮的時候迅速地棄宋投金。對於不熟悉關內情況的金人來說，這是一個雪中送炭的幫助，因此給予了燕人極大的報酬。可以說，與其說金國是為女真貴族所準備的帝國，不如說是為燕人豪族所準備的帝國。燕人豪族兩面通吃，儘管無論文治還是武功他們都只是第二流的人物，例如文治鬥不過宋國的士大夫，武功鬥不過滿洲的貴族，但是他們憑藉巧妙的外交手腕，把這兩方面都給擠了下去，變成了新帝國的最大受益者。

但是他們也為此付出了一個沉重的代價，也就是今天的北京城，當時的中都。遼國實行的是五京制，按照現在的話來說就是聯邦制。燕京只是五京之一，而且不是上京這樣的神聖京都，首都的中央集權效應對它造成的侵蝕效應還不算大。這就體現在遼國滅亡的時候，燕京的豪族還能做各式各樣的投機。但是中都不一樣，中都是全國的首都。金國雖

3 東林黨，明末重要的政治派閥之一，以清流自詡，其成員多半為江南的士大夫；東林黨人遭北方士大夫派系打壓，殘存的人員又組成「復社」，但又因為加入反清運動而被清廷勒令解散。

然也有五京制，但是核心的首都已經永久性地遷到了中都。中都是蒙古人的大都的真正前身，也是今天北京城的真正前身。它的建立，標誌著東北亞終於戰勝了內亞，變成了東亞殖民地的主人。當然，它也為蠻族征服者提供了一個巨大的陷阱，同時為當地的精英階級提供了一個更大的陷阱。所謂蠻族征服者的陷阱，這點我們已經可以從金章宗和金哀宗身上看得很清楚了。而做盡大官的燕人的陷阱是什麼呢？這個陷阱其實很接近李德裕他們的祖先搬去洛陽以後所發生的事情，只不過他們比李德裕這些人更難抗拒誘惑，因為這一次不是他們要搬到洛陽城去，而是洛陽城搬到他們的老家來。這就像是，你坐在家裡面，突然平地一聲雷，說是有一條新的地鐵線或者諸如此類的線路要在你家門口前通過，於是你的房價瞬間就漲了十倍。於是你覺得，啊，從此以後我可以什麼也不做就有得吃了。於是麵包與競技[4]的詛咒就降落到你頭上，從此以後你就變成廢人了。

安史之亂以後的三百年來，盧龍的豪族一向都是有一定的戰鬥力的。自從金人遷都到中都以後，他們有了便宜官可做。最沒出息的人，即使學習成績不太好又不會武功，無論如何至少你可以跑到南方去做官，可以跑到山東、河南去做官。那兒的人是不受信任的，但是滿洲人跑到那兒去又很不適應，所以無論如何你再沒出息也可以到那兒去混一個肥缺來做一做。這樣的話，你根本就沒有必要再精進自己了。最重要的是，你作為豪族，與地方人士的關係、與你負責保護的農民和普通人的關係從此就被切斷了。今後你要統治的人是你不認識的人，你最大的利益就是從他們身上最大限度地刮一批油水出來。如果你坐在家裡當豪族，那麼你不但得不到這些油水，而且還要陷入「首都效應」：首都是中央集權最確實、編戶齊民最徹底的地方，是最容不得豪族存在的地方。表面上看來，過去的那些豪族現在有了更多的做官機會，可以撈更多錢了。但是，過去在安祿山時代、在張仲武[5]時代、在遼國統治時代，他們在地方上本來就是最強者，遠方的皇帝或節度使並不能控制他們，而且為了平定地方，非常需要與他們合作；但是現在不一樣了，宮廷就在他們的眼前。

你原先是一個大地主，像傳說中的李波小妹一樣，還稍微會一點弓馬技術，在當地人的眼裡你是一個無比厲害的人物，在當地的縣官面前你是惹不起的巨室（指世家大族）；但是如果皇帝空降到你中間來，那麼你就會悲哀地發現，不僅你，連你頭上的縣官和知府都變得一文不值了。這個道理就像是，你要是在遙遠的鄉下當一個派出所的所

4 麵包與競技（panem et circenses），原本是指羅馬人不關心政治，只關心溫飽與娛樂，後來被引申為政府用膚淺的綏靖和愚民手段，來博取人民的認可、轉移他們的注意力。

5 張仲武（？—849），原為燕地豪族，後來成為盧龍節度使，曾率兵大破回紇，威震北方。

長，簡直可以作威作福得不得了；但如果你在北京城裡當一個廳長，基本上沒有人會正眼看你，不要說誰都惹不起你，簡直是誰都可以惹你。北京城的市民什麼都見過，各式各樣的外國記者，也不知道他們在飯店裡見的某一個外國人隔了兩天回去以後會不會就變成國務卿級的高官了；各式各樣的部長和委員，他們也是見得多了。對於一個北京市民來說，廳長根本就是毫無存在感的角色，因為他見過太多的外國大使、外國部長甚至是國家元首。

自從中都設到燕京以後，那麼燕京周圍的豪族就失去自己的存在價值了。不僅失去存在價值，而且他自身的土地和資本都要受到嚴重的威脅。其實這個模式，早在高歡和他的子孫遷都鄴城的時候就已經出現了[6]。當地的豪族本來是高歡得以起家的重要支持者，但是高家一旦把宮廷遷到那裡，首先就要徵用他們的土地，建立宮室和首都。他們沒有了土地、不再是大地主以後，原先的權威就少了一半。然後在他們前後左右又出現了各式各樣的禁衛軍、大臣，每個人都比他們更厲害。本來他們還惹得起縣令或者知府，現在可不見得惹得起各路親王、公主、中書省、尚書省之類的大官了，於是在這些人的陰影之下，他們首先變成無足輕重的人。如果識相的話，就派自己的子弟到朝廷裡做官，到遠方去做地方官，好好地撈一筆回來，做個富翁，但權力恐怕是談不上了。他們如果像李德裕的祖先對付原本的縣令那樣，做出一副「我就是豪強，我怕誰」的樣子的話，那麼現在的皇帝和親王可不像是過去的豪強那麼好惹，你很快就會被斬草除根的。

京城所在的地方，第一，它是一個要優先剷除豪強的地方，第二，它是一個要透過大量公共工程來製造無產者的地方；這個模式是金人從宋國和汴梁那裡吸取來的。金人滅宋的一個副產品就是，它吸取了宋國制度的各種弱點。透過大規模的公共工程維持無產階級就業的做法，是從北宋中期開始變成基本國策的，而最主要的推行者就是被傳統史書稱為奸臣的丁謂[7]。他其實也是現代國家計委的一個先驅者，他是最會搞計畫經濟和各種計算的人。透過政府開支維持消費，透過消費繁榮市場，然後透過向酒樓、茶市、飯舖老闆之類的商家徵收重稅，又把它過去支出的錢重新收回來。這樣一個迴圈經濟體系，使汴梁城呈現出像《水滸傳》、《東京夢華錄》那一類筆記小說所描繪的畸形繁榮。

這個畸形繁榮的主要支持來源，一是公務員的俸祿，二是政府投入公共工程，不斷地開運河、修馬路、修宮室等各種各樣的活動，雇用了大批的升斗小民。他們與過去在豪族

6 指北魏權臣高歡遷都鄴城、擁立孝文帝曾孫元善見為孝靜帝、建立東魏政權一事。

7 丁謂（966—1037），蘇州人，宋真宗時期的大臣，擅長錢糧調度與轉運；為迎合真宗，大舉興建宮觀，耗費錢財無數，因此被視為「奸臣」。

保護下的農民不同，他們沒有固定的家園，是做一天工、賺一天錢，不做工不賺錢馬上就會鬧事的，因此會構成首都的一個永久性的不穩定因素。用公共工程製造出這樣一個階級，然後又必須不斷地用公共工程（甚至是不斷擴大公共工程的規模）去把它養下來，因此導致國家的財政開支從此無法下降，從此只能增加不能減少。一旦減少，就會像鴉片煙鬼從此不再抽煙、立刻就會有戒斷效應一樣，無產階級馬上就要鬧事，然後就要影響市面、影響繁榮、影響稅收。相反地，禁令一解除，這些人有了工作之後，就會到妓院、賭場、餐館裡去從事各種消費，於是經濟一下子就繁榮起來了。但前提條件是你的開支必須越來越多，而你的開支越來越多，你就必須向外省徵收越來越多的稅。

這個惡性循環最終演變成王安石變法，摧毀了北宋的經濟基礎和社會基礎。像司馬光之類的保守派之所以極端反對這種做法，主要還不是從經濟方面來考慮，而是從社會方面來考慮。他們考慮到，唐人遺留下來的那種以豪強為中心的社會體系是禁不起這樣的貨幣經濟再加上國家社會主義的聯手摧殘的。而摧毀這些豪強以後，如同一盤散沙的人民將會很難再盡到公共責任，同時面對外敵的時候也不再會有抵抗力。唐強宋弱，關鍵就是因為中央集權的加強、國家社會主義的加強和人民進一步的散沙化，具體地說就是地方豪族的衰弱。當然，地方豪族的衰弱也是要看地方的，京師永遠是衰弱得最厲害的地方，因為上面有無所不能的朝廷。

在唐以前，朝廷還只能用政治手段，像漢武帝一樣殺你、強制遷徙你，但此時朝廷還不怎麼懂得要經濟手段；現在他們的經濟手段、貨幣手段和金融手段很熟練了，可以用兩把刀殺人。下面的無產階級和官府直接搭上關係，依靠替官府打工，過著今朝有酒今朝醉、與自己原先的階級地位不相符的富裕生活，可以在花街柳巷、歌場酒市出沒，一天到晚唱卡拉ＯＫ，感覺他的生活品質好像比外省的普通小地主還要好得多。經歷了這樣的生活方式以後，他再也不會願意去做一個老老實實的農民了。於是，過去的豪紳和農民所維持的那種像祝家莊[8]那樣相對穩定、具有半封建性的效忠關係、到了關鍵時刻還能夠組織起來的社會模式就此解體了。豪紳如果還能存在的話，今後也就變成一個簡簡單單的做官的人和有錢人。至於無產階級呢，除了用公共工程養他們的皇帝以外，不再有什麼效忠的對象，而當皇帝不再養他們的時候，他們立刻就會變成盜匪。

這種社會模式，始於汴梁，由中都繼承，後來在乾隆皇帝時期發展到登峰造極；公共

8 《水滸傳》中獨立自主的塢堡之一，和周圍的扈家莊、李家莊聯合，自成一股勢力；宋江發動梁山兵馬三次攻擊，最後靠著分化三莊的力量，才終於一舉攻下，即所謂「三打祝家莊」。

工程的開支常年占宮廷開支的一半以上，這都是有歷史繼承性的。這種做法造成的社會瓦解效果，自然而然會造成一個環京津、環中都（當時還沒有天津，但是已經有中都北京城了）的社會散沙化地帶。這個地帶其實在過去的長安、洛陽周圍都曾經出現過的。這也是在朝代更迭的過程中，到了漢獻帝快要餓死的時候，首都周圍的居民早已經透過人吃人和各種方式被徹底掃平的原因。如果是在更遙遠的地方，例如在梁州或安祿山時代的燕國，那麼當地的豪族就會組織起來，像歷史上的田疇、彭寵和張軌[9]這些人一樣，由豪族出面建立一個地方維持會的系統，而當地的農民是慣於服從他們的，社會秩序還是能維持住。但是在來來去去的官僚宮廷統治、再加上金融經濟和通貨膨脹輪番折騰以後，徹底散沙化的京畿居民變得無法被組織起來了。

這就是為什麼蒙古人入侵以後，一旦居庸關和野狐嶺失守，中都就不具備防守價值的原因。過去在燕王彭寵的時代，在安祿山和張仲武的時代，甚至在劉仁恭的時代，這簡直是不可想像的事情，當時的燕人甚至還以勇武著稱。要明白，勇武不是個人武藝的問題，而是它能夠團結的社會共同體的力量大小的問題。過去的燕人豪強到哪裡去了？他們已經到蔡州、青州和各地方做官撈油水去了。他們撈的油水雖然多，但是他們自己也變成了斷線風箏；金國瓦解的時候，他們也就隨著金國一起滅亡了。而金國滅亡以後，燕地的人口只剩下一盤散沙。當蒙古人把它封給自己的領主，從內亞帶了一批新的居民來了以後，這批居民就構成了近代燕人的基本組成。有些居民的血統是蒙古高原的南西伯利亞人，而南西伯利亞人和滿洲人是近親。在中古以前，他們在歷史上沒有起到什麼特殊作用，他們是隨著蒙古人的崛起而跟著崛起的。他們往往是來自於蒙古人所謂的謙謙州——也就是環貝加爾地區。有一些人是高加索的阿蘭人，就是今天車臣人[10]、奧塞提亞人[11]、印古什人[12]的近親，有一些人則是從河中地區來的商人。

蒙古的大都比金國的中都規模更大，來的人也更多，尤其是中亞的商人，造就的繁榮超過了金國時代的繁榮。但是根據同樣的原因，至少是在大都周圍，他們也無法形成一個穩定的社會。他們形成了當時世界上一個很大的都市區，包括各種宗教，例如拜火教、伊

9 張軌（255—314），西晉的涼州刺史，八王之亂後他聯合當地豪族保境安民，大興教化並且共同治理涼州。其子孫後來自立為王，建立前涼。

10 居住在北高加索地區的古老民族，今天主要分布在俄羅斯聯邦車臣共和國境內，曾於一九九一年蘇聯解體時宣布獨立，進而先後於一九九四年、一九九九年導致兩次車臣戰爭。

11 居住在北高加索奧塞提亞地區的古老民族，其先民為阿蘭人。今日的奧塞提亞人主要分布在俄羅斯的北奧塞提亞—阿蘭共和國、喬治亞以及實際上獨立但未獲國際普遍承認的南奧塞提亞共和國。

12 居住在北高加索地區的民族，今日主要分布在俄羅斯的印古什共和國境內，與車臣人關係密切。

斯蘭教和基督教等，信奉基督教的蒙古人和內亞人在大都構成一個很大的社區。但是，他們並沒有熬過元明之變，這就說明了，他們教區的主要居民並不是土豪和有根的社區，而是比當時東亞大多數人富裕得多、但是社會聯繫也薄弱得多的城市居民。也許他們是醫生、術士、演員或其他專業人員，在宮廷經濟學之下享受著較高的收入，其中肯定還包括很多因為擅長醫術和其他技術而被蒙古人所重視、在大都城裡很吃得開的基督教蒙古人或者基督教敘利亞人。這些專業人員即使在今天也可以算是中產階級，但他們在政治上必然是極端缺乏團結能力和抵抗能力的。

蒙古人在其他地方，特別是在晉國（也包括齊國），建立了具有一定穩定性的世侯統治，有很多世侯統治的時期都長達一百多年，在元亡明興的過程中還表現出了相當大的抵抗力。但是，大都周圍的燕地卻又是個例外。我們不能認為木華黎和其他什麼人遷到燕國來的內亞部落就剽悍善戰而言不如王保保他們，我們只能說，他們也是受到帝國詛咒的一批。王保保他們之所以能夠驍勇善戰，是因為他們是封建的藩鎮和世侯。如果他們跑到大都城來，那他們也只能變成消費性的權貴，而權貴是有很多好處的。忽必烈和其他的大可汗們因為害怕他們在政治鬥爭中倒向敵人那邊，於是像羅馬皇帝會用從埃及來的糧食供養羅馬城裡那些善於搗亂的無產階級和市民一樣，需要用大量的金帛，而且是每一朝都要比前一朝更多的金帛，來收買這些貴族的歡心。但是這樣一來，他們也就像後來滿洲人在北京的八旗子弟一樣，變成了無比熱愛享樂、無比熱愛藝術、精通各種吃喝玩樂的把戲、但是失去戰鬥力的一個群體了，因此他們最後滅亡得非常徹底。

## 帝國首都的詛咒效應

徐達的軍隊難以攻滅王保保的軍隊，但是要進攻大都城卻是沒有任何困難的。然後他做出了中國人在這種情況下經常會做、而蒙古人和其他內亞征服者反而比較少做的事情：他把大都城徹底毀了，包括大都城那些基督教、伊斯蘭教和拜火教的社區。有少數人跟著蒙古可汗一起逃到上都[13]，逃到自己的老家去了，但是沒有逃走的那些人在這場浩劫中基本上都被掃平了。相反地，蒙古人進攻臨安的時候，據歌功頌德的作家聲稱是市不易肆[14]。這點有可能是有些誇張，但是沒怎麼殺人大概也是事實。殺人能力的高低和殺人的

13 又稱開平，位於今中國內蒙古自治區錫林郭勒盟正藍旗五一種畜場境內；一二六〇年，元世祖忽必烈在此即位，一二六三年立為上都，一二六七年忽必烈定都燕京（今北京市），改上都為夏都；一三六九年被明軍所攻克。

14 《明太祖實錄・卷五十九》：「伯顏之有祠堂，因其初入臨安，市不易肆，有德於民，故廟食焉。」

徹底程度其實與社會結構是有一定關係的。也就是說，你越是沒有安全感的人、階級地位越低的人，你當了皇帝以後，就越是要殺更多的人，因為你看誰都比你高，都是潛在的威脅，你眼中的潛在威脅越多，你就越要殺人或者越要搞破壞；相反地，如果你覺得自己比較強大或者階級出身比較高，那麼你就會殺比較少的人，破壞也比較少，因為你覺得這些傢伙對你來說不會構成威脅。

雖然忽必烈對於蒙古部落的傳統來說是一個破壞者，但他仍然是一個自以為血統高貴的貴族。所以，當投降他的南宋統派想讓他學習劉邦打天下的故事時，他聽了以後就表示不屑一顧，他說劉邦算什麼東西，因為劉邦是一個窮人逆襲的典型[15]。對他來說，一聽這種人的故事就覺得是下等人耍陰謀打天下的故事，沒有什麼好說的。他認為他自己是高貴的貴族，所以他並不害怕臨安城那些最多也不過是文人士大夫的市民，他不覺得這些人對他有任何威脅。相反地，宋人到了晉陽或者明人到了大都，他們就面臨了比自己更強悍善戰的部落貴族。他們覺得，這些人如果留了下來，對他們是一個可怕的威脅。長期以來，晉陽城和大都城是征服南方的核心大本營，如果不把這樣的大本營鏟平的話，我軟弱的子孫後代恐怕會鬥不過他們，因此必須鏟平。

取代大都的北京城，在很長的一段時間內只是一個軍事要塞的駐地。除了軍屯的士兵和招攬的部落以外，基本上沒有什麼都市生活。後來的北京城是明成祖重建的，那是另外一回事。當然在這個中間過程裡，明成祖重建的那個北京城又是按照歷朝重建新都的規模，從帝國各省徵調大批的能工巧匠和居民來構成新的市民，然後又從最善於科舉的地方（當然也就是吳越）搬來很多士大夫，以及為這些士大夫服務的各種消費性人員，例如各種菜館、各種商幫之類的人員，北京城是這樣重新形成的。

在這個過程中，蒙古人那個大都城的大量人口遭到了非常徹底的滅絕。按照明人那種動不動就要吃人、動不動就要殺人的做法，他們的具體下場是怎樣雖然不好說，但是多半是凶多吉少的。在大多數情況下，每當明人攻陷某一個地方，就要把當地有頭有臉的人物全部殺光，像鄭和他們家就是被明軍全部殺光的，北京大都城留下的那些前朝權貴多半也是這樣被殺光的。殺光以後，對當地能夠控制的居民，如果還要留下的話，多半要強制遷移到自己能夠控制的地方去，甚至有可能也順便殺光了。

例如，常遇春就曾經在今天河北中部的中山、真定一帶搞過大屠殺。當地現在還留

15 《國朝名臣事略・卷七之一》記載太保劉秉忠與忽必烈之間的對話：「初，太保之奏朝儀也，因言高帝有言『吾乃今知皇帝之貴也』，上曰：『漢高眼孔小，朕豈若是。』」

下傳說，說他是因為在睡夢中聽到虛假的戰報，在夢中發布了殺人的命令，醒來時才感到後悔，但是人已經被他殺光了。以前他圍攻杭州和其他地方的時候，殺人也是不眨眼的，比剛剛進入四川的張獻忠殺了更多人，常遇春與後來下決心離開四川、然後決定來個焦土抗戰、自己不要的東西也不給別人的張獻忠相比，此時兩人的水準可能差不多。但是，因為朱元璋王朝的壽命比張獻忠王朝的壽命長得多，所以他也就變成了開國功臣，被包括金庸這樣的小說家描寫成好人了。在這次的掃蕩過程中，燕國的居民又是主要的受害者。當初透過正確的政治投機在金國享受了百年榮華富貴的那些安祿山時代、張仲武時代的豪門，多半都在這一次的

**紫禁城：東亞大陸的權力中樞**　北京對於中國的地理戰略優勢是在中古以後逐漸形成的，從安祿山建立的大燕政權、到女真的金政權、契丹人的遼政權，以及蒙古人的元政權，皆以北京為都。而明清兩個政權承襲了蒙古，位於北京的紫禁城，更是象徵十四世紀至十九世紀東亞大陸的權力中心。

浩劫中被掃平。

明成祖在北京重新建都以後，對於北京周圍、今天燕地的人口是這樣安置的：他從內外兩晉——就是今天的山西省和內蒙古（國民黨時代的察哈爾）遷來了大批的內亞部落，來充實北京城周圍的人口，把他們安置在燕山山麓一帶。估計經過常遇春和明成祖這幾次折騰以後，原先蒙古時期殘餘的燕人如果還沒有被強制遷徙或者被殺光的話，也只有在所謂的後山——也就是燕山山脈的深處可能還留有一些殘餘，平原地帶和河口地帶大概是被殺光或者被迫遷移光了。今天天津衛附近的居民也是明帝國初期以後才遷入的，也是經過了人口更替。他從晉綏察那些地方遷來的晉人，多半是來自高加索到貝加爾湖一帶各種內亞部族和居民的後代，構成了今天大概至少是六成以上的燕人的祖先（因為從明成祖到現在，燕地的人口就沒有大規模更替了）。滿洲人征服和之後歷次政治上的改變，都只針對居民當中的少數統治者和精英階級，對於基層的居民來說沒什麼影響。所以清帝國的士大夫總是說滿洲人「得天下之仁為自古所未有」，原因就在這一點。自古以來，得天下的帝王沒有哪一次不把前朝的首都夷為平地、把首都的居民全部殺光的，清帝國算是破了這個例。

明帝國繼續按照帝國首都的詛咒效應來對待燕地的居民。被它遷移到燕地的居民其實本來是蒙古帝國比較彪悍善戰的一群。而且，它也在京師附近設置了幾個重要的軍事機構，包括錦衣衛、三大營[16]這些機構。其實錦衣衛主要是由內亞雇傭兵組成的，道理也很簡單：這些人是最能打的。儘管明帝國是透過推翻內亞殖民者而建立起來的，但是它也離不開這些人，因為雙方的技術優越性差得太遠了。這就像是，林彪打仗的時候離不開他從滿洲國接收下來的那批日本軍官和技術人員。反過來，蔣介石要在金門島打古寧頭戰役[17]的時候，也少不了根本博[18]和他的白團。雖然雙方都宣稱日本人是他們最大的敵人，但是雙方都不得不承認，日本人就是比自己能打。所以明帝國的情況也是這樣的，它的禁軍的主力其實還是蒙古人和內亞人。遷進來的那些部落最初還帶有幾分戍守邊疆的意義，但是隨著時移事易，由於郡縣制和宮廷的腐蝕性作用，他們的戰鬥力很快就消失了。

今天你在燕山南北去找的話，實際上從家族的姓氏就可以看出，很多姓氏是蒙古姓甚至是內亞姓。例如姓安的，很可能就來自於蒙古，是在常遇春時代躲進山裡而沒有被殺絕的那些安祿山時代的伊朗系後代。姓李的，多半都是明太祖、明成祖他們收編的蒙古兵。在明成祖賜給他們的姓氏當中，李是一個非常大的姓。如果你從種族主義的角度來看，他們應該是內亞性最強的。但是實際上，今天的燕地反而是內亞性最弱、帝國性最強的地方，比起晉人或者滿人來說，它的帝國性都還強得多。這就可以看出，種族主義的民族學說是不正確的，種族來源之類的東西可以作為各種民族發明過程中加強凝聚力的一面旗幟，但是實際上政治德性這個東西和血緣是沒有關係的，反而和你所在的小共同體的組織方式有直接關係。

北京附近的地方，包括新建的天津衛及周圍地方，那裡的散沙程度是最高的。那裡最富裕的人當然是朝廷命官，其次就是來自各省的駐京辦和各省從事各種消費性行業的商團。本地居民因為朝廷的存在，自然而然變得很油滑、品行很壞。對他們來說，最適當的賺錢方式就是去當轎夫、當酒保，或者是給達官貴人當看門人，基本上不用怎麼勞動就可以輕輕鬆鬆地賺錢，比種地或者從事技術還要輕鬆得多。但如果真的有錢，又很容易被侵犯，所以最好的辦法就是，在這種麵包與競技的環境中當一個遊手好閒的都市混混。燕人出最多都市混混，主要不是因為種族的關係，而是因為帝國的詛咒。當然，他們也得到了

16 三大營包括五軍營、三千營和神機營，是捍衛首都的重要部隊。

17 一九四九年十月，解放軍將領葉飛、蕭鋒派兵渡海，意圖攻陷金門，結果因為準備不足，登島的九千餘兵力全遭殲滅，無一歸還。

18 二次大戰末期的日軍駐內蒙古指揮官，曾經成功抵抗了蘇聯的攻勢，掩護當地的軍民撤退。一九四九年時擔任湯恩伯將軍的私人顧問，協助古寧頭戰役的軍事指揮。另外，根本博與白鴻亮（富田直亮）領導的白團屬於不同系統，兩者頗有摩擦。

很多好處，有朝廷和達官貴人在那裡，他們平時就能得到許多賞賜，救災時賑濟放糧，他們得到的麵包永遠都是最多的；當然，這樣一來就使他們變得更懶惰了。在你的收入與待遇和你的努力沒有直接關係、反過來和你眼明手快的投機很有關係的時候，你是很難產生出良好的政治品德的。明帝國後期北京周圍的各縣以「難治」著稱，當地人被那些吳越和其他地方來的士大夫認為是非常刁滑、遊手好閒。雖然這不是片面的侮辱，但是吳越士大夫作為帝國體制的主要受益者，其實倒也沒有資格指責他們，因為他們其實是連體雙胞胎，有這樣的體制就會有這樣的人。

隨著明帝國的統治進入中晚期，宮廷的消費進一步複雜化，曾經一度只有軍屯的居民又開始產生各種各樣的成分。這時，蒙古帝國晚期曾經出現、明帝國初期曾經被清洗掉的那些成分又開始出現了，也就是明帝國初期特別喜歡重用的那些來自撒馬爾罕的伊斯蘭教商人，以及明帝國後期非常依賴的那些從海上來的、信奉天主教的西班牙人、葡萄牙人和耶穌會會士，他們在這一時期又開始緩緩進入了北京的周圍地區。因為他們是朝廷必須依賴、必須予以優待的外賓，所以比過去的編戶齊民享有更大的寬容度。他們自己的社會團體不像郡縣制居民的社會團體那樣會被嚴厲地解散、無法產生自己的豪強來，同時他們也沒有必要像普通的北京市民或者周圍縣民那樣到達官貴人那裡去討生活，因此就形成了近代燕國最有抵抗力的兩種居民。第一種居民的來源比較早，就是大概在弘治、成化以前就已經開始紮根的伊斯蘭教居民。他們多半是主張哈納菲法學派[19]的教法學家所建立的團體。他們販賣來自內亞的馬匹和藥品，是早期的明朝廷不可或缺的物品。他們自己的社會團體相當強大，但是明人也做了各種限制措施，避免他們把當地居民完全伊斯蘭化，使朝廷無法控制。第二批人就是我們都非常熟悉的利瑪竇和耶穌會士從葡萄牙和西班牙的貿易海岸帶來的天主教徒。天主教會打入帝國以後，首先在北京建立了一個總教區，包括燕、晉、滿、蒙的所有傳教活動都受它領導。後來在滿洲帝國初期做了進一步的劃分，晉國有了自己的主教，滿洲也有了自己的主教，這個主教教區基本上就變成一個純粹屬於燕國的教區了。

儘管天主教和伊斯蘭教的教義不同，但是從明朝廷的角度來看，他們的政治地位其實是差不多的。明朝廷在乎的不是他們的教義有什麼差別，而是他們代表著遠方來的先進技術，因此這個輸液管是不能馬上切斷的。但是，因為他們有各種桀驁不馴的部分，所以

19　伊斯蘭遜尼派四大法學派之一，起源自伊拉克，特色為重視律法與公議（穆斯林大眾的意見），在無先例可援引時，強調從實際出發，至於執法者的個人意見和裁決，則採取「擇善原則」。中國穆斯林大多屬於此派。

也必須嚴厲地防止他們，不能讓隨隨便便什麼老百姓都透過信了他們的教，加入了他們的團體，結果讓我們自己的執金吾[20]和縣官都沒有辦法管自己的老百姓。在這種平衡的狀態下，燕國長達四、五百年的天主教教區開始形成了。他們與葡萄牙人在麻六甲、果阿[21]所形成的天主教教區一樣，有兩個特點：第一是人數不多，第二是信仰非常頑固而保守，幾百年不變。比起普通的義大利和法國天主教徒來說，他們代表了更加原教旨主義的那一派。反過來就說明了，他們自己的社會組織是格外堅強的，構成一個小硬核，可以不受外部政治波動的影響。因此，這兩種人構成了現代燕人最堅強的社會組織。從某種意義上來說，他們是享受了東亞編戶齊民很難理解的司法自治或者治外法權。雍正皇帝反對天主教的君主並下令禁教，當時巴蜀的天主教會基本上被他全部殺掉或者趕入地下，被抓住的傳教士多半會遭到處決，但即使是在這種情況下，燕國的天主教會仍然能夠頑強地存在。這當然不是說皇帝對他們特別偏愛，而是皇帝對天子底下這批組織特別完善、如果除掉他們就會引起太大事端、同時又具有很多可利用價值的團體不得不稍加寬容。

滿人入關對於燕地的居民來說，基本上和明帝國的建立有很大的不同。明帝國的建立是一場社會性的浩劫，而滿人入關卻大致上保存了原有的社會結構。他們已經變成缺乏政治野心的一群人了，在金人建立了帝國統治以後，已經習慣於在東北亞的政治體系當中，燕、齊都要屈居於新興的、蒸蒸日上的滿洲之下的格局了，所以對於滿人來說談不上有什麼抵抗延續了自己的社會模式。滿人把他們從滿蒙帶來的一些貴族安插到北京城和周圍的地方，又圈了很多地作為旗莊[22]。他們的感受和以前的吳越士大夫是一樣的：這裡的居民過於油滑和懶惰，尤其是三河縣，康熙皇帝就說過，三河縣的民風之壞，是他這輩子都沒有見過的。當然，這也是有原因的，畢竟三河縣是出「老媽子」的地方，所謂「老媽子」，與現在的服務生差不多，與北京城出夥計和酒保是同一個意思。希羅多德就說過，波斯人滅掉呂底亞王國以後，因為波斯人害怕呂底亞人起身反抗而禁止他們練武，同時又鼓勵他們從事市場經濟，因此儘管這塊地方過去以出產英勇的武士著稱，現在卻以出吹笛手和酒保而著名。滿洲帝國最初的兩百年，京師的腐蝕作用繼續作用於津京地帶，尤其是以通州為核心的這個轉運中心。這裡是貪官污吏最多、腐蝕性最大的地方。本地人已經習慣透過比較賴皮的方式賺錢，對自己的前途已經不抱任何希望了，同時也已經習慣讓任何

20 負責維持首都治安的官吏。

21 位於印度西南岸，瀕臨阿拉伯海，曾是葡萄牙的殖民地，被視為葡萄牙在印度最重要的貿易據點，當時有許多居民被迫改信天主教，至今當地仍留有天主教教堂、修道院等建築遺產。

22 清代特有的莊田，為八旗官兵所圈占，僅北京直隸一帶駐防官兵的旗田即高達十四萬頃，總數難以計算。

《時局圖》　二十世紀初以漫畫的方式呈現東亞瀕臨列強瓜分的情形：盤據滿洲和蒙古的熊代表俄羅斯帝國；占據長江流域的狗代表英帝國；趴在東南亞半島上的青蛙則為法蘭西帝國；掛在膠東半島上的香腸代表德意志帝國；太陽則代表日本帝國，陽光射向台灣、朝鮮；海上的飛鷹則為美國，代表美國也對東亞虎視眈眈，想分一杯羹。右下角還有其他動物如獾、黃鼠狼、牛、駱駝，分別代表也想侵略東亞的奧匈帝國、義大利、荷蘭、瑞士。《時局圖》是中國民族主義興起後對晚清政治的解釋。

來自外地的達官貴人騎在他們頭上都沒有什麼關係，只要你能夠不斷地讓他們揩油、占點小便宜，大家都可以相安無事。在這種情況下，可以說天主教和伊斯蘭教社團是燕地唯一還能夠保存燕人古老的自治能力和社會構建能力的團體。

## 發明幽燕西亞民族

自從十九世紀開港通商以來，對於滿洲帝國的其他地方來說，傳教士的地位有了很大改善，他們可以在法國人和條約體系的保護之下做過去雍正皇帝禁止他們做的事情。但是，對於燕國的老教區來說，變化其實不大，因為他們原先就享受了一種類似準外賓的待遇。現在當然更自由一些，但是他們的傳統早已形成，所以他們在對外傳教方面是相當消極的。如果在他們自己原先的團體之外吸收了一些過於油滑的新教民，而這些新教民可能即使名義上是基督徒，但是沾染了很多首都居民遊手好閒的習慣，那麼數量上的增長很可能對品質上的增長來說，不但沒有好處反而還有壞處，可能反過來會對他們那些原先比較小、但至少關係比較緊密的團體發揮解構作用。所以，他們傳教的積極性遠不如開港通商以前不存在、但現在獲得存在機會進而到處積極傳教的新教徒。滿洲帝國晚期，北京和附近地區的新教傳教士是特別多的，這當然是因為這裡接近天津港，洋人傳教士在天津港登陸，進入北京和周圍地區，比到帝國的其他地方都還要容易。但是他們的傳教方式，照原教旨主義教派的看法就是，比較重視救生而不重視救靈。他們主要吸引人的方式就是辦醫院、辦學校，帶來各種先進技術，讓接受他們宗教的教民都得到很多物質上的好處，但是這樣一來就變得很難區分這些人到底是不是來吃教[23]的。英美系的傳教士給燕國——特別是給天津帶來的社會進步是極其巨大的，但是真的爆發教難的時候，吃教然後又叛教的人也是特別多的。相較之下，樊國梁[24]和他的同儕用過去保守的天主教方式餵養他們的教民，為他們的教民帶來的物質福利要少得多，但是他們的抵抗力反而更強一些。

在拳匪之亂[25]的時候，這一點表現得非常清楚。大量的新教徒被殺或者逃走，有很多傳教士殉難了，有很多平時是來吃教的本土教民到危急時刻就一哄而散，只有跟著洋人據守使館的那一批人還算是有點抵抗力；但是有很多天主教教會在遠離東交民巷[26]、根本沒有什麼抵抗力的地方還能夠組織起民團來，不僅與義和團打仗，還與官軍打仗，而且還產生了著名的聖母顯靈的奇蹟[27]。這就說明了，他們的社會組織是相當有一套的，甚至可能比一九五、六〇年代北越赤化以後從北越遷到南越、產生了吳廷琰[28]的那批越南天主教徒更強一些——那些天主教徒雖然組織了自己的自衛隊，但最後畢竟還是選擇了全體撤離。

而且產生聖蹟這件事情，在宗教上有各種解釋，如果先不管其他方面，只是從社會的角度來說其實就能表明了，能夠產生聖母顯靈這類聖蹟的社區，它們實際上是已經下了破釜沉舟、死在原地然後進天堂，而不願意流亡到上海或者青島那些列強能夠保護的地方去繼續過日子的決心了。越南北部的天主教徒則是願意在美國海軍的保護之下撤退到南方去，也就是說，他們沒有出現聖蹟的原因就是，當地的天主教社區在死在原地殉道和流亡到南方

23 指憑藉教會的勢力謀生或圖利。
24 樊國梁（Alphonse Favier，1837—1905），清末被教廷派任為直隸地區的主教，拳亂時組織教堂守衛，保護了數千名教徒。
25 一九〇〇年，號稱「義和團」的民眾處死許多中國與外國的基督徒，並且焚燒教堂，武裝排外活動加劇，最後引起八國聯軍之役。
26 位於今北京市東城區的一條胡同，現已改成道路。一八六〇年清帝國於英法聯軍之役戰敗，與英、法、美、俄簽訂《天津條約》，准許四國於東交民巷設立使館，之後日本、德國、荷蘭、比利時等國家也相繼於此設立使館駐點，使得東交民巷成為外國公使、官員的聚集地。
27 東閭村朝聖地源於一九〇〇年的庚子之亂，當地教友成功抵禦了義和團與清軍的數十次圍攻，並相傳當時聖母顯靈幫助教友擊退敵軍，因此在戰爭結束後，當地教友重建了一座羅馬式大教堂以奉獻給聖母瑪利亞，此後各地教友紛紛慕名而來，熱心敬禮聖母。
28 吳廷琰（Ngô Đình Diệm，1901—1963），越南共和國（南越）第一任總統，其統治得到以美國為首的西方陣營所支持，但卻因貪腐、獨裁、歧視佛教徒而受到批評，最後在一九六三年的政變中被殺。

去繼續過自由生活之間選擇了流亡；而燕人的天主教會則選擇了寧願死在原地進天堂，也不願意到上海和青島去自由地過自己的宗教生活。從這兩者就可以看出，樊國梁與他的同儕和教民所建立起來的政治共同體實際上是更勝一籌的。

他們代表的並不是六〇年代以後、我們現在經過了自由化、顯得與新教徒和東方各教會至少在社會行為上差別不太大的天主教會，而是代表了爾六甲天主教徒和果阿天主教徒的同類。這些人在天下比較太平的時候寧願自己關起門來過日子，不在政治上和社會上留下一點痕跡，但是等到真的面臨威脅的時候，卻又能表現出極其驚人的殉教熱情，表明了他們平時社會組織度的強大。拳匪之亂以後，有很長一段時間他們沒有受到任何干擾，因此在歷史上沒有留下任何痕跡。在滿洲帝國倒台、諸夏和諸亞各邦如果沒有獲得完全獨立，至少也已經獲得高度自治的情況下，他們只要能夠享有宗教自由，也就不出來干涉直隸省議會之類的政治活動。而非天主教的、儒家的鄉紳和其他各路豪強，是經常要進入省議會的。等到國民黨借助蘇聯的勢力北伐成功、企圖取消諸夏各邦的自治權時，這些地主和士紳在殷汝耕[29]、白堅武[30]這些外交家的率領之下，企圖利用日本人的支持來恢復他們在五色旗[31]時代所享有的自治權，掀起了著名的華北自治運動[32]。國民黨和共產黨把這個運動說成是漢奸運動，但它實際上是代表了燕地普通世俗主義地主和資本家利益的一次活動，這些地主和資本家希望他們能夠恢復自己在曹錕和吳佩孚時代所享受的高度自治權。在國民黨和共產黨引進蘇聯力量的情況下，他們不得不引進日本力量來自保。但是在這些活動中，燕人的天主教會基本上都沒有參與。

直到日本人撤退、國民黨潰敗、共產黨作為蘇聯的嫡系長驅直入、同時又把首都遷回到北京城的時候，他們的抵抗力才顯示出來。這時，這些世俗的士紳都像是俄羅斯的立憲民主黨和俄羅斯的地主資本家一樣一觸即潰，被共產黨輕而易舉地透過打土豪、鬥漢奸的方式給鬥垮了；但在這種情況下，原先在殷汝耕和白堅武時代顯得好像非常軟弱無力、根本沒有什麼存在感的天主教徒又再一次地顯得非常強大，他們沒有像儒家的地主或者天津的資本家那樣輕而易舉地被抄家，被自己手下的工人和自己手下的農民扣上高帽子並批

29 中國的財政官僚，一九三五年在土肥原賢二慫恿下，成立「冀東防共自治委員會」脫離國民政府，戰後被定位為漢奸，遭到處決。

30 原本是吳佩孚的手下，吳佩孚失敗後，白堅武渡海前往日本，之後率領一群烏合之眾，意圖攻陷北京，建立「華北國」，結果遭到擊敗；抗戰期間意圖遊說宋哲元投日，被馮玉祥處決。

31 五色旗是中華民國建國之初執政的南京臨時政府和北洋政府所採用的國旗，旗面按順序為紅、黃、藍、白、黑的五色橫條。

32 抗戰前夕，日本軍方對華北的策略一直是以分化、蠶食為主，其中主要的手段就是華北自治；透過誘使華北地區脫離國民政府控制，日本企圖在關內建立第二個滿洲國，但是因為中日戰爭的全面爆發而宣告失敗。

北京城陥落
聯合軍皇城内の敵兵擊退之圖
清國戰亂畫報其廿壹
THE FALL OF THE PEKIN CASTLE THE HOSTILE ARMY BEING BEATEN AWAY FROM THE IMPERIAL CASTLE BY THE ALLIED ARMIES.

**庚子拳亂與八國聯軍**　庚子拳亂是以山東為核心的帝國北方地區，對於基督教文明的排斥而產生的排外運動。一九〇〇年，拳民號稱「義和團」，逕自對基督教徒動用私刑，並放火焚燒教堂（右圖）。慈禧主導的清政府錯誤利用了這股民間力量，最後引發八國聯軍攻入北京，以保護外交使團。庚子拳亂以《辛丑條約》的簽訂收場，也開啟了清帝國的憲政改革（清末新政）（上圖）。

鬥，反而表現出高度的團結性。共產黨要用軍管會來殺地主和資本家、殺過去的督軍和縣長是很容易的，用黨組織鼓吹這些地主資本家和豪門原先的苦力、農民和工人起來鬥爭他們也是很容易的；但是同樣一個共產黨，儘管它一開始就把天主教當成了更大的敵人，卻發現很難把天主教的貧下中農和窮人鼓吹起來，讓他們去鬥自己的主教。即使你把他們的主教關押起來，作為反革命分子虐待致死，這些與普通的貧下中農和工人階級一樣窮、甚至在共產黨的迫害之下變得更窮的天主教民卻對他們自己的主教忠貞到底，無論如何也不肯聽共產黨關於階級鬥爭或者「你們的主教是剝削、陷害你們的人」等諸如此類的說法，跟著他們來一起批鬥這些主教。

等到改革開放以後，共產黨發現只能採取比較軟的辦法，就是在原先的忠貞教會[33]之外，通過三自教會[34]這樣的官辦教會來對他們形成競爭關係。這樣一來，原先在大迫害時期忠貞到底的教民和投機性比較強、願意接受共產黨的寬容、在三自教會裡混日子的這批天主教徒之間產生了巨大的矛盾。由於現在的天主教會已經更偏向自由派，不再像五〇年

33 忠於教廷領導的天主教會與其信徒，因為和中共無神論、共產黨至上的立場相扞格，於是屢遭迫害。

34 又稱「愛國教會」，號稱以「自治、自養、自傳」為宗旨，因而得名。該教會受中國政府承認，不受境外教會（即教廷）管理與干預，其存在長久以來一直是教廷與中共爭執的焦點。

代的天主教會那樣堅決地維護反共立場，因此雙方的矛盾就變得更加難分難解了。一直到在最近共產黨與梵蒂岡之間的談判[35]當中，這仍然是一個懸而未決的爭議問題。忠貞派的天主教徒完全有理由認為，在今天燕國的政治形勢之下，因為共產黨的中央集權程度比以前的滿洲帝國、蒙古帝國更徹底，北京人全都變成了吃皇糧的寄生蟲，北京周圍的地帶變成了很可憐的環京津貧困帶，也就是依人作嫁的無產階級。在這種情況下，如果說誰還有發明民族或者自我統治的資格，那麼也只有他們這些忠貞教會以及那些從蒙古帝國時代殘留下來的穆斯林社區了。而天主教會與共產黨之間的曖昧態度和在談判中表現的不夠堅定的態度，也使他們感到傷心。

在僅僅透過宗教和社區的方式可能已經不足以維持自己的獨特地位和政治安全的情況下，他們也感到了發明民族的必要。這種必要性也出現在世界上的其他地方，例如加拿大的魁北克。在英國統治時期，他們寧願把政權交給英國人，只要自己保持宗教和社區方面的主權就可以了。但是等到英國人撤退、加拿大獨立以後，他們就發現，如果不在雙語國家的加拿大從事一點獨立活動、不發明出一個魁北克民族的話，他們相對於安大略和艾德華王子島的居民來說就要吃虧了。因此，過去在殖民時代沒有發明民族的必要，到了現在這個多元文化的時代就有必要了。如果說，連魁北克的天主教徒都有發明民族的必要的話，那麼燕國天主教徒發明民族的必要性就比魁北克的天主教徒強一百倍，因為他們面臨的是共產黨人。如果他們覺得除了堅持自己的宗教權利和社區自治以外、還有必要在政治上也建立自己的機構來保衛自己的話，那麼發明「幽燕西亞民族」（Yuyencia）就是他們無法繞過的一步。

儘管我在開始發明諸夏各民族的時候對北京城和長安、洛陽一樣深惡痛絕，認為可以將它們放在一邊，但是最終發現，那些地方的天主教會仍然有一定的抵抗力。而且特別的是，透過他們的敵人對他們所做出的污蔑，證明了他們有一定的生命力。這些污蔑是這樣說的：他們比塔利班還要壞，比唐山的穆斯林還會鬧事，是一批不可理喻的刁民。從他們給費拉留下這樣的印象來看，他們可能還是能夠在未來的波動當中倖存下來、維持自己傳統的一撥人。在未來的大洪水當中，北京城那些吃皇糧的居民基本上是沒有什麼倖存機會的，每一次他們都是注定被淘汰的一群；而燕人的天主教徒如果能夠從敵人那裡得到這樣的誹謗（或讚譽）的話，那麼他們也許能夠在未來不可避免的鬥爭中透過發明民族來強化自己的地位，使幽燕西亞民族在諸夏和諸亞各民族當中贏得自己的地位。

35 指二〇一八年中共與梵蒂岡關於主教任命問題的談判。

# 齊國篇

「太公至國，脩政，因其俗，簡其禮，通商工之業，便魚鹽之利，而人民多歸齊，齊為大國。」

——西漢・司馬遷，《史記・卷三十二・齊太公世家第二》

# 八、東北亞和東亞的緩衝國

## 齊：領先諸夏的半島之國

史前時代的東北亞，地理環境和我們現在在地圖上所看到的東北亞是不一樣的。現在的東北亞看上去是一個被切斷的大陸：以滿洲為主體，向西南延伸到燕山山脈和渤海沿岸，向東包括整個朝鮮半島，這三個部分都是連在一起的；唯獨向南，把膠東半島劃入東北亞的範圍之內，就好像膠東半島是東北亞唯一一個被孤懸在海外的地方。但是在史前時代，在歷史剛剛開始的時候，太平洋沿岸的地圖和我們現在所看到的其實是不一樣的。那時候的情況是：白令海峽[1]是一塊陸地，那時候的海平面比現在更低一些。這就是為什麼東北亞人能夠越過白令海峽（在當時是一座陸橋）進入美洲大陸的原因。同樣地，膠東半島和遼東半島之間的海峽在當時也是一座陸橋。當時的東北亞大陸是一個連續的整體，也就是說包括了今天的滿洲、朝鮮半島、燕山山脈一帶、膠東半島和整個渤海地區，以及渤海向東延伸到黃海的一部分地區，這塊地方在史前時代是一整個大陸。其中，又有兩塊巨大的沼澤地，一塊是北方的松花江、嫩江所在的平原，另一塊就是今天的渤海中央部分。東北亞大陸與西南方的東亞被大面積的沼澤地所隔開。今天的膠東半島是一個陷在渤海和黃海之間呈鼓狀的山脊，但在史前時代則是陷在北方（構成今天渤海中心部分的那塊沼地）和南方（構成今天海岱地區、黃淮平原一帶的那塊沼地）這兩塊巨大沼澤地之間的一座孤島。

隨著歷史黎明時期的開始，海水開始後退，地圖漸漸變成了與今天較為相似的狀態。渤海開始形成，遼東半島和膠東半島被隔成了兩個部分。同時，一部分是出於自然條件的變化，但更主要的原因是人類活動，在上古時代主要由沼澤地組成的東亞東部，也就是《詩經》裡所謂的「大東」、「小東」[2]這兩個地方，漸漸由不宜人居的沼澤地變成了適合人居的地方。這就是為什麼在上古時代，大東和小東遺留下來的地名經常以「丘」為名，比如說「葵丘之盟」[3]，「丘」就是山嶽的意思。丘下面是什麼？是不能住人、充滿毒氣的沼澤地。這塊巨大的沼澤地就是歐亞大陸文明傳輸鏈的末端。在西方，內亞的交通線在史前時代是以鄂爾多斯為主幹道的，沿著太行山的幾個山口南下，進入漳水流域[4]，

1 分隔俄羅斯與阿拉斯加的海峽，也是美洲與歐亞大陸的分界點，以發現該地的探險家白令為名。
2 《詩經．小雅．大東》：「小東大東，杼柚其空。」周滅殷後，封建姬姓國家監視東方各國。距鎬京較近的各小國統稱「小東」，較遠的各小國統稱「大東」。
3 春秋時代由齊桓公所召集的大型國際會議，約定國家之間必須保持和平，且遵守共同的國際規範；此會盟標示了齊國的霸業來到頂點，也是齊桓公的最大成就。
4 發源於中國山西省東南山區，流經山西、河南、河北等地，是今日河北、河南兩省的界河。

然後傳入向東、向南的沼澤地帶；印度—馬來的百越文明，沿著東南亞沿海地帶，也就是印尼、越南、南粵、閩越、吳越海岸等地，一路向北。這兩條傳播路線的終點都是今天構成山東西部、河南東部的這一塊巨大的沼澤地。在當時，這是一塊巨大的沼澤地，經過開發以後才慢慢出現各種位於丘陵和高地的小型聚落。東北亞獨立於內亞還是中古以後的事（至少是在高句麗以後），最合理的時間點應該落在渤海興起的時候。在此之前，東北亞並不是一個獨立的文化區，只能算是內亞的一個分支，所以作為遼東半島一部分的膠東半島，在當時屬於東北亞的一部分。但是隨著文明演進，海水開始隔斷了膠東半島和遼東半島，同時，原先隔斷膠東半島和東亞地區的巨大沼澤地開始一點一點地被開墾，膠東半島和東亞的聯繫就漸漸增加了，在很多時候超過了它與東北亞的聯繫。因此，膠東半島的文明就變成東北亞文明和東亞文明的一個拉鋸戰的邊境。

最初，膠東半島的東北亞性質比較強。大概在龍山時代[5]以前，泰山以北的海岸線（位於今天的膠東半島地區）和西部的龍山文化區遺址的風格差異是很明顯的，它們留下的屍骨拔除牙齒的方式和葬禮的方式都不一樣。最重要的是使用金屬的技術，在東亞地區（也就是今天山東西部和南部）仍然在使用黃銅的時候，膠東半島（後來組成齊國的那些地方）已經與內亞和東北亞一樣開始使用青銅了；等到青銅文化隨著殷人傳入中國或者東亞地區，膠東半島與內亞、東北亞已經開始零星地使用鐵器了。在黃銅轉變為青銅器以及青銅器轉變為鐵器的這兩個關鍵時刻，齊國都領先東亞地區兩百多年。這個時間表說明了，齊國在上古時代——也就是在我們都比較熟悉的春秋時代以前，它和東北亞的聯繫比它和東亞的聯繫要更緊密一些。但是在春秋時代以後，它和東亞的聯繫（象徵性地體現於齊桓公主持的諸夏會盟）漸漸地超過了和東北亞的聯繫。但是每隔幾百年，等到文明週期更替的時候，它都要從東北亞再輸入一波新的貴族和移民，填補一下由於它捲入東亞的政治鬥爭所造成的人口損失。這個週期的過程是齊國歷史的鮮明特點，也就是說，它始於東北亞，然後隨著漸漸捲入東亞的政治鬥爭，也就漸漸捲入大規模的戰爭和人口滅絕當中，然後又由東北亞的貴族和移民填補以後重新開始，如此周而復始。

最初，當沼澤地帶開始退去的時代，膠東半島的各方國開始面臨第一個中國政權——也就是我們都熟悉的殷商的巨大壓力。殷商殖民者在擴張過程中，在四面八方、在它與內亞、東南亞和東北亞的邊界地帶設置了很多殖民性質的方國：例如關中的那些方國，就是

5 又稱黑陶文化，年代距今約四千五百年左右，主要分布於今日的山東地區，文化和工藝技術相當發達，社會明顯分化，且已具有城市的雛型。龍山文化中發現的丁公陶文，有學者認為是東夷系統的文字。

後來武乙和周人、羌人作戰的據點；荊楚方面，那就是龍盤虎踞的盤龍城；東線，也就是海岱一線，則是著名的蒲姑[6]。蒲姑所在的位置就是後來齊國首都臨淄的所在地，但它是一個半獨立、半依附於殷商的方國，等於是殷商的一個藩屬國。像盤龍城是殷商深入到長江流域、東南亞文明核心區的一個殖民前哨站一樣，蒲姑也是殷商向東北亞擴張打下的一個前哨站。所謂「紂克東夷而隕其身」[7]，說明了紂在發動對東方的戰爭中把他全部的實力都消耗掉了，使他在內亞方面的擴張出現了嚴重的空白。兩線作戰的結果，使他深入內亞的一支軍隊遭到周人和江漢地區各方國聯盟的三面包圍，結果遭到了全軍覆沒的下場。作為第一個中國王朝的殷商，終於被內亞征服者給征服了。[8]在這過程中，起到觸發作用的就是東夷人。殷商當然是像所有的中國人一樣，是以自我為中心的，把它從東亞沼澤地區建立起來的這個國家看作是世界的中心。它所謂的東夷實際上包括了東北亞和東南亞地區的居民，也就是包括南方江淮的島夷、徐夷、淮夷，以及東北亞的萊夷和高夷。雖然這兩個系統有一定程度的交流，但他們其實仍有所不同，不過從殷商的角度來看他們都是東方人。東就是夷，夷就是東；東夷北狄，夷和狄既是方位名詞，也是人種的名詞；狄就是北方人，夷就是東方人；他們都是中國人在政治上的敵人。後來晉人的祖先主要是狄人，也就是北方人，就像諾曼人的詞源其實就是指「北方人」[9]；後來齊國人的祖先主要則是夷人，也就是東方人。

蒲姑的殖民像盤龍城在荊楚的殖民一樣，本身是不穩固的。它雖然變成了齊國各大方國當中最強大的一個，但是它從未真正征服、甚至沒有壓服周圍的其他方國，例如紀國、萊國。萊也不是一個國，而是像撒克遜人那樣一系列的部落和國家的總和。萊夷主要的交涉對象，大概就是位於滿洲南部和朝鮮半島北部的高夷人。他們一直到齊桓公那個時代仍然不斷地渡海來到膠東半島貿易，造就了膠東半島以及後來滿洲的造船業。現代考古學家發現了殘存在古膠東半島的船隻上有巨大石錨，說明膠東半島與朝鮮半島、遼東半島之間存在著海上貿易。石錨的重量經常是十餘斤重，可以推論，這類船隻的載重量可能重達兩、三噸[10]；不過，這樣的載重量在後來的數百年內似乎沒有明顯增加的情形。雖然當時

6 蒲姑是商人在東方的重要據點，周公東征之後遭到消滅；周公將被滅掉的奄國君民遷移至此地並進行監管。

7 出自《左傳．昭公十一年》。

8 指周克商的牧野之戰。由於當時殷商主力軍向東攻打東夷，使周人有機可趁，對殷商陪都朝歌發動突襲，最後商紂王兵敗自盡，殷商滅亡。

9 諾曼人（Normands），原意指北方人，來自挪威、丹麥等地，於十至十一世紀征服法國北部，並將其命名為諾曼第（Normandie）。

10 參見徐昭峰《遼東半島新石器至青銅時代考古學文化研究》，2019。

留下的關於造船術的證據太少，使得我們沒有辦法完全推論出當時的造船業造出來的船隻會是什麼樣子，但是相對於當時東亞和東北亞各地的類似產業來說，膠東半島的造船業已經算是比較先進了。至於青銅器的冶煉工坊，毫無疑問地，雖然不比內亞和東北亞其他地方先進，但是肯定比東亞地區先進得多；到了齊國中期才興起的鐵業也是相同的情況。

現代考古學家在被發掘出來的鐘銘上發現，齊國某位國君在封一位名叫叔夷的貴族時，曾經把四千名出身萊夷的冶鐵工匠分配給他[11]。這是一筆厚禮，因為當時的四千名冶鐵工匠在今天就相當於一個大型的軍工聯合企業。這不僅僅是給你一些榮譽、地位或者錢財，這等於是把一個可以建立一支野戰軍的巨大軍事力量給了你。你不僅富可敵國，你自身就具備作為諸侯國裡第一流貴族的資格，甚至有自己建立一個小諸侯國的實力了。這四千名冶鐵工匠當然不會是從天上掉下來的，他們的族屬很明顯是萊人，也就是膠東半島的土著居民。這就說明膠東半島的土著居民使用鐵器的時間表是跟著內亞和東北亞的時間表，而不是跟著東亞的時間表。這次饋贈的時間發生在春秋晚期，而東亞大多數地區（包括秦國和魏國），雖然在軍事上已較早使用鐵器，但在農業方面普遍使用鐵器的時間點，最早也只能追溯到戰國中期，甚至到西漢都還沒有真正完成、普及這個農具鐵器化的過程。一直到西漢，中國或者東亞大多數的農民還經常使用石器工具，特別是在鹽鐵專賣以後更是如此。

經典的石器、青銅器和鐵器的交替過程，可以說是西方考古學家在西亞和歐洲考古時總結出來的、以為是文明發展不可打破的規律；但在東亞或者中國卻被打破了。也就是說，東亞的農民，一直到上層文化好像是已經很發達、漢帝國的皇帝都已經登基的時候，他們仍然石器、銅器和鐵器並用。而在西方意義上，包括西亞和歐洲，所謂的鐵器取代青銅器，青銅器取代石器，那都是整體上很完整地取代。青銅器產生以後，一般人都不再使用石器了；鐵器產生以後，一般人也不再使用青銅器了。然而東亞的特點就是，可憐農民的生活水準，從半坡村那個時代一直到現在，從來都沒有提高過。他們過去住的是半地穴式的、和豬住在一起的房子，最好的房子也就是漢文帝時期的房子，到現在甚至還不如漢文帝時期的房子。從歷史的黎明開始，他們就使用石頭農具，後來青銅器和鐵器產生了，但是都掌握在上層人士手裡，下層人民很難拿到這些先進的農具，其困難程度相當於人民公社的社員到國有企業裡去買特批貨物。

照漢武帝的大臣的意見來說，國有企業專門製造一些用來割草的設備，以便他們在製

11 叔夷鐘銘：「造鐵徒四千」。

作統計報表的時候比較方便；根本就沒有普通農民需要的那些輕便的小東西，如果有的話，也是品質很差、連草都割不動的器具[12]。草都割不動，並不意味著農民會坐著挨餓，他們當然就回去使用古老的石鋤、石鐮、石刀和各種木器了。如果你僅僅從漢武帝和漢宣帝時期普通農民的生活狀態來看，你真的很難像考古學家一樣一本正經地說，東亞已經從石器時代進化到青銅器時代然後又進化到鐵器時代了；人類歷史的規律在東亞是一再被打破的。上層人士雖然比更先進的內亞要晚一波，但是晚一波以後還是會慢慢跟上；但當上層人士跟上之後，下層人士卻仍然生活在原始狀態，這一點是東亞自古以來就有的。而在孔子稱為諸夏的各諸侯國當中，可以確定的是，在鐵器方面，春秋末期的齊國已經領先戰國中期的各諸侯國了。只有在這一點，齊國才不像是諸夏，而像是內亞和東北亞的一個延伸。當然，隨著諸夏聯盟之後齊國歷史日漸被併入東亞歷史，它的整體水準也就漸漸與東亞拉近了。

蒲姑和萊、紀等各齊國的土著邦國之間的對立沒有維持多久，周人和內亞各諸侯的聯盟就消滅了殷商。然後他們在禱告中向他們信奉的神明宣布，我已經征服了中國，從此以後就要在中國住下來了，宅茲中國，以臨四方[13]。這是中國又一次的被征服，因為殷商本身也是內亞征服者，所以周人的征服只是重演來自同一個方向的征服。然後許多殷商的移民，包括飛廉和惡來[14]這些大臣，就企圖逃到與殷商有親密關係的蒲姑去，在那裡集結反攻力量。周公這個人不一定真實存在，但是他們和三監以及殷商殘餘勢力的戰爭則是真實存在的。無論如何，這是新體系在建立過程中的一場大戰。在這場大戰以後，周人覺得，如果把蒲姑留下來的話，早晚會成為殷商復辟勢力的心腹大患，於是趁著消滅武庚和三監的同時，一舉拔除了殷商在東方最大的殖民地蒲姑，然後一口氣封了一大堆諸侯，把他們放到蒲姑和重建的宋國裡。「商」和「宋」是同一個發音，雖然從方塊字看來是不同的字，但是在它們的原始發音裡一定是同一個字。這兩個字的差別就像「里根」和「雷根」，它們指的是同一個英文單字，只是被翻譯成了兩個不同的方塊字，「商」和「宋」之間的關係也是這樣的，因為方塊字本質上就是一種速記符號。

12 《鹽鐵論・卷六・水旱》：「賢良曰：『農，天下之大業也，鐵器，民之大用也。器用便利，則用力少而得作多，農夫樂事勸功。用不具，則田疇荒，穀不殖，用力鮮，功自半。器便與不便，其功相什而倍也。縣官鼓鑄鐵器，大抵多為大器，務應員程，不給民用。民用鈍弊，割草不痛，是以農夫作劇，得獲者少，百姓苦之矣。』」

13 「宅茲中國」出自西周青銅器何尊銘文。《詩經・大雅》：「惠此中國，以綏四方」；「惠此京師，以綏四國」。

14 飛廉、惡來父子是紂王的寵臣，飛廉善走，惡來力大無窮；周公東征奄蔡，在海邊殺死飛廉。

## 「齊—萊」二元性

在這個過程中，牧野之戰的總司令姜太公就被封到了齊國。所謂封到齊國，實際上就是，我已經拔掉了蒲姑這個殷人的前哨據點，現在我要派自己的人接管這個前哨據點。這就像是英國人拔掉了坦干伊加[15]海岸的德國據點以後，就要派自己的一支殖民軍去接管這個據點。但對於坦干伊加的土著來說，他們只是看到，過去德國人在海岸上有一個據點，現在他們滾蛋了，然後英國人接管了這個海岸據點，內地各部落之間的關係仍然是一樣的，只是在沿海與他們接觸的歐洲人變了一撥。對於萊人、紀人這樣的土著來說，齊人的到來也是相同的情況。齊人的祖先並非直接來自周室宗親，他們也不像是魯國一樣列於周班之首[16]。「周班」就是周人為各路諸侯編排歧視鏈的一個序列，魯國是東方諸侯之首，直接處於周公的系統，周禮盡在魯也[17]；但是齊國就沒有這麼重要，齊國只是與周人有聯盟關係的另外一個東方方國，你是死是活，周人就不太關心了，所以它的地位也低得多。因此，周禮完整地移植到魯國；至於齊人呢，依照司馬遷的記載，就執行因俗而治，用萊人原有的禮儀加以治理。

這也可以說明，魯人帶到東方去的是一個比較完整的班底，他們的國野之別十分鮮明。土人（野人）與國人（殷人和周人）之間的界限明顯，國人內部由祭亳社的殷人和祭周社的周人所形成的政治聯盟在很大程度上可以不理睬周圍的土著居民。直到孔子時期，魯國重大政治的決策仍然是要經過雙重批准的：一批人在亳社祭祀，在神明面前發誓，我們同意這個決議，那就是說他們其實是殷人的後代（即使在血統上不是，但至少在政治上是）；另一批人在周社——也就是魯君自己的、周人的神社去祭祀。這就說明了，在周人殖民主義時期，由殷、周兩族聯合殖民的基本格局到了孔子時期仍然存在。但是，齊人就不是這樣的。可以推測，姜太公最初帶到臨淄的那一批人的人數是不多的，以至於不足以像魯人那樣理直氣壯地把殷商的禮法延續下去，所以他非常依賴萊人和其他各路土著居民的支持，大量採用了萊人的禮法。以至於在孔子參加的齊、魯兩國君主的會盟當中，齊人讓萊人跳土風舞，嚴重地激怒了魯國的君臣，他們認為這種做法是企圖侮辱甚至劫持魯國

15 位於今日的坦尚尼亞，曾是德國在東非的殖民地，第一次世界大戰後部分地區（今天的盧安達和蒲隆地）被劃入比利時剛果殖民地，主體部分則由英國占領與託管。一九六一年坦干伊加獲得獨立，一九六四年與桑吉巴合併成為今日的坦尚尼亞。

16 《國語・魯語上》：「魯之班長而又先，諸侯其誰望之？」

17 《左傳・昭公二年》：「二年，春，晉侯使韓宣子來聘，且告為政，而來見禮也，觀書於大史氏，見易象與魯春秋，曰，周禮盡在魯矣。」

君臣[18]。但是從齊人的角度來看，這個做法並不是從孔子時期才開始的，而是自古以來，從姜太公建國以來，他們一直都是這樣的，齊國作為一個封建君主國，可以說它是「齊—萊」聯合國家。

如果說法蘭西和德意志是有資格繼承羅馬傳統的歐洲大國的話，那麼撒克遜王國和諾曼王國的英格蘭就很難說有沒有資格繼承羅馬和歐洲的法統了。有的時候英格蘭可以算是歐洲的一部分，有的時候又不能算是歐洲的一部分；而法國、德國和義大利在任何時候都是歐洲的一部分。齊國和魯國、鄭國的關係也是這樣的，魯國和鄭國任何時候都算中國的一部分，但齊國有的時候可以算是中國的一部分，有的時候又不可以算是中國的一部分。這也就導致它在整個西周時期和魯國不一樣：魯國始終是周人在東土的大東、小東的統治中心，就像盤龍城在殷人當中的地位一樣；而齊國呢，有的時候是盟友，有的時候是敵人。敵對狀態最強烈的時候，周人甚至要用政變的方式誅殺它的國君，然後周人另立的新君又得不到齊國公室和膠東土著居民的支持，結果原來被烹殺的齊國國君的子侄在萊夷的支持之下再次發動政變。政變經歷了四代人之久，才以原來被烹殺的國君的支系（也就是齊哀公的支系）重新奪取政權為結局。[19]這很明顯是在其他地方也經常會出現的兩派人馬之間的鬥爭。周人殺了一個君主以後，另立的那個君主很明顯是齊國裡的親中國派，否則周人也不會扶植他。但是他在臨淄坐上寶座以後又坐不了多久，顯然是被土著派的聯合勢力給推翻了。

　　這種情況就相當於諾曼人在征服了英格蘭以後，諾曼勢力的內部又出現了法蘭西派和英格蘭派之間的鬥爭，最後體現於威廉二世和亨利之間的內鬥。有一派貴族認為他們的根在諾曼第，堅持要把英格蘭作為殖民地來治理。而亨利呢，因為他原先是幼子，是很難繼承王位的，所以他就傾向於把那些紮根在英格蘭的諾曼貴族和英格蘭本土勢力動員起來，盡可能把諾曼第派趕出英格蘭。他們之間的鬥爭一直要

**曲埠孔廟**　儒家始祖孔子生於魯國首都曲阜，擁有千年歷史的曲阜孔廟至今仍被視為儒家聖地。魯國內陸性比較強、更接近中國，而齊國則是東北亞性和海洋性較強。兩國之間的文化差異和政治分歧，經過秦、漢帝國的大一統後，變成齊、魯文化既競爭又融合的狀態。

18 指西元前五百年齊國和魯國的夾谷之會，該盟會的目的在於調和齊國和魯國之間的衝突。

19 指齊桓公死後諸子爭位，歷經齊孝公、昭公、懿公，直至齊惠公即位後，一連串的政爭才結束，但齊國也因此國力大傷。

到英法百年戰爭結束才告一段落，最後以英格蘭本土派的勝利為結局。我們要注意，英格蘭本土派和法蘭西派的領袖都是跟著征服者威廉來的那批諾曼貴族，只不過諾曼貴族分了兩派：一派變得願意土斷[20]了，像巴西的佩德羅皇帝[21]一樣，雖然本身是葡萄牙殖民者，但是願意和巴西本地的黑人、印第安人和克里奧爾資產階級合作來驅逐葡萄牙人，而本地勢力因為自己的精英階級還不夠發達，也就願意讓這批殖民者當中的一部分人來充當他們的領袖；至於諾曼第那一派就純粹是法蘭西派了。

齊國在西周的鬥爭也是這樣的。鬥爭兩派的領袖都是姜太公的後裔，但是其中一派和萊人結盟，依靠萊人的支持反攻回來，這就說明他們是類似亨利國王這樣的土斷派；另一派則依靠周室的支援，而且最終還是沒能站住腳，這就說明他們類似英格蘭諾曼第派，也就是齊國內部的親中國派。在周宣王到周幽王這一段時間內，土著派最終戰勝了親中國派。雖然齊國的國號沒有變化，但是政權卻轉移到對中國勢力有敵意的那個支系手中。這就像現代的台灣，中華民國的國號雖然沒有更改，但是政治權力已經轉移到本土派那一方去了，親中國派的勢力被擠到了邊緣地位。這就是為什麼在周室最終東遷的時候，齊國採取不理不睬的態度。而且非但不理不睬，還進一步採取了反攻倒算的政策。這個故事被廣泛地記錄在春秋時代甚至西甌的史籍當中，被人作為春秋時期騎士精神的一個證據。齊國國君看到周室東遷，已經衰微、管不住齊國了，於是齊國就開始報仇。他問大臣，做子孫的為祖先的死難報仇是不是合理的？這位大臣回答說，當然很合理，就算是九代的仇，做子孫的也應該報。於是他就發兵討伐據說是慫恿周王烹殺先王的那位紀侯，不只把他殺了，還把他的土地也吞沒了[22]。這件事情的實質其實一目了然：齊國內部以紀侯和被周人扶立的那個支系為代表的親中國派在中國自身勢力衰微的情況下遭到了決定性的顛覆，而本土派在現在復辟的這個齊侯支系和他的萊人盟友的支持下取得了決定性的勝利。

以後的齊國就變成本土派齊人和萊人的一個聯合王國，漸漸由封建王國逐步地轉向絕對君主制王國。我們都知道，決定性的轉型發生在管仲時代。管仲一方面對自古以來就有的高夷、滿洲人和齊人之間的貿易實行管制，設立了工商官和工商鄉[23]；一方面對齊人自

---

20 土斷原本是東晉的措施，意指讓流亡的北方世族改為落腳地的戶籍，從而促成兩者間的融合；這裡指的是諾曼人征服英國之後，便定居在當地成為英國人。

21 佩德羅原本是葡萄牙的王儲；拿破崙入侵伊比利時，葡萄牙王室避居巴西，拿破崙失敗後王室復位，佩德羅卻不願離開，最後在巴西建立帝國，稱佩德羅一世。

22 即發生於西元前六九三年的齊滅紀之戰。傳說紀侯向周天子舉報齊哀公「荒淫田游」而致哀公被烹殺，兩國因此結仇。

23 《國語・齊語》：「桓公曰：『定民之居若何？』管子對曰：『制國以為二十一鄉。』桓公曰：『善。』管子於是制國以為二十一鄉：工商之鄉六；士農之鄉十五，公帥五鄉焉，國子帥五鄉焉，高子帥五鄉焉。」

古以來的漁鹽產業實行管制，從中收取了巨額稅收；然後他解放了封建制度，取消了過去的國野之別。國野之別在齊國大致上就是齊人和萊人之間的區別，萊人是齊人的主要盟友，齊萊之間的關係就像是滿洲時代的滿洲人和蒙古人的關係。有的時候齊人討伐萊人，並不是要把萊人當作敵人，而是為了更加直接地管理萊人，形成一個更統一的王國。統一以後，萊人變成齊人的主要兵力，就像後來伐魯的時候所表現的那樣，萊人是齊人的主力，而且萊人是冶鐵高手和造船高手，是齊國軍工事業不可或缺的核心部分。管仲的核心政策就是，取消國野之別，把原來僅僅由封建貴族擔任的軍事職位向全民開放。按照歐洲歷史的規律來說的話，這就是一個從路易十四到拿破崙的轉變。透過這次轉變，再加上他的稅收政策，使齊國增加了大量的收入，讓齊國爆發出驚人的國力，一舉凌駕於諸夏之上。

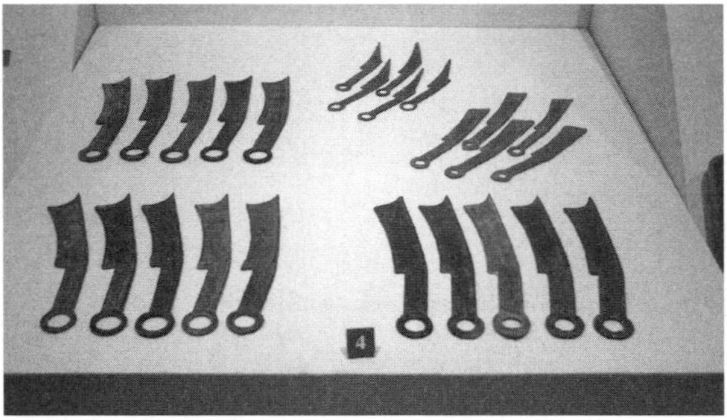

**齊國刀幣**　刀幣起源於齊國，又稱「齊刀」。除了在齊國流通，鄰近的燕國、趙國也接受齊刀，表示晉、燕、齊三國之間已經非常發達的經貿往來。齊刀有多種款式，最著名的是刻有六個篆書文字的「六字刀」，可能是紀念姜太公被封於齊，或是紀念齊桓公成為霸主。

東周剛剛開始的時候，諸夏主要是鄭國、衛國那些國家在那裡折騰，基本上只限於中國本部的那個沼澤地區。而自宣王以來，因為周人以野蠻的方式干涉齊國內政，周和齊其實已經結下仇了，於是當周有難時，齊國就採幸災樂禍的態度，看著周人倒楣，不肯發兵援助。直到內亞人和晉人的祖先狄人一舉消滅了周人設在殷商陪都——朝歌的衛國、兵臨黃河的時候，魯國也好、鄭國也好、衛國也好、以及殘存的洛陽周天子這才發現，他們已經是一批東亞化或者中國化的內亞人，像是光緒年間的滿洲人再也不敢和俄羅斯人打仗一樣，他們已經沒有能力和攜帶著新一波技術革命以後的新武器的敵人對抗了。這時，他們感到他們極其需要齊人的支援，所以也就不再追究齊人為什麼殺掉了親中國派的君主、消滅了親中國派的政治勢力等這些舊帳了。而齊桓公在管仲他們的協助之下完成了軍事改革和財政改革，錢有餘，兵力也有餘。於是他九合諸侯，一匡天下，在國際上為齊國贏得了崇高的地位，在內政方面把封建君主制向絕對君主制推進了一大步。

整個春秋時代，諸夏各諸侯國都發生了從封建君主制到絕對君主制的轉型，但是轉型越早越不徹底，轉型越晚則越徹底。齊國是最早轉型的，所以最不徹底。它設立了五都三軍：五都，各都的大臣有一定的軍事動員權力，也就是動員當地民兵的權力，這說明齊國保留了一定程度的聯邦制的特點；三軍，一軍由齊侯自己率領，一軍由國氏率領，一軍由高氏率領，這就說明國氏和高氏是僅次於國君的高級貴族，國君沒有把軍權全部掌握到自己手裡。等到春秋中晚期楚國推行絕對君主制改革的時候，楚君的權力就比齊國這樣的第一批絕對君主還要大；等到戰國早期三晉推行第三波絕對主義改革的時候，韓、趙、魏三國君主的權力又比楚國君主的權力還要大；最後等到戰國中期秦國推行第四波絕對主義改革的時候，我們都知道，就產生了秦始皇的體制，把巨大的權力交給了秦國國王，是齊人、楚人和韓、趙、魏三國都望塵莫及的。結果等到戰國末期就出現了這樣的局面：最晚改革、改革最徹底的秦國是君權最大的國家，最早改革、改革最不徹底的齊國則是君權最小的國家，楚國介於兩者之間，而韓、趙、魏三國的情況則比較接近於秦國。

我們可以合理推測，關於國、高兩家的起源，高止那一家顯然是滿洲人的後裔，也就是後來產生高句麗的那一批高夷人的後代，所以他們的國才叫作高國，此外還有郭氏、國氏和其他各氏。可以想像的是，他們之所以能夠與齊侯平起平坐，就是因為在姜太公建國的時候，他們已經是膠東半島很有能力與聲望的方國領袖，或者至少也是世家大族的領袖。他們的祖先應該可以追溯到膠東半島和遼東半島仍然有陸橋相聯繫的那個古老時代。後來海水來了，把高家與他們在高句麗和滿洲的旁支隔離開來，他們就變成了齊國的首席貴族，而他們的旁支漸漸建立了後來滿洲的高句麗國和朝鮮半島的高麗國。

## 從齊國降為齊郡，被迫成為東亞的一部分

齊桓公九合諸侯，一匡天下，做了諸夏的領袖，是非常得意的。他率領著諸侯的聯軍，設置了黃河防線，阻止志得意滿的狄人越過黃河，進攻諸夏的核心地帶。但是，他這麼做也就把齊國拉入了諸夏會盟的體系。大致上以齊桓公為界，齊國和東亞的關係開始超過了它和東北亞的關係。儘管齊人以漁鹽和貿易著稱，而且直到西漢中期這仍是齊國比其他諸侯國富裕的主要源泉，說明了環渤海圈的貿易仍然是它的重要財源之一，但是貿易關係不如政治關係來得重要。政治的關係使齊國願意自居為諸夏之一，不斷地用它的國力去干涉諸夏其他各邦，包括周天子的內政；但最後就像所有干涉中國內政的邊緣國家一樣，都漸漸地被中國內部的腐化勢力所同化。到戰國時期，齊國被認為本來就是諸夏的一部分，東亞的性質漸漸超過了東北亞的性質。這樣一來，它在秦始皇發動戰爭的時候也就被當作中國的一部分，被併入了秦始皇的帝國。它為了戰爭開支而設置的那些絕對主義的措施，包括貿易壟斷的措施，都被秦始皇和漢武帝繼承了下來。秦和西漢一代，齊國故地是秦、漢帝國的經濟命脈，大多數工商方面的官職都設在齊國故地，鹽官和鐵官之類的都設置在這裡。

在中國征服的初期，他們還遵循韓信的那個建議，也就是「不為假王以鎮之，其勢不定」[24]，這就是說，雖然齊國已經喪失了自己的獨立性，但是如果不立一個有別於長安或洛陽皇帝的齊國君主的話，齊國人不會滿意，那麼就很難統治齊國了。這種情況其實主要還是稅收和財政的問題。如果讓韓信做了齊王或者是讓劉肥[25]做了齊王，無論他是韓家人還是劉家人，他只要到了臨淄，他就自然可以看到，齊地七十餘城，豐厚的財政稅收都歸他一人。如果這筆錢歸了長安朝廷，那就不歸他了。所以，即使他是劉家的後代，也會在一定程度上維護齊國的獨立。可以這麼說，秦和西漢前期的齊國是處在一種相當於今天香港的狀態，漢朝廷雖然掌握了齊國君主的任命權，但是齊國的君主仍然有自己獨立的財政和司法系統，仍然有獨立的利益。這個獨立的利益，使它可以在一定程度上制定抵抗中國的外交政策。這種外交獨立性就體現於著名的吳楚七國之亂[26]。吳楚七國之亂實際上就是楚國各地的各諸侯（也就是吳王和楚王）以及齊國各地的各諸侯（齊王以及齊王麾下的膠東王、濟北王這些小王）聯合起來，反對日益向秦始皇體系靠攏的漢景帝。然而，他們的失敗導致漢武帝全面復辟秦始皇體系。

我們都知道，漢高祖劉邦建國時所採取的是一種妥協政策。項羽本來是想復辟齊桓公、晉文公那種多國體系的，但是他失敗了。然而漢高祖也不敢直接復辟秦始皇體制，因為他畢竟和項羽一樣，是打著打倒暴秦、恢復多國體系——也就是恢復諸夏、恢復包括楚王在內的各路諸侯的名義起兵的。而且他也沒有那樣的實力，看到英勇善戰的項羽都辦不到了，他自認能力遠不如項羽，當然更不敢做類似恢復秦始皇體制之類的事情。因此，他採取了在秦始皇和項羽之間折衷處理的辦法：他像秦始皇一樣稱帝，但是像項羽一樣保留了東方歷史最悠久的各路諸侯。在文景之治休養生息的時候，也就是說當時朝廷還非常窮困，必須韜光養晦，像鄧小平時代和江澤民時代那樣，必須堅持不出頭、不稱霸的原則，盡可能地從四面八方偷技術來充實國力，在這個時候這種體制就執行得很好；但是經過文景之治幾十年，國力已經充實了，技術也已經偷得差不多了，他們就像習近平一樣開始崛起了，過去的條約也就不算了。這時，東方各諸侯感到了危機，覺得如果不能夠擊退這次進攻的話，他們未來的獨立會成問題。

24 出自《史記・淮陰侯列傳》：「使人言漢王曰：『齊偽詐多變，反覆之國也，南邊楚，不為假王以鎮之，其勢不定。願為假王便。』」
25 劉肥（?—前189），雖為漢高祖劉邦的私生子，但仍受到重視，前二〇一年被劉邦封為齊王。
26 漢景帝初期，朝廷欲加強中央集權，因而實施削藩政策，引起諸侯不滿；西元前一五四年爆發以吳王劉濞、楚王劉戊為首的七國之亂，被中央朝廷鎮壓而以失敗告終。從此皇帝權力大幅提升，而諸侯則失去統治實權。

事實證明，他們的擔憂是有道理的。在吳楚七國之亂失敗以後，漢武帝的朝廷就開始像現在的中共對待香港一樣，一步一步地削減他們的自治權。首先是把齊國分成一系列的小諸侯國，使後來的齊國只包括以臨淄為中心的一小部分地區。齊國大部分的地區，首先封給膠東王、濟北王之類的人物，然後再推行推恩令[27]，使他們分解為更小的侯國。最後就由游士主父偃[28]進讒言的最後一擊，廢除齊國，改為齊郡。

這就像是廢除香港特別行政區之後，把香港變成像是天津和上海一樣的直轄市。然後等到齊王被主父偃的誣告逼死以後，漢朝廷又開始假惺惺地查辦主父偃，替齊王平反。根據他們後來的調查，主父偃的誣告是毫無道理的，只是他作為一介遊士、為了當大臣、貪功名而設計的誣告。但是，既然齊王是被冤枉的，那你為什麼不把齊國的土地還給齊王的後人呢？齊王畢竟也是劉邦的宗室，與你漢武帝是一樣的血脈，但是他們並沒有這麼做。首先，漢朝廷利用主父偃的誣告，任命主父偃當大臣，進而滅了齊國；然後他又反手一耳光，宣布替齊王平凡，主父偃是個大壞蛋，把主父偃扔進鍋裡活活煮死。於是主父偃就實現了他自己當遊士時的最高理想，也就是在世的時候如果吃不到五鼎烹製的飲食，寧願在死的時候被五鼎活活煮死[29]。他實現了自己的理想，吃上了五鼎烹製的、給大臣準備的高級美饌，最後也被扔進五鼎活活煮死。但是在這個過程中，真正的獲利者當然是漢朝廷了，它利用區區一個不值錢的主父偃就滅掉了齊國，然後替齊王平反以後又只是為齊國而懲罰了主父偃，但並沒有把齊國的土地還給齊王的後人。

齊郡取代了齊國，這就意味著齊國的豪強和土豪失去了自己原有的保護者，接下來他們面臨的就是大遷移。大遷移的意義在《聖經》裡已經說得很清楚了。亞述人和巴比倫人滅了猶太國以後，首先的做法就是把最富有、最高貴的人遷走，只留下最貧賤無依的人。貧賤無依的人失去他們的領袖以後，自然變成一盤散沙，失去了反抗力量。列寧在殺舊貴族、舊資產階級、富農和知識分子的時候，也是看準了這一點；而史達林在波蘭大開殺戒時也是這樣的，只要把勞動人民最尊重和信任的領袖殺光了，勞動人民就變得群龍無首，你要把他們關進集體農莊活活餓死，他們也沒有辦法。如果他們的領袖，無論這些領袖是貴族、地主、資產階級、知識分子、天主教教士、伊斯蘭教的阿訇[30]還是其他人，只要民

27 前一二七年，漢武帝採納主父偃的建議，頒行「推恩令」。所謂「推恩」，就是改變諸侯王嫡子相傳的制度，改為諸子均分，從而大幅削弱諸侯王的力量。

28 主父偃（前二世紀？—前216），齊國人，漢武帝的寵臣，在內廷極具勢力。他奉令調查齊國，向武帝報告齊王亂倫，結果齊王被逼死，主父偃也因為滅亡齊國，遭到各諸侯的反彈，最後被族誅。

29 《漢書．主父偃傳》：「大丈夫生不五鼎食，死則五鼎烹耳。」

30 阿訇（Akhund）是古波斯語詞彙，意指「老師」、「學者」。在古代是那些受波斯文化影響的民族對宗教領袖或長者的

間還有凝結核在，你要是推行暴政，這些凝結核就會團結人民起來反抗；把凝結核殺掉了，人民就變成一盤散沙了，你要推行暴政就變得很容易了。

漢武帝以後，每一位漢帝國皇帝死的時候都要搞移民，它要營建一個巨大的山陵，這些山陵由工匠修建，修建了以後工匠們都遭到活埋，例如在漢景帝的漢陽陵中就發現了活埋工匠的事情，那樣的殘酷性比起秦始皇是絲毫不遜色的。活埋這件事本來是第一個中國王朝——殷商在執行人殉時很常見的事，但是到了孔子時代，諸夏文明進步以後，已經普遍被認為是野蠻習俗。所以孔子就說，始作俑者，其無後乎，說明當時使用人殉已經變得很少見了。秦穆公野蠻地埋了三良就引起了《詩經》作者的嚴厲譴責。從這可以看出，即使是在秦國，這種人殉習俗在當時也是不流行的。所以，秦穆公偶爾弄了一下，大家都不能接受。等到春秋末期和戰國早期，這樣的偶發現象都很少了。然而秦始皇和漢高祖建立中央集權統治以後，這種可怕的野蠻習俗不僅復活了，規格還大幅提升了，而且還發生在被儒家學者高度評價的文景之治時期，這充分證明了中國的史書全是一派胡言。

在陵墓修好的時候，就要把這一批修建陵墓的工匠活埋掉，然後等到陵墓建好了、皇帝的屍體埋進去以後，陵墓周圍還要設守靈戶。守靈戶的規模可不像是後來那樣，例如在清帝國時期為明十三陵或者明孝陵守靈時，派上幾十戶人家就差不多了。當時的守靈就是要建立一個完整的城市，一個有幾萬戶的大城市。這些大城市的人口從造反傳統深厚的齊國遷來，遷諸田、諸強宗豪右，也就是說把產生了田橫的那個強大齊國王室的後代遷離原地[31]。田橫是能與項羽齊名的人，是中國統治者最害怕的人。這個動機當然就是亞述式的觀點，把最強而有力的人、最大的宗族拔掉以後，齊國本地只剩下軟弱的普通老百姓，於是它就變得沒有什麼威脅性了。幾次遷移以後，齊國的精華階級全都被遷走了。同時，他們是被遷到皇帝的山陵裡面，也就是設在關中，這樣一來，關中本身的人口結構就改變了。於是，關中皇帝直轄區，所謂的扶風這一帶的直轄區，就像是今天的北京直轄市這樣的地方，他們的社會組織能力被削弱到最大限度。同時，齊國的社會組織度也被強烈弱化了，這是一個一箭雙雕的政策。

這個政策，我可以舉一個非常實際的例子，就是我的家族所經歷的那個例子。共產黨

尊稱，今日則為中國穆斯林對宗教領袖的稱呼。

31 《史記．劉敬叔孫通列傳第三十九》：「劉敬從匈奴來，因言『匈奴河南白羊、樓煩王，去長安近者七百里，輕騎一日一夜可以至秦中。秦中新破，少民，地肥饒，可益實。夫諸侯初起時，非齊諸田，楚昭、屈、景莫能興。今陛下雖都關中，實少人。北近胡寇，東有六國之族，宗強，一日有變，陛下亦未得高枕而臥也。臣願陛下徙齊諸田，楚昭、屈、景，燕、趙、韓、魏後，及豪桀名家居關中。無事，可以備胡；諸侯有變，亦足率以東伐。此強本弱末之術也』。上曰：『善。』乃使劉敬徙所言關中十餘萬口。」

依靠蘇聯的支持，征服了包括巴蜀和東突厥斯坦在內的滿洲帝國過去的兩塊主要殖民地，然後它在這兩個地方都推行打土豪的政策。把原先在滿洲帝國解體以後的那個五族共和的諸夏聯盟時期（就像英聯邦繼承了大英帝國一樣），居於統治地位的地主資產階級打成反革命分子、地主分子、資產階級分子，以三反五反、土改之類的辦法把他們打倒。打倒以後，再把巴蜀地區原先的大學生、富家子弟和有點文化的人集結起來，讓他們做國有企業的技術骨幹，然後再派這些國有企業去支邊[32]，也就是說派到他們稱之為「新疆」的滿屬內亞地區去，在那裡建立實質上不是經濟動機、而是統治動機的國有企業。這些國有企業，說老實話，它們花的國家預算比它們賺來的錢還要多，如果從經濟角度來看是不划算的，但是它們的用途就像是三監設在東土、盤龍城設在荊楚一樣，是北京黃俄共產國際殖民政權用來監視烏魯木齊、昌吉、克拉瑪依各地穆斯林勢力的釘子。這幾個釘子一打下去，有這幾個國有企業在那裡看守，當地的精英階級就被排擠到一邊去了。

這就像是蔣介石透過二二八事件和土改抹殺了台灣的精英，然後蔣經國再透過十大建設[33]設計了一大批國有企業，接著把台灣在日治時期由林獻堂[34]那些台灣本土的地主和資產階級所開發起來的銀行業、制糖業之類的產業全都擠到一邊了去。台灣本土人頂多能夠做到醫師和教師，想要做到國企的高階管理人員是不可能的，更不用說做軍隊情報系統的領袖了。只有蔣介石和蔣經國帶去的那批人才能做國企的高階管理人員、軍隊情報系統的領袖。有了這批國企在這裡面坐鎮，殖民主義就算是成功了一半。與此同時，它在把巴蜀上層階級有文化、有技術的子弟派到東突厥斯坦去當殖民者的同時，又把它從滿洲調來的那些在滿洲國時期培養起來的技術人員（他們當然也是滿洲地主資產階級的子弟）聚集起來，然後在成都、宜賓、重慶各地再設立一批國有企業。這批國有企業的核心是哪些人呢？就是滿洲地主資產階級的子弟。他們在巴蜀是外鄉人，與巴蜀土著處在敵對狀態，而且他們的國企也是花錢多、賺錢少，但待遇卻比巴蜀本地人要高得多，因此巴蜀本地人肯定要恨他們，更不用提共產黨殺光巴蜀本地老一輩精英這件事情了。這批外來人和巴蜀本地土著之間的矛盾，保證了共產黨在巴蜀的殖民統治可以長治久安。

被它殺光的那些巴蜀精英的下一代到哪兒去了呢？被它派到東突厥斯坦去了。派到那裡去，他們和突厥的穆斯林老百姓處於敵對狀態。而在巴蜀，負責鎮壓巴蜀本地貧下中農

32 「支援邊疆」的簡稱。

33 十大建設是蔣經國任行政院長時期所推動的所謂十項重要基礎建設，包括核一廠、高速公路、中鋼、中船等。

34 林獻堂（1881—1956），出身霧峰林家的台灣政治領袖，自日治時期起便不斷為台灣人的政治權益奔走；國民黨發動二二八事件後，他隱居日本不歸，最後卒於日本。

的則是一批滿洲地主資產階級子弟。這批滿洲地主資產階級子弟，他們的爸爸和爺爺到哪裡去了？他們的爸爸和爺爺和座山雕[35]一起被共產黨槍斃了。他們如果留在滿洲，必然會向共產黨復仇；但是他們到了巴蜀，面臨著語言不通、生活習慣不同的巴蜀貧下中農的仇恨和嫉妒，即使爸爸和爺爺都被共產黨槍斃了，他們仍不得不維護共產黨的殖民統治，幫助共產黨鎮壓巴蜀本地的貧下中農。就這樣，共產黨在巴蜀的統治就能長治久安了。而巴蜀的精英階級跑到東突厥斯坦去，又像是滿洲的精英階級跑到巴蜀一樣。儘管我的祖輩是被共產黨坑死的，但是我與周圍的穆斯林居民仍然處在敵對狀態。為了防止周圍的穆斯林居民把我推翻、消滅我的特權，我還是得支持共產黨。台灣的國民黨人，那些眷村[36]居民就是這樣的，我們的家人都被共產黨殺了，我們被共產黨趕到了台灣，但是我們現在還是得反對台灣本土人，因為如果不這麼做，我在台灣的地位就保不住。所以，像這種類型的大遷移，正是殖民主義者鞏固其統治的不二法門。

## 漢帝國的殖民統治術

中國的漢朝，也就是中國繼商朝、周朝和秦朝以後的第四個王朝，抽空了齊國的精英階級，把他們抽到關中來，發揮了同樣的妙用。他們一到關中來，就把過去秦國曾經存在的那些良民壓到一邊去，改變了秦國的人口結構。關中地區本來有很多像公孫賀、李陵那樣祖先來自內亞的世家子弟，例如李陵他們家，和吉爾吉斯人就有親密的血緣關係[37]。如果讓他們繼續發展下去，他們有一定的戰鬥力，還可以與內亞的親戚相勾結。如果他們與內亞的親戚一勾結，那就會發生周幽王時期的政變那種事。關於周幽王烽火戲諸侯的政變，雖然烽火這件事情是漢人後來編出來的，但實質情況就是，朝廷內部的申侯和他們在內亞的親戚——也就是犬戎人聯合起來，把朝廷鬥倒了。如果李陵和公孫賀這些內亞血統很重的豪族與他們在匈奴、堅昆、丁零的親戚聯合起來，對漢武帝和他的繼承人這樣搞一下，那麼漢武帝的後裔不就變成周幽王了嗎？但是齊國的貴族和資產階級一旦移進關中，

35 本名張樂山，滿洲地區土匪，後來被共黨英雄楊子榮活捉處死。文革時期，這段故事被改編成京劇樣板劇「智取威虎山」，轟動一時。

36 國民政府將遷徙來台的軍人及其眷屬安置在各個地區，形成一個又一個的聚居地，是為眷村。這些眷村生活自成天地，與原本的台灣社會格格不入；國民黨以此達成控制軍人，使其不與台灣人聯合的目的，但也造成了日後嚴重的社會對立問題。

37 《舊唐書．回紇傳》：「初，黠戛斯破回鶻，得太和公主，黠戛斯自稱李陵之後，與國同姓，遂令達幹十人送公主至塞上。」

最大的受害者就是李陵和公孫賀這種人，就好像我的祖先這種人，本來是巴蜀的地主資產階級，一旦他們移到了東突厥斯坦以後，最大的受害者就是東突厥斯坦原來的地主資產階級、神職人員和本地的民族資產階級之類的精英人物；雙方其實都是受害者。齊國的貴族和資產階級，像諸田之類的人，在齊國本來是僅次於國君的統治階級，就算不是貴族至少也是富人；但是到了這裡，他們就只能依附朝廷了，而且還要為了朝廷鎮壓當地的豪族；最後，雙方的豪強都輸光了，只有朝廷占盡了便宜。

中國朝廷就用這種先進的殖民主義統治術，把在孔子時代和孟子時代非常強大的諸夏精英階級一一消除。在這個過程中，誰最先進，誰受害最大。比較落後的人雖然吃虧，但也只是吃了一點小虧。共產黨打土豪的時候，河南地主遭到了酷刑，趙紫陽就親自主持了河南土改，把地主綁在旗杆頂上，然後讓他們看著自己的兒女在旗杆下遭受嚴刑拷打。一面嚴刑拷打，一面問被綁在旗杆上的地主，你看見蔣委員長的軍隊沒有？如果你說沒有看見蔣委員長的軍隊，他們就繼續打你的孫子，打你的小孩。直到你忍不住說，我看見蔣委員長的軍隊了，然後他們就割斷旗杆上的繩索，讓你從旗杆上掉下來，落在擺在地上的釘耙上（就像豬八戒手持的那種釘耙），最後七孔流血而死。但是你只有這樣慘死，才能夠防止他們繼續虐待你的兒女；這就是廣大民運人士最熱愛的趙紫陽同志所主持土改的方式[38]。但是河南那些地主本來就不是很有錢的人，他們雖然也是受了一些冤枉、受了一些損失，但是和蘇州的士大夫階級相比的話，他們受到的損失是很少的；蘇州的士大夫階級和滿洲那些論水準來說與日本差不了多少、是東亞唯一接近歐洲水準的地主資產階級和工程師相比起來，他們吃的虧算是比較少的了。誰先進，誰吃最多虧。所以在中國人的統治之下，相對於鄭國、魯國、韓國來說，那當然是齊國吃的虧更多了。齊國在經過了秦和西漢的統治以後，最高級的精英階級基本上被毀滅了，就像經過了國共兩黨的統治以後，滿洲和巴蜀的精英階級基本上被毀滅了。

在西漢末年，全國陷入流寇戰爭。流寇戰爭是精英階級毀滅的必然結果。上層人毀滅了以後，等到暴政來的時候，只有水準比較低的人出來當領袖，就是樊崇[39]那種人，他們最高級別的官員就是三老[40]之類的。赤眉、黃巾之類的流寇，或者像法輪功這樣的民間宗教，他們的領袖人物都是技術水準不太高的，因為比較高水準的人已經被殺掉了。這時，

38 這種方法被稱為「望蔣杆」。參見林雪《趙紫陽：從革命到改良（廣東篇）》，世界華語出版社，第18頁。
39 樊崇（?—27），山東人，新莽末年赤眉軍的領袖，擁立漢宗室劉盆子為帝，後被劉秀打敗斬殺。
40 地方上負責掌管鄉里教化的鄉官。

復辟齊國、重建齊王政權的張步[41]，也不過是一個稍微有錢的普通人。這就說明了，過去齊國的精英階級已經被消滅掉了，現在齊國民間能夠站出來保境安民、避免齊國被大洪水淹沒的也只剩張步這樣的勢力。而像張步這樣的勢力，除了他本身的冒險家性格比較強以外，他與其他平民的區別是不大的。他只是宗族比其他人要多一些，所以憑藉宗族勢力，多多少少還可以團結一下周圍的鄉里，形成一個不太穩固的政權，但是很快就被光武帝劉秀給削平了，完全無法與過去田橫抵抗項羽和劉邦的局面相比。這就說明了，原先的世襲貴族和高級資產階級被消滅以後，後來從平民階級重新興起的這一撥新的精英還處在羽毛未豐的狀態。可以這麼說，你如果現在到巴蜀去看，他們現在培養起來的那批知識分子，比起他們在英法帝國主義時代培養出來的張培爵[42]、夏之時[43]那一批被視為巴蜀利亞國父的巴蜀地主階級仍是遜色許多。現在他們只能夠培養出像王怡[44]、劉漢[44]、冉雲飛[45]這樣的人，與過去張培爵、夏之時和厚黑教主（李宗吾）他們這些軍紳人員相比的話，就好像是你砍倒了百年老樹以後又成長出一批速生林。西漢末年在齊國稱王建號的張步與過去田橫這批人比起來，就像是拿現在的劉漢這批人與過去的張培爵、夏之時那批人相比一樣，是非常類似的現象，都是森林被砍倒以後所造成的惡果。

但是話又說回來，在秦政最嚴苛的時期過去、漢武帝和漢宣帝時期過去以後，漢帝國末期開始轉向柔仁好儒[47]，也就是說，中央統治權開始衰退，宗族組織開始成長。我們要注意，在漢高祖那個時代，所有的社會中間階級都被削平了。漢高祖本人就是出身自一個原子家庭，一個五口之家，他根本找不出什麼宗族來給他撐腰。漢景帝和漢武帝他們繼續採取摧殘豪族的政策。直到西漢末年，這個政策才放鬆。放鬆以後，以《白虎通義》那種新儒家倫理為代表的、新式的、從秦漢初期的平民階級成長起來的新富農，逐步發展成又一批新的平民宗族階級。這個平民宗族階級產生了張步和新的齊國，也產生了後來魏晉南北朝時代的經學世家和禮法門第。這個集團產生了張步的新齊國以後，在東漢時期和三國時期一直成長下去，但在張步敗亡以後，始終沒能夠建立起自己的高級政權，說明他們的政治能量是遠遠不如以前的高級貴族的。他們只有在燕國和滿洲慕容氏攜帶東北亞新的一

41 張步（？—32），徐州人，新莽末年盤踞齊地東部的豪強，一時聲勢甚大，但最後敗於劉秀，企圖逃亡被殺。

42 張培爵（1876—1915），同盟會會員，辛亥革命時在重慶宣布獨立、擔任蜀軍都督；二次革命失敗後遭北洋政府處死。

43 夏之時（1887—1950），張培爵副手，曾擔任川西護法軍總司令，後來解甲歸田，熱心興學；一九五〇年遭共產黨處死。

44 中國作家、詩人、學者，牧師，同時也是著名的公共知識分子，因支持地下教會，而被英國《金融時報》列入二十五位值得關注的中國人之一，屢遭中共彈壓。

45 四川著名的富豪與黑金商人，據傳與周永康關係密切；周倒台後，他也跟著失勢，並於二〇一五年被處死。

46 中國著名的維權人士，曾參與劉曉波的《零八憲章》連署，同樣屢遭中共彈壓。

47 「柔仁好儒」是班固在《漢書・元帝紀》中對漢高宗劉奭的評語。

批蠻族貴族給他們輸入新血的時候，才能夠恢復他們在上古時代的光榮傳統。這就像是，法蘭西和義大利經過羅馬晚期官僚帝國的摧殘以後，只有在日爾曼人給它產生一批新的法蘭克人的貴族以後，古老的高盧文明才能夠煥發出第二輪生機。這就是中古時期齊國的故事了，它要在永嘉之亂這場大洪水以後才會重新產生。

永嘉之亂，按照大多數歷史學家的意見，相當於日爾曼人入侵西歐的意義，給東亞提供了一個重新開始的機會。在這以前，齊國日益被削平，變成不再是東北亞的一部分，而是東亞的一部分。在大洪水以後，東北亞貴族像日爾曼人一樣，再度侵入齊國，重新替齊國建立了一個封建的上層階級。這時，齊國再一次變得與滿洲、朝鮮半島和燕國關係更密切，也就是說，再一次實現了脫離東亞、恢復東北亞，從而實現了它的第二輪崛起。齊國歷史上每一次崛起都是它歸屬東北亞、走封建道路的結果，而每一次衰亡和大洪水都是它脫離東北亞、重新回到東亞的結果。目前為止談的是第一道輪迴圈，下一道輪迴圈，也就是中古時代慕容氏和燕國、滿洲世家大族重建齊國的故事。

# 九、王國、藩鎮與行省

## 種族民族主義VS.文化民族主義

永嘉之亂造成的大洪水，使得東北亞和東亞之間的傳統邊界從種族意義上來說完全消失了。也就是說，在春秋時代通常被劃歸給魯國的泰山以南的那些地方，在慕容氏率領滿洲人重新殖民以後，在種族上已經和春秋時代被劃分為齊國的那些濱海地區（傳統上屬於東北亞高夷人的地區）變得沒有辦法區別了。洪水是有選擇性的，也就是說雙方的滅絕程度是不一樣的。除了廣固這樣的山城以外，泰山以外的平原地帶幾乎沒有留下什麼居民。廣固（今山東青州）在人數最少的時候一度只剩下幾百戶居民，也就是說它只有幾千人的殘餘居民。南北朝以後直到唐宋，這塊平原上的居民來源都是清晰可查的，他們是慕容德[1]所率領的那一批南下的鮮卑人的後裔。這批人的上層階級當然就是慕容家族的貴族，也就是鮮卑的統治者，慕容家族是鮮卑三大系中代表滿洲的那一系。他們也是金庸小說《天龍八部》裡一天到晚想著復國的慕容復那一家真正的起源。如果慕容復這個人能夠在歷史上找到一個相應的來源，那麼無疑地，他要麼是來自於慕容德這一支，要麼就是來自於龍城的慕容家老家那一支，但是他們的族群起源是完全相同的。

它的社會中間部分，是由一系列的高家和封家這樣的名門大族、連同他們的部曲所組成的武裝殖民團。慕容家以及扈從慕容家的聯姻貴族構成了它的統治集團。高家、封家這些利用儒家禮法組建社會基礎共同體的名門構成了墾殖者，他們在這些平原上發揮的作用就像是早期北美的清教徒教會所發揮的基礎共同體的作用一樣，由教會組成的小共同體就是墾荒者主要的社會組織，而儒家禮法在這場革命性的歷史進程中就發揮了基督教會在北美荒原所發揮的作用。如果我們忽略魯地是被人為清空的，而北美本來就沒有多少居民的這點差別，那麼從基礎共同體的角度來看，南北朝時期的北朝名門所說的禮學從本質上來看就是一個基礎共同體的組織學。它的用處就是，以家族為中心，把居民重新組織起來，解決誰服從誰、應該怎樣處理各種利益糾紛的問題。這是另一種習慣法，它表面上仍然打著周禮和孔子的幌子，但實質內容多半是他們在重新墾荒的過程中重新組織的家族結構。

這些家族結構不一定真的是血緣性質的家族，而很可能是一、兩個強者收攬了很多弱者後組織起來的虛擬的血緣家族。弱者就要以家族晚輩、小宗的身份，甚至家奴、依附者、部曲之類的身分加入這個家族，然後他就要改姓。例如王家王老爺率領的勢力很強

1 慕容德（336—405），後燕皇帝慕容垂之弟，後燕政權崩潰後率眾南走，在山東的廣固建立起根據地，稱為「南燕」。南燕後來亡於劉裕的北伐軍，慕容氏也遭到消滅。

大，而李家和張家沒有能力自保，那麼李家和張家就會投到王老爺手下，他們如果想在王老爺底下升遷的話，他們會很願意把自己的姓氏改成王，本來是姓張、姓李的，以後他們就姓王了，虛擬上說他是王老爺的小輩甚至家奴，以便在王家這個習慣法勢力範圍內得到更多的保護或者更大的升遷機會。這些家族的首領有很大一部分，或者至少是主要的幾個名門，都是滿洲人或者高麗人，這點從他們的姓氏就可以看出來。高和封這兩個姓氏都是典型的高夷人姓氏，其發源地應該是在滿洲南部或者朝鮮半島北部。但是，高家和封家手下大大小小的無數支小宗就不一定全都是滿洲人。很有可能是，他們在一路從遼西南下進入燕國境內、然後從燕國再南下進入齊、魯境內的過程中，一路收容的各種難民或者流民團體。

齊國所在的瀕海地區是大洪水影響比較小的地區。它的人口雖然也受到了很大的影響，但是沒有嚴重到像廣固的周圍地帶那樣只剩下幾千人，不像難以防守的平原地帶接近完全滅絕的狀態。所以，儘管慕容氏在傳統上來說，他們和他們自己的臣子都是東北亞人，但是他們在拓殖、分封土地、建立莊園、重建經濟體系的過程中所占據的土地反而是以魯地為主。慕容氏南下的結果是，使傳統上在上古時期分得比較清楚的齊、魯兩地現在統一在他們所建立的新王國之下了。從血統上來說這等於是，東北亞的種族大量地侵占了傳統上屬於東亞的地方。

這種安排有政治上的理由，與王導和渡江門第東渡以後特別要避開會稽郡[2]的道理是相同的。為什麼呢？會稽郡在孫策和孫權統治時期是吳姓豪族和世家大族勢力特別集中的地方。你如果要到別人的勢力特別集中的地方去，就會與他們發生直接的衝突。而王導作為一個外交家，就像陳寅恪先生在〈述東晉王導之功業〉中所說的那樣，他的特殊貢獻就是，在族群矛盾極度緊張的情況下，能夠以高超的外交手段化解雙方的衝突，使移民和原住民多多少少能夠相安無事，能夠在東晉這個國號的象徵意義的統治之下把雙方的世家大族領袖都延攬到建康朝廷當中，使他們至少在司馬家皇帝名義上的統治之下能夠相安無事，或至少不會互打得太嚴重。如果他們自己之間的鬥爭就很嚴重的話，那麼建康朝廷就會陷入「巴爾幹化」[3]的那種狀態。

當然，這就意味著僑姓氏族自己要識相一點。有些江南土地是已經被吳姓大家站穩的

2 今日浙江的紹興、寧波一帶，近世以前，當地的豪強勢力相當強大，中央政府往往深感頭痛。即便經過宋、明的士大夫化，浙東一帶士人依舊保留強悍風格。

3 巴爾幹化（Balkanization），地緣政治學術語，指一個國家（地區）分裂成幾個較小的國家（地區）的過程，而且這些國家（地區）的關係緊張，甚至呈現敵對狀態。

地方，有些還是未開發地比較多的地方。王導的安排就是，盡可能地讓渡江門第去那些未開發地，例如去丹陽、豫章一帶，盡可能地要避開會稽一帶吳姓大族已經站穩的地方，這樣雙方的衝突才能夠降到最低。慕容氏和他們的依附者門第之所以主要出現在泰山以南的平原地方，也是出於同樣的原因。這也是從另外一個角度反映了，東亞和東北亞受大洪水的影響是不一樣的：東亞的人口基本上滅絕了，所以有大片的荒地可以讓這些殖民者來占據而不會引起衝突；而東北亞的人口滅絕得較少，所以殖民者如果搶占沿海的土地、搶占齊地的土地，就可能引起更多的衝突，不利於政權的穩定。

從種族血統和文化的角度來看，慕容氏新政權在血統上是一致的，在文化上卻是參差的。從血統上來說，他們都是以東北亞血統為主，加上一些東亞、內亞其他地方的依附民所湊成的一個集團，但是從文化上來說就有文武分途的問題。慕容家是鮮卑人，高家和封家被包括陳寅恪在內的大多數人士說成是漢人，其實這當然是不對的。他們從血統上來說顯然都是東北亞人，只不過慕容氏的貴族既然是統治者，就必須發揮軍事職能，既然是皇族，就必須發揮祭司職能，因此他們保存了更多屬於東北亞人和鮮卑人原有的傳統文化和語言。

從文化民族主義的角度來看，誰是漢人呢？以漢語為主的就是漢人，以鮮卑語為主的就是胡人。但是這絕不意味著所謂的鮮卑人就不懂漢語，他們全都懂一點漢語，就像中世紀的日爾曼國王全都懂一點拉丁語一樣。他們之所以沒被說成拉丁人，原因是什麼？因為他們不是知識分子，他們是打仗的人，而打仗是靠日爾曼貴族的軍事傳統。只有像哥白尼那樣的知識分子才是以說拉丁文為主，因為他們主要的角色是文臣，是不用打仗的。你如果按照文化民族主義的方式來劃分，你就會說，中世紀的日爾曼諸王國是由兩種人組成的，一種是拉丁人，一種是日爾曼人，日爾曼人是只占人口百分之五的少數統治者和貴族，拉丁人則占了百分之九十五。其實，真正說拉丁語的也只占百分之五。這等於是，百分之五的人口是說日爾曼系各語言的貴族，還有百分之五是學拉丁語的知識分子，那麼另外百分之九十是什麼人？答案就是沒有文化的普通民眾。

你如果按照漢族發明學的方式來說，普通民眾就要跟著知識分子走。本地出來一個說漢語、讀漢語書籍的儒生，那麼本鄉百分之九十的不識字人口就全部算是漢人了。其實它旁邊還有說滿洲語或者鮮卑語的東北亞人，但是那百分之九十的人口卻不算是東北亞人或者不算是滿洲人。而歐洲人建構民族的方式恰好相反：有百分之五的人說拉丁語，他們是知識分子，只代表他們自己，民族劃分的時候不能算數；有百分之五的人是說日爾曼語的日爾曼軍事貴族；剩下百分之九十的人口全都跟著這些日爾曼軍事貴族走，所以他們全算是日爾曼人。這兩者之間的區別其實主要是民族建構方式的區別，而不是真實的人種結構的區別。

高家和封家在文化上是漢人，但是在血統上和慕容家一樣是滿洲人，他們之所以會被說成是漢人，不見得是他們不懂滿洲語，而是因為，第一他們是文臣，第二他們是負責地方建設、墾荒活動的鄉紳；而慕容家不是不懂漢語，也不是不會讀孔子的聖賢之書，主要是因為他們是負責打仗的貴族，差別僅此而已。但是按照文化民族主義的劃分方式，主流的歷史敘事就會給你留下一個錯覺，就是說北朝的政權是由少數蠻族軍事貴族和大多數漢人人口組成的，但其實根本不是這樣。所謂的漢人人口其實只是少數說漢語的士大夫所代表的人口，而這些漢語士大夫的名門世家其實大部分也是儒化的蠻族，只不過他們盡的軍事義務比較少而已。

慕容家或者是跟他們情況類似的其他鮮卑東北亞貴族，他們的做法是怎樣的呢？他們在祭祀儀式上說的是鮮卑語，是透過歌謠、唱詩的形式把他們的祖先和歷史記錄下來，並傳給子孫後代。這個祭祀儀式同時也是軍事訓練和動員的儀式。這應該是全世界剛進入封建階段的部落共有的特徵，包括夏威夷人、凱爾特人、日爾曼人和全世界大多數的蠻族都是這樣的。孔子時代所謂的六藝，其實骨子裡也是從這種方式產生出來的，只不過更加精緻化了一點。夏威夷人的歌謠和《聖經．舊約》裡那些家譜是一樣的。你要是看《聖經．舊約》裡那些國王的家譜，那就是這樣的：某某人生了某某人，某某人生了某某人……一路下來都是這樣單調的句型，一路生下來。你看了以後就會覺得，怎麼會有人記得住這麼枯燥乏味的東西？答案是，他們是透過音樂和唱歌的形式來記憶的。

第一，古代的部落祭司不是隨便什麼人都可以當的。祭司選擇他的弟子，就是要選擇部落中最聰明、記憶性最好、各方面悟性最高的人。換句話說，真正適合當知識分子的人才能當祭司的學徒；其他人嘛，你還是該打仗的打仗，該打獵的打獵，該種地的種地，該做什麼的就做什麼。第二，祭司的工作是非常嚴肅的，錯一個音節都可能引起神明的憤怒和祖先靈魂的憤怒，進而給部落帶來災難，而且一旦被發現，祭司本人可能就有性命危險。所以這件事是絲毫不得馬虎的，遠遠不像現在的文科知識分子那樣。現在的文科知識分子不像工程師那樣，工程師造的橋梁如果出了事，他得負法律責任；而文科知識分子胡說八道，引起了包括世界大戰在內的各種亂七八糟的事，導致最後死了人，但從來沒有人要求文科知識分子必須為此負責任。這些人如果是在上古時代惹出類似的事情來，導致死了幾百人，作為祭司的他們就只有死路一條了。所以，這個選擇是絲毫不得馬虎的。

依照現在留下來的紀錄，那些慕容家的王爺們在舉行祭祀的時候還是要由他們當中最聰明能幹的人來充當祭司，他主持的時候就像是跳大神的薩滿一樣，一面跳、一面唱、一面說。藉助音樂跳唱的過程可能有幾分像蘇格蘭人跳戰舞的那種功能，主要的功能當然還是與靈界溝通。唱和說的內容有所不同，用孔門的術語來說：唱的內容是經，是一個字都不能改的、具有魔法性質的根本東西；說的東西是可以即興發揮的解釋，甚至有文學創作的性質在裡面。唱的內容是歷代相傳下來的，不能更改，其內容就是，某某某祖先從嘎仙洞或者從什麼地方出來，一路做了什麼英雄事蹟，然後又生了某某某，然後這一位某某某又做了什麼英雄事蹟，帶著族人怎樣，總之就是我們族群根本性的歷史和神話的核心；說的部分就是害怕觀眾不像我這個祭司這樣內行，有些地方會聽不懂，所以我就替你解釋一下，讓你們這些外行人也能聽懂，同時我還要借題發揮一下。

舉例來說，某某人是個勇士，夏威夷的歌手祭司就要憑他個人的文學偏好，喜歡浪漫主義作風和絢爛文采的人就會說：「這位偉大的酋長啊，他像一隻鮮紅雞冠的公雞一樣勇敢啊，他和他的鬥雞一樣勇敢啊，鬥雞在鬥雞場上衝鋒啊，衝鋒啊，把那隻垂頭喪氣、雞冠都已經變黃的雞啄地滿地亂跑啊。」這就是浪漫派的宣傳。內容當然就是某某酋長打敗了另外一個什麼酋長，但是他在渲染的過程中就要用《詩經》那樣的賦、比、興手段，與鬥雞之類的概念連在一起，使同樣喜歡鬥雞的觀眾都相信這位酋長像鬥雞一樣勇敢。當然也有古典主義流派的歌人，同樣的內容，他就會像《書經》那樣，只用莊重嚴肅的四、五個字，反反覆覆地詠歎，在水一方、在水一方，魚戲蓮葉間、魚戲蓮葉間，反反覆覆地詠歎。這樣留下來的紀錄好像全都是幾個字的重複，但是在歌詠的時候是涉及不同聲調和節奏的。而且，節奏性的不斷重複也與跳大神時所跳的舞，以及進入通靈狀態時催產素的分泌節奏是有密切關係的。這個風格上的不同，很大程度上取決於祭司本人是哪一種性格，以及他個人的文學偏好是什麼。

其實，這些人到了朝廷上，照樣要像歐洲國王用拉丁語那樣，用漢字與他們的文臣交流。而當他們那些文臣不再用禮學來解決他們的佃農、附庸、親族之類的糾紛、回到他們自己的家廟裡面祭祖的時候，他們也要唱這樣一套東西。所以你可以看到，中古時期，如果你單從漢字史籍來看待歷史的話，就會得出多麼歪曲的形象。你會以為那些士大夫不是鮮卑人，他們就是純粹的漢人，是主流學派所謂的那種東漢經學門第世家和征服者蠻族共同統治，最後形成了隋唐的統治結構。這種說法就是這樣來的，但它是完全靠不住的。其實，它是把文武分途以後的同一撥人所分出來的兩個分支硬性地、不精確地分成了兩部分。也就是說，這兩個分支不論在種族上或文化上都只是側重的點不同，其實雙方都懂一點鮮卑語和漢語，至於血統上則都是以鮮卑人為主，而以其他各種包括殘餘編戶齊民的依附人口為輔。

然後，它還給你編造出什麼「漢語人口具有天生的同化力」的說法。其實這個同化力和墨西哥或者巴伐利亞的拉丁語人口對日爾曼人和印第安人的同化力是差不多的。如果你覺得拉丁語在歐洲或者美洲的同化力不如漢語在東亞的同化力，那只是因為建構方式有所不同，而不是在拉丁語人口和漢語人口之間真的存在著拉丁語的同化力不如漢語的同化力的情況。真實情況恐怕恰好相反，由於拉丁語是拼音文字，而且歐洲和天主教會的教育傳統一向是比儒家那種零零星星的教育傳統來得更體制化，收的學生也更多，所以拉丁語人口在文化上和社會上的覆蓋程度肯定比漢語人口還要更大。只不過人家的建構方式不是這樣而已，所以你就不會看到歐洲百分之九十五的人口被劃分為拉丁族，和美洲的墨西哥印第安人一樣都被劃分為拉丁族，然後就說我們拉丁民族的同化力特別強，因為我們同化了印第安人或者日爾曼人。

## 齊魯相爭：濱海之國和內陸之國的衝突與融合

慕容氏統治主要的後遺症就是，把沿海的齊和內地的魯在行政上合併起來了，而且把它們的世家大族安置在魯地。這樣一來，東亞和東北亞的傳統邊界就被打破了。這樣造成的後果與後來的滿洲入關很相似，只是規模比較小。魯就相當於明帝國的郡縣制地區，齊就相當於東北亞的傳統領地。然後進入這些地方的鮮卑人不可避免地要面臨著官僚制度的誘惑，他們當中的主流自然而然就變成了高家、封家這樣的士大夫，而慕容家的君主也漸漸喪失了他們的尚武精神，因此他們就被劉裕所率領的北伐軍迅速地殲滅了。但是，劉裕除了殺掉一批鮮卑貴族以外，並沒有破壞當地名門大族的社會結構；南朝的社會結構也是由皇帝和名門大族共治。在他看來，可以對他構成威脅的就是慕容家的那些王族，所以他把這些王族殺掉以後，他認為剩下的事情就解決了。於是，他留了一批南朝的士兵和刺史駐守，這些人取代了過去慕容家的位置，仍然與高家、封家這些世家大族合作，社會上大部分的權力仍然掌握在高家、封家之手，直到平城的鮮卑人率領他們的內亞武力把南朝趕出去之後，接下來又是北魏的鮮卑皇族與高家、封家這些名門氏族聯合統治齊魯之地。

在北魏、東魏、北齊的山東門第當中，慕容氏帶來的這批人起了相當大的作用。東魏、北齊的政治結構大致上是，晉陽的幕府（也就是內亞軍事集團）和鄴城的士大夫平分秋色，權力在這兩個首都之間來回擺盪。而在鄴城的士大夫當中，慕容氏帶來的這一批所謂的山東門第發揮了很大的作用。當然，他們與內亞武力之間的主要差別在於他們的社會功能不同。這樣一來，這些士大夫化的鮮卑人和東北亞人就面臨了一個重大問題：他們已經捲入鄴城和洛陽的政治鬥爭，後來在北周和隋吞併北齊以後又捲入了長安的政治鬥爭，因此他們在本地的紮根就出現了嚴重問題。他們必須派人到位於首都的朝廷任官，至少不能讓這些官職落到敵對勢力的手裡，導致對他們不利；但是一旦任官以後，卻又妨礙了他們在本地的封建化。中古時期的世家大族達不到春秋時代封建貴族的紮根程度，他們的共同體之所以軟弱，關鍵就是出自這個因素。由於這些世家大族以魯為根據地，把齊魯貴族的精華都吸引到洛陽和長安去了，結果齊地原有的、維護本土利益的居民就只剩一些名不見經傳的商人、小販、海盜之類的人物，在齊國沿海構成當地人口的主要精英，只有他們不到長安和洛陽去，但是他們在社會聲勢上是遠遠不如以魯地的平原地帶為基礎的那些世家大族的。

齊魯的合併產生了有利於魯而不利於齊的效果。這就像是英法百年戰爭以後，英國人如果真的征服了法國，那麼英國國王也勢必要搬到巴黎，變成法蘭西的君主，結果反而會對英格蘭本地的紳士不利，很可能會把英格蘭變成法蘭西的行省，而使後來的英格蘭無法出現。後來齊的發展不能與滿洲相比，主要就是因為它受到魯的牽連。慕容氏政權劃分的行政區，越過整個北魏、東魏、北齊、隋、唐，一直到殘唐五代的藩鎮還在發揮作用。這個行政區始終把齊魯合併在一起，結果使齊人不能夠順利地發展它與朝鮮半島和滿洲的外交和貿易關係，不斷地把他們的資源送到長安和洛陽去，同時必須不斷地捲入中國地區的戰亂。也就是說，在下一次大洪水——例如黃巢時代的大洪水當中，將使它的人口遭到嚴重的損失。最終，這種格局演化成元、明帝國時期的山東行省。山東行省以濟南為根據地，是以魯治齊的手段，使齊在整個歷史上都喪失了存在感。

從中古時代，從慕容氏開始一直到明太祖朱元璋的時代，齊魯之間的鬥爭以越來越不利於齊的方式發展。剛開始的時候，齊的勢力還稍微大一點，那是因為鮮卑人建立起來的諸帝國仍然需要引進滿洲和朝鮮半島的武士。這就體現於，在唐代藩鎮當中，兩平盧節度使兼任押兩蕃使，像是朔方節度使負責招引內亞武力一樣，朔方節度使、陰山的天德軍是一個內亞武士的招聘站，而燕國最古老的平盧節度使和齊國經過安史之亂以後新建的第二個平盧節度使兼任押兩蕃使，其作用就是招募高句麗和滿洲各地的武士。因此，像李師道[4]的平盧節度使，基本上就是一個滿洲武士的軍事集團。由於有滿洲北部和朝鮮半島武

4 李師道（?—819），高麗人，父子三代皆為平盧（淄青）節度使，盤踞山東，不聽中央政府號令；唐憲宗討平淮西之後繼續進軍淄青，師道為部下所殺。

士的不斷輸入，齊還能夠與魯形成比較平衡的局面。但是隨著平盧節度使的瓦解，在李師道政權被唐人摧毀以後，首先是一分為三，然後不斷地受到中國方面的戰亂——例如像是朱全忠、黃巢的戰亂的影響，自慕容氏以來成功地在當地維持建設性事業的世家大族基本上都被摧毀了。經過殘唐五代以後，魯變成了一個沒有世家大族的地區，像武甯軍節度使所轄的徐州一樣，變成一個驕兵悍將和流寇橫行的地區。另外，由於高句麗人留下來的水利設施得不到世家大族的保養，基本上也荒廢了。因此在黃巢和朱全忠他們過來掃蕩的時候，當地的人口又遭到了非常慘重的損失。

尤其嚴重的是，在宋以後，唐代仍然還存在的招攬東北亞武士的機制停止運轉了。因此就出現了我們都熟悉的局面，所謂的山東（這個山東和明代山東行省的邊界不一樣，但是已經有相當部分的重疊了）變成了梁山泊好漢聚嘯的地方，變成了我們非常熟悉的一個流寇橫行的地方。這時，齊的沿海地區其實人口的延續性還相當強，但是他們被魯壓住了，發揮不了作用。等到滿洲人（金）在靖康之亂以後再度征服了東亞人或者中國人，把劉豫的政權派到山東，在東平建立了下一輪的齊國之後（劉豫的政權也是以魯為根據地，把齊放在次要地位），也要招募士大夫階級建立一個模仿宋的政權，因此它並不能夠扭轉當地社會退化的傾向，而且他的政權所維持的時間也很短。

直到蒙古人征服滿洲人（女真／金），把它的世侯——例如張柔[5]這些封建貴族封到東平一帶，當地長期以來的郡縣化傾向才暫時得以逆轉。但是隨著耶律楚材執政，世侯的權力也就受到了嚴重的挑戰。本來蒙古人征服的時候，在金國故地的大部分地方都是實行封建制，擁有錯綜複雜的各種采邑。但是經過耶律楚材的吏治化改革以後，各地的情況變得不一樣了：山東的世侯遭到最大的打擊，嚴氏、張氏這些人在東平和其他各地的領地大多都被撤銷，重新交給行政官員來統治了；而山西大部分的封建領地仍得以保存下來，因此在元末明初的大動亂當中，王保保仍然能夠以晉地為依據，保全當地的人口。經過了這一次大洪水以後，東亞地區的人口基本上消失了，而後來東亞地區的人口大多數是從王保保庇護的山西封建領地遷來的。這些消失的人口也包括一度被張家和嚴家的封建領地保護的東平和其他各地，這些地方的人口也是在紅巾軍、劉福通之流的反覆蹂躪中漸漸消失了。

5 張柔（1190—1268），金末元初易州（今屬河北）人，一二三二年從蒙古軍參加攻金汴京（今開封）之役，以功升至萬戶；後屢次攻宋，曾從忽必烈圍攻鄂州(今武昌)，世祖時封蔡國公。其第九子張弘範在厓山海戰中帶領蒙古軍滅亡南宋，並在石壁上刻了「鎮國大將軍張弘範滅宋於此」十二字。張的墓誌中也記載了他俘虜南宋丞相文天祥及文天祥不屈的情節。

根據明太祖朱元璋時代遷移人口的紀錄，我們還是可以看出，儘管東北亞和東亞的邊境已經被行政邊境抹去了，但是在人口意義上還是隱隱約約存在的。朱元璋時代的人口遷徙，從今天的察哈爾山西一帶遷移被王保保他們保護的各種人口，這些人口在血統上來說多半是內亞人，把他們遷到河南山東各地，但是卻很少遷到膠東和遼東。這就說明，傳統上屬於東北亞的膠遼人口，儘管他們在歷史上沒有發出很大的聲音，但是保全人口的能力仍然超過傳統上屬於東亞區的魯、鄭的人口。明帝國的山東省包括了遼東半島和膠東半島，把它們置於以濟南、臨清和大運河地區為主的山東行省的管治之下，這對它們來說當然是不利的。這意味著，無論是官府還是士大夫，核心地區的位置都沒有他們的份兒。在官府和士大夫的眼中，這些人都是一批不安分守己的漁民、海盜、走私販子，而且還有私通倭寇、滿洲人和朝鮮人的嚴重嫌疑，總之都是些異己分子，是朝廷打壓的對象。因此，他們的精英一般來說也就無法長大。後來毛文龍[6]在皮島搞走私貿易的時候，那些投靠他的武裝走私商人就是齊國精英在明帝國統治之下能夠長大的最佳範例了。不過，比起投奔察哈爾部、投奔河套蒙古人、投奔努爾哈赤和皇太極等滿洲人的那些晉商和晉國土豪相比，他們的高度仍然低了很多。

清兵入關，對於山東行省來說是一個絕處逢生的解放，使他們免除了元末明初類似的大屠殺。當然，這種大屠殺已經開始了，李自成之類的流寇已經開始在運河區橫行了。然而當地地主顯然沒有能力保護自己，因此他們迅速地向滿洲人求援，而滿洲人在一年之內就趕到了。如果滿洲人是在十年之後趕到的話，那麼可能當地的人口又要被清空一波。滿洲人的迅速來臨，使山東的人口損失得很少。同時，滿洲採取了類似北美自由貿易協定（NAFTA）[7]那樣的政策，允許山西、河北、山東這三個與滿洲直接相鄰的省分在滿洲開發的過程中享有特殊政策和權利，允許山東的絲綢業進入滿洲的處女地。至於其他地方，比如說蘇州的絲綢業，就得不到同樣的特權。這使得膠東半島齊國的居民又得到了一次絕處逢生的機會。近代以來滿洲的絲綢業世家，多半是膠東半島移民的後代。也就是說，東北亞人又回到了東北亞親戚所在的地方。

儘管明清的山東是一個行省，但是齊魯的差別還是很大。最典型的差別就是，魯人沒有海洋性，他們不太會去闖關東、從海路到滿洲去做生意。儘管在滿洲人的鎮壓之下流寇

6 毛文龍（1576—1629），明末盤踞遼東外海皮島的軍閥，一邊抗拒滿洲人，一邊靠著走私與海上商貿獲利，後來被袁崇煥使計斬殺。

7 一九九二年由美國、墨西哥與加拿大共同簽署的協議，約定三國形成一個自由貿易區，取消貿易障礙，創造公平競爭條件，增加投資機會，對智慧財產權提供適當的保護，建立執行協定和解決爭端的有效程序，以及促進多邊的合作。

已經鬧不大了，但是他們還是以務農為主，以內卷化為主，動不動就要出梁山好漢，動不動就要出邪教，例如乾隆時代的山東王倫之變[8]，這裡是一個經常會發生吃人肉或者流寇山寨之類的現象、爆發殘忍的江湖事件的地區；而齊國所在的沿海地帶稍微好一點，主要是因為滿洲方面給了他們一個洩洪口的緣故。

這一點我們就要注意，從人口的角度來看，經過慕容氏的重新遷移以後，可以這麼說，魯地大部分的人口其實也是通古斯人和滿洲人的後裔。如果說在春秋時代齊地的人口和滿洲的人口相似，而魯地的人口與鄭、衛和中國的人口相似的話，那麼這個差別在中古以後就變得非常模糊了。但是他們的行為模式仍然非常不同，通古斯人和滿洲人的後代在進入魯地，然後散沙化、平民化、流寇化以後，他們的行為和中原地帶的其他流寇沒有明顯區別，卻和他們在沿海地區的親戚或者是在膠東半島、遼東半島的親戚有了明顯不同。從這種現象也可以看出，相對於基礎的政治生態位元和社會構建方式，種族和血緣對人類行為的影響是相當次要的。也就是說，不同種族的人在進入同樣的社會生態時會有相似的行為；同樣的種族在進入不同的社會和政治環境時，他們的行為也會變得不一樣。

## 齊國再起：西方勢力打破保守僵局

滿洲帝國隨著自身的不斷退化和郡縣化，齊魯之間的平衡又漸漸向魯一方移動，標誌性的事件就是雍正皇帝委任田文鏡[9]主持山東政務這件事。他在山東發揮的主要作用就是土地改革：精量土地，分配土地，盡可能地實行小農土地制，盡可能地把人口集中在土地上，然後用細碎的、雍正皇帝最喜歡的那種賦稅制度把他們捆綁起來，防止他們遷移。這樣的政策當然是有利於魯而不利於齊的。如果情況繼續這樣搞下去的話，那麼齊魯之間的差異就會完全消失，東北亞遺落在東亞的一角就會完全變成東亞的一部分。但是，滿洲帝國很快就在歐洲人和日本人的打擊之下後退了。威海衛[10]和青島迅速地變成了英國和德國的殖民地，使得歐洲文化可以輸入到沿海地區，在青島和威海衛產生出一種類似香港和上

8 山東清水教的教主，以「無生老母」的末世思想為號召，發動反對清廷苛政的起義，但最後在清廷的強力鎮壓下宣告失敗。

9 田文鏡（1662—1733），原籍漢軍旗人，雍正皇帝的寵臣，雍正六年為魯豫總督，管兩省之行政，為政幹練但刁鑽苛酷，結合清官與酷吏於一身。

10 即今日的山東省威海市。最初是英國為了抗衡俄國在滿洲的擴張，而於一八九八年至一九三〇年在山東建立的租界。

海的社會。

英國殖民主義者的政策就是，威海衛是香港和上海的一個分支，它的人員都是從香港和上海殖民地分支出來的人員；而它也給威海衛的居民提供了一個機會，可以透過替英國人打工然後進入香港和上海。例如，在上海和香港的那些山東員警基本上就是英屬威海衛

**德租時期青島**　作為帝國主義的後起之秀，德國積極加入列強在東亞的殖民競逐。一八九七年德國以巨野教案為由，出兵占領青島，並於隔年與清帝國簽訂《膠澳租借條約》，建立租界並將青島打造成現代化的港口城市。

**威海衛華勇營**　為了制衡俄國占領旅順，英國於一八九八年於山東威海衛建立租界，並設立威海衛華勇營，以執行當地巡邏和維安任務。尉級以上軍官由英國人擔任，士兵則多為中國人；部隊裝備先進、人員精實，配有當時最先進的馬克沁機槍，並在英國參與八國聯軍中立下功勞。

的產物。在這些人當中也產生了一支所謂的義勇軍，這支義勇軍在英國軍官的指揮之下跟著八國聯軍（也就是現在所謂的維和部隊）打進北京城，鎮壓了義和團的叛亂。他們是近代齊國民族構建的核心。青島在德國人的主持之下建立了當時半島最先進、經濟最繁榮的一個基地，對周圍的整個農村構成了「虹吸效應」[11]。在這兩個歐洲化的大城市的帶動之下，膠東半島的經濟得以發展起來。同時，隨著漕運的中斷和海運的興起，以臨清為中心的山東西部的經濟急劇凋敝，社會的潰敗和暴力更加嚴重了。兩者之間的分裂在清末的立憲運動中就表現得很清楚。清帝國繼續堅持山東行省的區劃，讓山東選出一個統一的諮議局。諮議局無論在哪裡都是地主資產階級的政治代理人，但是齊地的地主資產階級和魯地的地主資產階級在政治取向上的差異很快就顯示出來了。

齊地很快就爆發出幾次奇特的抗稅鬥爭[12]。也就是說，地方紳士之中的一派提出，由縣大老爺主持的慈善公堂之類的單位帳目不清，有貪汙腐化嫌疑，我們要求查帳；下鄉的

11 指一個城市或區域擁有強大的吸引力，把周邊的人才和資金都吸到該區域，就像使用虹吸管將容器裡的液體抽出一樣。

12 一九〇一至一九一一年辛亥革命的前十年間，山東發生的民眾抗捐抗稅、保礦等「民變」事件多達六十餘起。一九一〇年五月，萊陽縣農民在曲詩文的領導下，爆發了聲勢浩大的抗捐武裝起義，從者達五、六萬人。海陽農民在宋煊文的領導下，也舉行了抗捐抗稅鬥爭。參見劉大可、劉曉煥、杜慶餘〈辛亥革命在山東的歷程〉，《春秋》，2011。

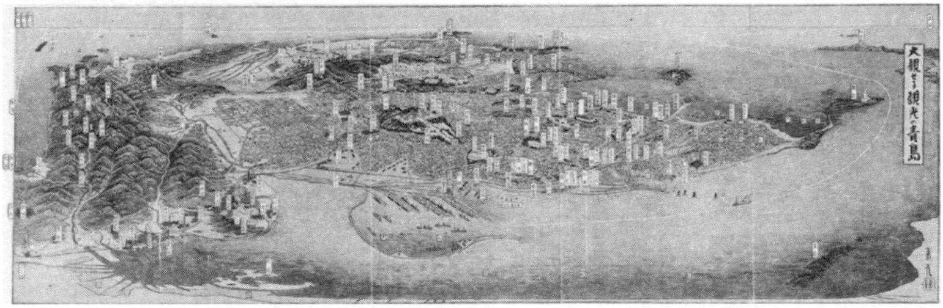

**日本入侵膠東半島**　位於膠東半島的齊，在近代依舊是海洋性國家最為看重的基地。一八九五年的日清戰爭，日軍於威海衛戰役中取得關鍵性勝利，殲滅清帝國的北洋艦隊並控制渤海灣（上圖）；一九一四年第一次世界大戰爆發，日軍即發起青島戰役，攻占位於膠州灣的德租界，下圖即為日占時期青島鳥瞰圖。直到一九二二年，北洋政府才根據戰後協議正式收回山東權益。

稅吏在徵收賦稅時的各種不公，我們要組織民兵來查帳，他們甚至組織了武裝的部隊包圍縣城。這些武裝部隊的名詞與辛亥以後的名詞差不多，和他們在滿洲的親戚也非常相似，往往被稱為聯莊會[13]和民兵。他們包圍縣城，迫使巡撫孫寶琦[14]和他的新軍——也就是袁世凱當山東巡撫時練出來的那支新軍鎮壓他們。而在鎮壓的過程中，他們能夠充分地利用輿論武器，使大連和上海的報紙搖旗吶喊地反對巡撫和滿洲朝廷，迫使滿洲朝廷派出調查員對他們重新調查，迫使新軍不得不返回濟南，調查他們遭受的賦稅不公。而且他們還能夠與縣官達成協議，如何重新審查賦稅，由當地士紳選出的調查委員會與縣衙門一起合作，共同審議賦稅，使賦稅徵收不再出現貪汙腐化的現象。這些手段就說明，當地士紳階級近代化的程度已經相當高了，但大運河地區的地主就無法產生同樣的意識。儘管義和團被取締了，但是當地地主還是會組成與義和團在精神上差不多的紅槍會[15]和諸如此類的組

13 參見錢柯橦《民國時期山東的聯莊會研究》，南京師範大學，2017。

14 孫寶琦（1867—1931），晚清至民國時期的外交官，辛亥革命時擔任山東巡撫，曾一度宣布獨立，後又撤回；之後歷任國務總理、外交部長、財政總長等要職。

15 一九二〇年代分布於河北、河南、山東的祕密會社，是當地的小農和佃農組織，他們發起農村自衛運動，旨在捍衛村莊免遭山賊、軍閥、稅吏或後來的中國共產黨或日本人襲擊。在民國大部分時期，紅槍會對政府在華北的控制構成了挑戰。

**煙台開港與膠海關的設立**　一八六一年，清帝國將煙台設為通商口岸，允許英、法、美等列強在此設立領事館，打破了膠東原本封閉、保守的狀態（上圖為攝影師約翰．湯姆生攝於一八七二年）。為了管理進出口貿易和關稅，清帝國於一八九九年設立膠海關（下圖為一九一八年日占時期膠海關主管與建築）。

織。他們和縣官之間的衝突通常也不會引起上海和大連報紙的重視。要麼他們就和縣官合作，要麼就被縣官給鎮壓了。北京的諮議局不會派調查員來，朝廷也不會管他們；這就說明雙方運用近代化政治動員手段的能力存在著極大的差異。

這種差異很快就體現在辛亥年的獨立戰爭上。辛亥年的獨立戰爭在最初的蜜月期，由濟南諮議局一起合作，一致支持巡撫孫寶琦為山東的大總統，並宣布山東獨立。但是過沒多久，激進派的議員和保守派的議員就鬧翻了。如果我們考察他們的出身，激進派議員多半是從膠東半島（也就是齊國故地）來的，而保守派議員多半是從內地來的。孫寶琦在保守派議員的支持下向袁世凱求援，由袁世凱派兵進入濟南，發動了一場政變，驅逐了激進派議員；而激進派議員則在滿洲關東大都督藍天蔚[16]和海軍的支持下占據了膠東半島上的主要港口，在登州和煙台建立了兩個軍政府，與濟南的軍政府唱對台戲。所以在這個緊急關頭，齊魯之間的傳統分裂又體現出來了。

16 藍天蔚（1878—1922），清末民初的軍事將領，留學日本後加入新軍。辛亥革命後他被孫中山任命為關外軍政府的大都督。藍天蔚的一生是支持孫文的一生，一九二二年被川軍逮捕而開槍自殺。在一九一一年山東獨立運動期間，身在滿洲的藍天蔚支持膠東地區出身的徐鏡心等人，反對孫寶琦和袁世凱的合作，支持山東獨立。在他的支持下，徐鏡心、邱丕振、連崇基從大連派兵，夜渡渤海海峽，襲取山東的登州，並於次日成立山東軍政府。

如果當時的中華民國政府能夠及時把齊魯分裂開來，讓齊與滿洲發展關係、魯與河南發展關係的話，後來山東的政局可能會比較好。但是，當時當政的袁世凱是支持保守派一方的，他認為保守派一方會擴大他的勢力範圍，因此他用各種手段派北洋軍去支持濟南的保守派，去鎮壓登州和煙台的激進派，最後摧毀了激進派的勢力，重建山東以濟南為中心的政治結構。袁世凱的勢力衰退以後，煙台、淄博一帶的小軍閥才成功地從濟南的大軍閥手中獨立出來，但是他們也沒有辦法摧毀山東省這個對他們非常不利的政治構建。像後來劉珍年[17]和韓復榘[18]之間的鬥爭，其實骨子裡是過去齊魯鬥爭的延續，而齊人始終處在不利的地位。但是，只要青島的歐洲勢力和文化還沒有完全消失，齊人總是享有比魯人更優越的地位（至少在經濟文化上是如此）。青島從德國人手中轉入日本人手中以後，隨著威海衛被交換，國民政府不斷地向青島進攻，最後引起了一九三七年的戰爭。一九三七年戰爭爆發以後，齊魯雙方的邊界完全崩潰了。

國民黨像往常一樣引來了共產黨。他們最初的幾個縣長在自身實力不足的情況下邀請八路軍派人進入山東以支持他們的活動，因為他們的主力是以國民黨舊海軍和舊保安隊為主的，這些人打不了多久就支持不住了。然而，八路軍進入山東以後就按照我們都熟悉的方法活動了起來，很快就把國民黨的勢力整個打垮，把國民黨的山東省政府完全消滅了。

共產黨的勢力也是以魯為基礎，迅速伸進了膠東。進攻膠東，是共產黨後來吞併滿洲和控制華北的關鍵所在。魯地是很窮的，即使是當地的地主也很窮，共產黨在當地遇見的主要敵人也就是紅槍會之類的地主武裝團體，而把他們打垮是很容易的，但是你從他們身上撈不到什麼油水；而齊地就不一樣了，齊地掌握了重要的海口和滿洲貿易，而且還有招遠的金礦，在經濟上是值得追求的，而且滿洲海口和滿洲貿易是非常重要的。所以，它發動了膠東戰役[19]，最終摧毀了齊地的主要民團，掌握了滿洲貿易。

共產黨的山東革命根據地主要的功能就是，把當地的產品送到滿洲市場，用賺到的錢向滿洲國購買槍炮武器，然後回來武裝山東的八路軍。這個生意一方面很有油水，另一方

17 劉珍年（1898—1935），民國時期山東地方軍閥，於北伐以後掌控膠東軍政大權，統治膠東近五載，有「膠東王」之稱。一九三二年底，山東省政府主席韓復榘發動膠東之戰，驅逐劉珍年在膠東的勢力。一九三五年國民政府以劉珍年駐膠東時縱兵殃民的罪名（即韓復榘發動膠東之戰對外宣稱之理由），將劉槍決於南昌。

18 韓復榘（1890—1938），直隸出身的晚清民國軍事將領，原為馮玉祥手下大將，在北伐中因支持蔣介石而被任命為山東省府主席。治魯期間，重視體育，並聘請社會活動家梁漱溟來山東開展鄉村建設運動，振興產業，使山東省成為高度自治區域。一九三八年蔣介石以日軍入侵、韓私自撤退山東為由，將他處決。

19 膠東戰役，指一九四一年三月至七月，中共的八路軍在膠東地區驅逐趙保原率領的所謂國軍的一場戰役。趙保原本出身滿洲國軍，在日本入侵期間接受了南京汪精衛政權所給予的剿共第七路軍番號，成為「偽化」國軍，故和中共的敵後抗日根據地之利益發生衝突。

面滿洲的軍事工業體系比國民黨的軍事工業體系要先進得多，因此他們早在戰爭結束以前就透過這條運輸線獲得了比山東、蘇北的國民黨軍隊要強大得多的武力。後來韓德勤[20]之所以全軍覆沒，八路軍、新四軍之所以能夠控制江淮和中原一帶的大片土地，關鍵就在於這條重要的滿洲交通線。而滿洲國一方面是為了賺錢，另一方面也很高興以打擊國民黨為主、放縱共產黨，因為共產黨是專打小地方、避開鐵路線這樣的通都大邑的，而國民黨在山東、蘇北一線主要的攻擊對象就是津浦路[21]。國民黨主要的戰略目標是破壞津浦路的運輸，而共產黨則透過陳毅和潘漢年與日本人達成協議，新四軍和八路軍不會去碰鐵路[22]。因此，從日本人和滿洲人的角度來看，重要的是把萬惡的國民黨消滅，共產黨多占一些貧下中農窮光蛋的土地對他們來說是沒什麼損害的，因此他們樂於透過貿易武裝八路軍和新四軍。

戰爭結束、日本和滿洲投降以後，這條交通線就變成八路軍從海路向滿洲派遣部隊和從大連的蘇聯兵工廠、從蘇聯控制的中東鐵路向山東蘇北的八路軍和新四軍運送武器的通道。其實這條武器通道不是在一九四五年以後才有的，而是一九四二年以後就有的。只不過蘇聯占領滿洲以後，他們從偷偷摸摸變得明目張膽，運輸量當然也要大得多了，運輸者由滿洲國當局變成了蘇聯紅軍。當時滿洲的八路軍可以分為三種，號稱土八路、洋八路和水八路[23]。土八路是誰呢？是從察哈爾和熱河，從陸路進入滿洲的這一撥。洋八路是誰呢？就是蘇聯遠東軍訓練的那一批黃俄部隊（東北抗聯）。在戰爭大部分的時間裡，他們留在蘇聯境內，拿著蘇聯的錢，接受蘇聯人的訓練。然後他們跟著蘇聯紅軍，從伯力和符拉迪沃斯托克進入滿洲。水八路就是從膠東半島，從海路，坐著蘇聯提供的船隻，在遼東半島登陸的這一撥人。這三撥人從三路圍攻在山海關和葫蘆島投入滿洲陷阱的國民黨軍隊。你從地圖上就可以看出，這三路大軍像三個鐵鉗一樣，把從葫蘆島登陸、從山海關這裡可憐巴巴地進去的國民黨軍隊三面夾攻，被國民黨派進去的軍隊就像是掉進陷阱一樣。

20 抗日戰爭期間國民黨敵後游擊隊的指揮官，因為與共軍搶地盤而遭到共軍襲擊，最後被徹底殲滅。

21 縱貫天津至長江北岸浦口的鐵路，為中國東半部的大動脈；共產黨統治後開通長江大橋，與原有的滬杭鐵路連結，形成所謂的京滬鐵路。

22 尹騏《潘漢年的情報生涯》：「一九四三年，潘漢年和華中派遣軍謀略科長都甲大佐進行了開誠布公的會談。都甲說：『清鄉的目的是為了強化社會治安。日本方面目前最關心的是津浦南段的鐵路運輸安全。只要新四軍不破壞這一段的鐵路交通，日方則希望和新四軍之間有一個緩衝地帶。』潘漢年說：『新四軍發展很快，目前正在穩步地鞏固和擴大農村根據地，也無意要立即占領鐵路交通線和其他交通據點。日軍方面要給新四軍有一定的生存條件，否則遊擊隊就會隨時襲擊和破壞鐵路交通線。』」人民出版社，1996，第162頁。

23 吳煥章《抗戰勝利後接收東北的回憶》：「山東共匪乘風船由大連走私入境，稱水八路；由西伯利亞隨蘇軍入境的共匪，則稱洋八路；經共軍就地招收整編的地方武力，則稱為土八路。」《東北文獻》第6卷，第2期，1975。

共產黨在膠東推行的土地改革與工商業合作，才是齊國有歷史以來遭到的最大浩劫。在以前，包括中古時期合併齊魯的鮮卑人統治者的統治之下，雖然齊總是吃虧，但還從來沒有吃虧到他們和魯受到同樣的待遇、所有的社會精英都被鏟平的地步。按照共產黨的階級劃分，地主同樣是地主，資本家同樣是資本家，但是不用我說你也可以想得出來，青島的地主和資本家肯定比臨清或者濟南的地主和資本家更富裕、更有文化一些。所以，同樣遭到被鏟平的待遇，更富有、更有文化的這一方，其損失自然就會更大一些。

今天，像山東青島這樣的城市，仍然保留了一部分他們在殖民主義時代的歷史記憶，多多少少都想透過體制內的方式，例如提高青島或者威海的行政級別地位，盡可能從山東行省當中多爭取到一點權力，使他們和壽光那些種菜的農民有所區別。但是至今為止，他們獲得的成效都非常小，和清帝國末年他們在諮議局當中獲得的巨大權力是完全無法相比的。而且他們和同樣被劃分為華北、同樣被劃分為漢人落後地區的晉國不一樣，晉至少保存了晉國表裡山河的整個結構；而齊呢，由於山東行省這個萬惡結構的作用，很少有人能夠把齊和魯區別開來。所以，儘管膠東和遼東的人口交往仍然相當密切，他們的語言也比較相似，他們和滿洲仍然有相當密切的聯繫，但即使是在滿洲，他們在今天也遠遠達不到他們過去在藍天蔚時代那樣，能夠獲得很大、很強的支持。所以在未來的歷史博弈中，齊面臨的前景是最危險、最不利的。滿洲人不太可能會過來援助它，而且它也不像晉人那樣憑著現有的政治結構，至少還能把邊界劃清楚。它會被東亞或者中國的大漩渦吞沒呢？還是能夠從這個漩渦當中找到一塊舢板，恢復到東北亞孤島的地位呢？無論如何，齊的前途都是非常危險、非常混沌不清的。

但是，無論希望多麼微小，只要希望不等於零，只要還有極少數的齊國子弟仍然試圖向像我這樣的人申訴，要求我替他們完成民族構建的工作，我都沒有理由拒絕他們或者斷送他們本來並不是很大的一點希望。無論如何，諸夏和諸亞的事業都有相互支持的性質，滿洲如果能夠得到齊國這樣一個海外孤島的話，對它的處境也稍微好一點。所以至少在紙上談兵、把歷史線索串起來的這個方面，我仍然有必要把齊國從上古時代一直到近代——尤其是近代諮議局、膠東地方軍閥這一派的獨立和自治的歷史串聯起來，使他們不至於被大多數漢語人口誤認為是和中國本部完全沒有區別、根本不值得劃分出來的地方。這樣，也許他們在未來的衝突當中能夠多多少少地找到一個符合自己需要的救生艇，能夠在為時已晚之前把自己的小船從即將沉沒的中國這艘大船上面劃開，像救生艇從鐵達尼號上離開一樣，多多少少給自己爭取到最好的未來。

# 逆轉的東亞史(3)

非中國視角的華北（晉、燕、齊篇）


作者　劉仲敬

總編輯　富察
主輯　洪源鴻
責任編輯　穆通安、賴英錡
特約編輯　三馬兄、xqmxqm
企劃　蔡慧華
封面設計　木木 lin
排版　宸遠彩藝

社長　郭重興
發行人兼出版總監　曾大福
出版發行　八旗文化／遠足文化事業股份有限公司
地址　新北市新店區民權路一〇八之二號九樓
電話　〇二～二二一八～一四一七
傳真　〇二～八六六七～一〇六五
客服專線　〇八〇〇～二二一～〇二九
信箱　gusa0601@gmail.com
臉書　facebook.com/gusapublishing
部落格　gusapublishing.blogspot.com
法律顧問　華洋法律事務所／蘇文生律師
印刷　成陽印刷股份有限公司

出版日期　二〇二一年四月（初版一刷）

定價　四八〇元整
ISBN　978-986-5524-59-3（平裝）
9789865524623（EPUB）
9789865524630（PDF）

國家圖書館出版品預行編目（CIP）資料

逆轉的東亞史(3)：非中國視角的華北，晉、燕、齊篇 / 劉仲敬著．-- 一版．-- 新北市：八旗文化出版：遠足文化事業股份有限公司發行，2021.04
面；　公分
ISBN 978-986-5524-59-3(平裝)

1. 歷史 2. 民族史 3. 東亞

730.1　　　　　　　　　　　　　　　　110004115

劉仲敬

民族發明學講稿

劉仲敬

民族發明學講稿